刘国光

经济论著全集

（进入社会主义市场经济初期的思考 2000—2003 年）

第 15 卷

知识产权出版社

全国百佳图书出版单位

目 录

劉國光

新中国50年所有制结构的变迁[*]

（2000年1月）

1997年召开的党的第十五次全国代表大会，将以公有制为主体、多种所有制经济共同发展作为社会主义初级阶段的一项基本经济制度确立下来。这意味着，这种所有制结构不只是一般的方针政策，更不是权宜之计，而是具有稳定性、长期性的制度安排。这是科学总结新中国成立50年来尤其是近20年所有制改革实践和理论探索的结晶。

50年来，我国的所有制结构经历了由多元到一元又到多元的否定之否定的变化过程。

一、社会主义公有制的确立和多种所有制成分并存

旧中国是一个经济极端落后的国家。经济命脉和主要生产资料掌握在外国资本、封建地主和官僚资本的代表手中。受腐朽落后的生产关系束缚和长期战乱的破坏，生产力的发展落后于世界发达国家百年以上。新中国诞生之后，首要任务就是解决旧的生产关系与生产力之间的矛盾，其中最主要的一个环节就是变革生产资料所有制。

以毛泽东同志为核心的中国共产党的第一代领导人，将马克

---

* 原载《中南财经大学学报》2000年第1期，与董志凯合写。

思主义的普遍原理同中国革命的具体实践相结合，探索中国发展的正确道路。早在1947年12月，中共中央就明确提出新民主主义革命的三大经济纲领："没收封建阶级的土地归农民所有，没收蒋介石、宋子文、孔祥熙、陈立夫为首的垄断资本归新民主主义的国家所有，保护民族工商业。"在这一纲领的指引下，随着解放战争的进展，中国人民解放军和人民政府没收和接管了属于国民党国家垄断资本的金融和工商企业，从而构成了新中国最初的国有经济的主要组成部分，向建立国营经济领导下的多种经济成分并存的新型经济体制迈出了重要的一步。

实现了新民主主义革命的三大经济纲领之后，新民主主义经济主要由国营经济、合作社经济、国家资本主义经济、私人资本主义经济、个体经济五种经济成分组成。在这五种经济成分中，国营经济处于领导地位，掌握国家的经济命脉。1949年，在工业总产值中，国营、合作社营工业占34.7%，公私合营工业占2%，私营工业占63.3%。

在1949—1952年的国民经济恢复时期，我国实施"公私兼顾、劳资两利、城乡互助、内外交流"的基本经济政策，使各种经济成分在国营经济领导下"分工合作、各得其所"。国家优先发展国营经济、积极扶持合作经济、鼓励国家资本主义经济。对于国营经济，政府在接管官僚资本的过程中贯彻"原职、原薪、原制度"的政策，较好地调动了管理人员和职工的积极性，并在此基础上实行民主改革，使国营企业的劳动生产率有较为明显的提高。对于私营经济，一方面，实行以"节制资本"、统制贸易和加强计划为主要内容的管理政策，通过在活动范围、税收政策、市场价格、劳动条件等诸方面对私营经济不利于国计民生的方面予以限制；另一方面，国家通过调整工商业，开展城乡物资交流，活跃市场流通；并且扩大了对私营工业的加工订货和产品收购，从而使私营经济获得正常利润，能够继续进行生产和扩大再生产。这些政策措施调动了多种所有制成分的积极因素，促进了多种经济成分的共同发展和国民经济迅速恢复。1952年，在工业总产值中，国营、合作社营与公私合营企业产值所占的比重已达50%以上，与其他经济成分比较已占优势。

二、单一公有制格局的形成及其历史教训

在由新民主主义社会向社会主义社会前进的过程中，存在着一个过渡时期。经过充分的酝酿，中共中央于1952年年底提出了过渡时期总路线，其核心是"一化三改"，即在一个相当长的时间内，逐步实现国家的社会主义工业化，并逐步实现国家对农业、手工业和资本主义工商业的社会主义改造。从1953年开始，对农业、手工业和资本主义工商业的社会主义改造成为贯彻过渡时期总路线的重要组成部分。这三大改造的完成，是一件具有历史意义的事情，但在改造过程中存在脱离生产力发展实际状况、过急过猛的问题。从1953—1957年，我国经济成分逐渐趋于单一。特别是1955年下半年以后，公有化的速度加速。1957年参加农业生产合作社的农户比重达97.5%，私营工业已全部公私合营，批发与零售商业中，私营成分分别仅占0.1%和2.7%。

当时认为，总路线的实质，就是使生产资料的社会主义公有制成为我国国家和社会的唯一的经济基础。这种只提公有制为"唯一的经济基础"的说法，显然是与社会主义初级阶段的生产力发展状况不相适应的。

党和国家领导人于1956年对这些问题有所认识，并且于1957年制定了有关政策设法纠正，试图"以苏为鉴"，建立适合中国国情的经济管理制度。但是这一探索很快就被中断了。相反1958年又对个体工商业者采取更加严厉的限制和改造措施。一是组织入社，对个体手工业户，除极个别的特种工艺手工业户外，都要

组织加入手工业合作社；二是把集体工商业并入或转为国营企业。1958年和1959年两年中，绝大部分的集体工商业者已经转为国营，留下的少量合作店、合作组也基本上只保留了形式，实际上也都归口国营企业统一核算，或按照国营企业的管理办法统付盈亏。在农业方面，到1956年年底，参加农业合作社的农户已达96%，其中土地等主要生产资料归集体公有的高级社占88%。1957年，参加农业合作社的农户占97.5%，其中高级社占96.2%，个体农户不足3%。到1959年，农业合作化后保留下来的3%的个体农户也都强令加入比高级社规模更大、公有化程度更高的农村人民公社。经过"大跃进"和农村人民公社化运动，非公有制经济已所剩无几。1961年，全国个体经济从业人员大约只有100万人。

"文化大革命"期间，更加盲目和片面地追求纯之又纯的公有制形式。一方面，排斥公有制以外的其他经济成分，非公有制经济被作为资本主义的"尾巴"割掉；另一方面，片面强调全民所有制的优越性，低估集体所有制存在和发展的必然性，混淆全民所有制和集体所有制的界限，搞所有制的"升级""穷过渡"和"合并"运动，将"一大二公"作为判断所有制形式先进与否的标准，即认为社会主义的公有制的范围越大越好，公有化的程度越高越好。至1978年，在全国工业总产值中，全民所有制企业占77.6%，集体经济占22.4%，个体私营经济几乎不存在。我国的经济结构基本上只剩下全民所有制和集体所有制两种公有制成分，生产资料所有制结构已成为单一的公有制。

单一公有制的所有制结构脱离了中国国情，束缚了生产力的发展。在这种所有制的基础上，建立起来的是高度集中和统一的计划管理体制，否定了市场机制的作用。企业无法成为自主经营、自负盈亏的独立的经济实体，经济失去了协调发展的动力与活力。

三、所有制理论的重大突破

党的十一届三中全会以后，在总结历史经验与教训的基础上，我们对社会主义条件下的所有制成分和形式问题逐步取得了一系列新的认识：在所有制形式的选择标准上，突破了唯生产关系论和唯意志论，重新确立了由生产力发展水平及发展生产力的客观要求决定所有制关系的历史唯物主义观；在所有制结构的认识上，突破了单一的公有观念，确立了以公有制为主体、多种经济成分共同发展的思想；在所有制评价的判断上，突破了公"是"私"非"的观念，确立了"非公有制经济是社会主义市场经济的重要组成部分"的思想；在公有制的存在形式上，突破了国有或集体所有的简单形式，确立了不仅公有制有多种实现形式，而且同一性质的公有制也有不同存在形式的观念；在国有经济的主导作用上，突破了只看比重大小的量的观念，确立了重控制能力与实际效果的思想；在对公有资产的权利上，突破权力越集中越好的单一的占有权利，确立了所有权和经营权分离的思想；等等。从总体上说，已初步形成适应社会主义市场经济要求的所有制理论或所有制关系学说。

这些新的思想认识是在改革开放20年的实践与理论探索中逐步形成的。

1981年，中国共产党十一届四中全会通过的《关于新中国成立以来党的若干历史问题的决议》中明确提出："我们的社会主义制度还是处于初级的阶段。""社会主义生产关系的变革和完善必须适应于生产力的状况，有利于生产的发展。国营经济和集体经济是我国基本的经济形式，一定范围的劳动者个体经济是公有制经济的必要补充。必须实行适合于各种经济成分的具体管理制度和分配制度。"这个决议概括了1978年十一届三中全会以来党在所有制形式上的新认识，正式提出了个体经济是公有制经济必要补充的论点。五届人大四次会议通过的10条经济建设方针，重申了这个提法。1982年4月，第五届全国人大常委会第23次会议通过了《中华人民共和国宪法修正草案》，在肯定公有制是社会主义经济制度的基础、全民所有制是国民经济中的主导力量的同时，提出："在法律规定范围内的城乡劳动者个体经济，是社会主义公有制经济的补充。国家保护个体经济的合法的权利和利益。"1982年党的十二大报告明确提出了"关于坚持国营经济的主导地位和发展多种经济形式的问题"。适应大批知识青年返城后就业的迫切需要，在党和国家各项政策法规的支持下，我国城乡个体经济逐步产生和壮大，出现了一批个体工商业者，缓解了困扰我国经济生活的劳动就业问题，也使城市经济生活中长期存在的诸如吃饭难、修理难等许多社会问题有了解决的出路。

曾经被邓小平誉为"新时期的政治经济学"，1984年党的十二届三中全会通过的《中共中央关于经济体制改革的决定》，阐明了加快以城市为重点的整个经济体制改革的必要性、紧迫性，规定了改革的方向、性质、任务和各项基础方针政策，是指导我国经济体制改革的纲领性文件。其中指出：要"积极发展多种经济形式，进一步扩大对外的和国内的经济技术交流"。在分析全民所有制经济、集体经济、个体经济的地位和作用后，还提出："要在自愿互利的基础上广泛发展全民、集体、个体经济相互之间灵活多样的合作经营和经济联合，有些小型全民所有制企业还可以租给或包给集体或劳动者个人经营。"《决定》还进一步提出"利用外资，吸引外商来我国举办合资经营企业、合作经营企业和独资企业，也是对我国社会主义经济必要的有益的补充"。至此，以公有制为主体、多种经济成分并存的决策已具雏形。

在党的以公有制为主体、多种经济成分并存方针的指引下，我国城乡多种经济成分逐步发展。私营经济也在个体经济扩大规模的基础上发展起来。1987年党的十三大对以公有制为主体、多种经济成分并存的方针又有所发展。十三大报告提出社会主义社会并不要求纯而又纯，绝对平均。指出："我们已经进行的改革，包括以公有制为主体发展多种所有制经济，以至允许私营经济的存在和发展，都是由社会主义初级阶段生产力的实际状况所决定的。""社会主义初级阶段的所有制结构应以公有制为主体。目前全民所有制以外的其他经济成分，不是发展得太多了，而是还很不够。对于城乡合作经济、个体经济和私营经济，都要继续鼓励它们发展。公有制本身也有多种形式。除了全民所有制、集体所有制以外，还应发展全民所有制和集体所有制联合建立的公有制企业，以及各地区、部门、企业互相参股等形式的公有制企业。在不同的经济领域，不同的地区，各种所有制经济所占的比重应当有所不同。"此外，还要求私营经济、中外合资企业、合作经营企业和外商独资企业有一定程度的发展。党的十三大以后，我国的私营企业发展迅速，到1988年第1季度，我国的私营企业已有25万户，雇工约400万人，产值占全国工业总产值的1%以上。在登记注册的私营企业中，资本拥有10万元以上的占45%。

　　1989年新中国成立40周年时，江泽民代表中共中央、国务院发表的重要讲话中进一步谈及各种所有制的比重与地位问题："我们要继续坚持以公有制为主体、发展多种经济成分的方针，发挥个体经济、私营经济以及中外合资、合作企业和外资企业对社会主义经济的有益的、必要的补充作用。"讲话认为，坚持这个方针，是为了更好地发挥社会主义经济的优越性，促进我国经济的更快发展，绝不是要削弱或取消公有制经济的主体地位，更不是要实行经济"私有化"。这个讲话还特别提及"非公有制经济在我国国民经济中所占比重和发展领域，要根据我国现实的生产力水平和客观需要来，不能简单地把它所占比重的大小作为衡量改革成绩的标志"。

　　1992年，党的十四大在确定建立社会主义市场经济体制目标的基础上，阐明了所有制结构与社会主义市场经济的关系。十四大报告指出："社会主义市场经济体制是同社会主义基本制度结合在一起的。在所有制结构上，以公有制包括全民所有制和集体所有制为主体，个体经济、私营经济、外资经济为补充，多种经济成分长期共同发展，不同经济成分还可自愿实行多种形式的联合经营。国有企业、集体企业和其他企业都进入市场，通过平等竞争发挥国有企业的主导作用。"十四大将国营经济改为国有经济，更准确地反映了全民所有制经济的性质。十四大以后，国家统计局和国家工商行政管理局发布的《关于经济类型划分的暂行规定》，将我国经济分为以下九种类型：国有经济、集体经济、私营经济、个体经济、联营经济、股份制经济、外商投资经济、港澳台投资经济、其他经济。这九种经济成分并存，而以其中的公有制经济为主体。1993年，党的十四届三中全会通过的《中共中央关于建立社会主义市场经济体制若干问题的决定》，针对经济生活中的新情况，在所有制结构问题上进一步指出：随着产权的流动和重组，财产混合所有的经济单位越来越多，将会形成新的财产所有结构。就全国来说，公有制应在国民经济中占主体地位，有的地方，有的产业可以有所区别。公有制的主体地位主要体现在国家和集体所有的资产在社会总资产中占优势，国有经济控制国民经济命脉及对经济发展的主导作用等方面，进一步明确了以公有制为主体的含义。

　　1997年召开的党的第十五次全国代表大会，在科学总结新中国成立50年尤其是近20年所有制改革实践和理论探索的基础上，对在社会主义市场经济条件下我国的所有制结构问题，作了重大的突破。将以公有制为主体、多种所有制经济共同发展作为社会主义初级阶段的一项基本经济制度确立下来。十五大政治报告关于我国生产资料所有制论述主要包括以下方面。

1. 进一步论述了坚持公有制的重要性。我国是社会主义国家，必须以公有制为主体，不能走私有化道路即全面恢复私有制，这是坚定不移的。以公有制为主体的根本原因在于：它有利于调动广大职工和劳动者的积极性，有利于广大群众的共同致富，从而有利于社会生产力的解放和发展，所以，坚持以公有制为主体，是符合生产力标准的。

2. 全面论述了公有制经济的含义。在社会主义市场经济中，公有制不等于国有制。"公有制经济不仅包括国有经济和集体经济，还包括混合所有制中的国有成分和集体成分。"近20年来，不仅国有和集体经济有了明显的壮大和发展，混合所有制经济中的公有成分同样有了明显的壮大和发展。这是改革开放所取得的成果。

3. 科学界定了公有制的主体地位。"公有制的主体地位主要体现在：国有资产在社会总资产中占优势；国有经济控制国民经济的命脉，对经济发展起主导作用……公有资产占优势，要有量的优势，更要注重质的提高。国有经济起主导作用，主要体现在控制力上。"这就突破了公有制地位作用的传统观念。量的优势究竟以多少为宜，要根据不同地区和不同产业的具体情况而定；质的提高是指公有制的素质和竞争力的提高。国有经济的主导作用应主要体现在控制力上，体现在国有经济的整体布局上。在关系国民经济命脉的主要行业和关键领域，国有经济必须占支配地位，而在其他领域，可以通过资产重组和结构调整，以加强重点，提高国有资产的整体质量。只要坚持公有制为主体，国家控制经济命脉，国有经济的控制力和竞争力得到加强，在这个前提下，国有经济的比重减少一些，也不会影响社会主义的性质。

4. 进一步阐述了集体经济的地位与作用。强调阐明了"集体所有制经济是公有制经济的重要组成部分"。党的十五大总结了历史的教训和改革开放的实践，指出集体经济可以体现共同致富的原则，可以广泛吸收社会分散资金，缓解就业压力，增加公共积累和国家税收。要支持、鼓励和帮助城乡多种形式集体经济的发展。这对发挥公有制经济的主体作用具有重大意义。

5. 科学地阐明了股份制的本质属性，提出公有制的实现形式可以而且应当多样化。"一切反映社会化生产规律的经营方式和组织形式都可以大胆利用。要努力寻求能够极大促进生产力发展的公有制实现形式。股份制是现代企业的一种资本组织形式，有利于所有权和经营权的分离，有利于提高企业和资本的运作效率，资本主义可以用，社会主义也可以用，不能笼统地说股份制是私有还是公有，关键要看控制权掌握在谁的手中。国家和集体控股具有明显的公有性，有利于扩大公有资本的支配范围，增强公有制的主体作用。""目前城乡大量出现的多种多样的股份合作制经济，是改革中的新事物，要支持和引导，不断总结经验，使之逐步完善。劳动者的劳动联合和劳动者的资本联合为主的集体经济，尤其要提倡和鼓励。"这些论述将所有制和所有制的实现形式予以科学区分，提出寻求促进生产力发展的公有制实现形式，澄清在所有制和所有制实现形式上的模糊认识，为中国特色社会主义经济制度奠定了坚实的理论基础。

6. 指出非公有制经济是社会主义市场经济的重要组成部分。在坚持公有制为主体、国营经济控制了关系国民经济命脉的部门和行业、国有经济控制力增强和国有资产整体质量提高的前提下，非公有经济的发展不会改变我国经济制度的社会主义性质。要继续鼓励、引导个体、私营和外资等非公有经济的健康发展，以达到调动各方面积极性，充分利用社会资源，发展生产力，扩大就业的目的。党的十五大对非公有制经济的这些评价，比过去认为非公有制经济是"必要的补充"等提法更积极、更准确。

党的十五大关于所有制结构的重大理论突破，在1999年中华人民共和国第九届全国人民代表大会第二次会议通过的《中华人民共和国宪法修正案》中得到了肯定。根据十五大精神，1998年9月，国家统计局制定了《关于统计上划分经济成分的规定》，将我国经济成分划分为两大类别，共五种成分类型。第一大类为公有经济，包括国有经济和集体经济两种成分类型；第二大类为非公有经济，包括私有经济、港澳台经济、外商经济三种成分类型。

四、以公有制为主体、多种所有制经济共同发展格局的形成

改革开放以来，随着对所有制认识上的提高与理论上的突破，我国在实践中采取了一系列措施，改革和发展公有经济，鼓励、引导非公有制经济的发展，使所有制结构从1978年以前的单一公有制，逐步形成以公有制为主体、多种所有制成分共同发展的局面。

在整个经济结构中，公有制经济的比重有所下降，非公有制经济的比重上升；在公有制经济内部，国有经济的比重有所下降，集体经济的比重上升。但在经济总量中，公有制经济仍占主体地位。通过近20年以来国有经济、集体经济、个体经济和其他经济成分四者之间的比例关系的变化，可以清楚地反映上述变化趋势。

工业总产值中，四者的比例1978年为77.6：22.4：0：0，1998年为28.5：38.3：18.9：19.9，所有制结构的具体变化趋势（见表1）。

表1 工业总产值中各种经济成分比重变化表 （工业总产值＝100）

年份	国有及国有控股工业	集体工业	城乡个体工业	其他经济类型工业
1978	77.6	22.4		
1980	76.0	23.5		0.5
1985	64.9	32.1	1.8	1.2
1986	62.3	33.5	2.7	1.5
1987	59.7	34.6	3.7	2.0
1988	56.8	36.2	4.3	2.7
1989	56.1	35.7	4.8	3.4
1990	54.6	35.6	5.4	4.4
1991	56.2	33.0	4.8	6.0
1992	51.5	35.1	5.8	7.6
1993	47.0	34.0	8.0	10.8
1994	37.3	37.7	10.1	14.9
1995	34.0	36.6	12.9	16.5
1996	28.5	39.4	15.5	16.6
1997	25.5	38.1	17.9	18.5
1998	28.5	38.3	18.9	19.9

注：1.本表按当年价格计算。

2. 1998年起，以国有及国有控股工业反映国有经济状况。由于国有控股工业产值与相关的其他经济类型工业产值存在重复计算，所以各种经济类型比重相加大于100%。

资料来源：《中国统计摘要1999》，中国统计出版社1999年版，第100页。

国有经济、集体经济、个体经济固定资产投资从1981年的69.5：12.0：18.5，1998年变为55.0：13.1：12.8。具体变化（见表2）。

表2 全社会固定资产投资中各种经济成分所占比重 （投资总额＝100）

时间	国有经济投资	集体经济投资	个体经济投资
"六五"期间	66.7	12.7	20.7
"七五"期间	64.8	13.4	21.9
"八五"期间	59.0	16.3	13.2
1996年	52.5	15.9	14.0

刘国光

经济论著全集

第15卷

时间	国有经济投资	集体经济投资	个体经济投资
1997年	52.5	15.4	13.8
1998年	55.0	13.1	12.8

注：因全社会投资总额中还包括其他经济投资，所以从"八五"以后，国有、集体和个体三类经济投资比重相加小于100%。

资料来源：《中国统计摘要1999》，中国统计出版社1999年版。

1978年以来，改革经济体制和放开搞活经济政策的实施，使受传统计划体制束缚较小的非公有制经济得到较快的发展，它们在国民经济中的比重有所提高，对经济增长的贡献逐渐加大。根据国家统计局的数据，测算出1978年以来国有经济、集体经济、非公有制经济（主要包括个体、私营经济和港、澳、台及外商直接投资经济）在工业总产值中的比重如表3所示。非公有制经济迅速发展，成为国民经济中一支重要的生力军。它们在发展社会生产力、满足人民多样化需要、增加就业等方面逐渐起着举足轻重的作用。

表3　1985—1998年各类经济成分在工业总产值中的比重　　单位：%

年份	国有经济	集体经济	非公有制经济
1985	64.9	32.1	3.0
1990	54.6	35.6	9.8
1995	34.0	36.6	29.4
1997	25.5	38.1	36.4
1998	28.5	38.3	38.8

资料来源：《中国统计摘要1999》，中国统计出版社1999年版。

五、探索公有制的实现形式，促进公有制经济的发展

过去，我们长期只把全民所有制和集体所有制看成公有制形式，而忽视了公有制实现形式可以而且应该多样化。1995年，党

的十五大在改革实践的基础上，对于公有制实现形式作了大胆探索，取得了认识上的突破和理论上的创新。江泽民同志的十五大报告的有关论述为探索社会主义公有制的多种实现形式提供了理论上和政策上的依据。

在20年改革开放的实践中，我国对公有制产权的改革已大大拓宽了视角，公有制产权的改革并非只意味着"私有化"。而是可以并且已经在实践中实现了在不改变公有制基础上的多种形式的改革。其中包括：改所有权与经营权高度统一的国有制为所有权与经营权相分离的国有制；改单一的国家所有制为国家控股或参股、其他经济成分参与资本组合的联合所有制、共同所有制、混合所有制或股份制；改国家所有为国家授权的集团或企业所有，即国家只保留名义上的法律所有权，将实际上的资产所有权转移给国家控股的由若干国有企业或非国有企业组成的企业集团，在规定相应的责任和义务的前提下，可对一部分企业集团最充分的授权。社团、社区、基金和各种中介组织等新的公有制主体和公有制形式在不断涌现。在各种改革途径中，我们已经有了承包制、租赁制和股份制等多种成功的实践经验。党的十五大以来，股份制正在成为现代企业的资本组织形式；进一步探索和发展股份合作制，也正成为一种规范的适合我国生产力水平的公有制的实现形式。20年改革历程的实践表明：我们在建设社会主义市场经济体制的过程中，要使公有制同市场经济相结合，就必须改革公有制，包括国有制的实现形式，寻找能够促进生产力发展的公有制的实现形式。

改革开放以来，特别是确定建立社会主义市场经济的改革目标以来，我国对于国有企业的实现形式进行了多种探索。对于国有大中型企业，建立符合社会主义市场经济要求的现代企业制度，包括实行国家控股的规范的公司制度。如1993年《中共中央关于建立社会主义市场经济体制若干问题的决定》所指出的："国有企业实行公司制，是建立现代企业制度的有益探索。规范的公司，能够有效地实现出资者所有权与企业法人财产权的分离，有利于政企分开、转换经营机制，企业摆脱对行政机关的依赖，国家解除对企业承担的无限责任；也有利于筹集资金，分散风险。"对于国有中小型企业，采取多种形式放开、搞活，有的可以实行承包经营、租赁经营，有的可以改组为股份合作制，也可以出售给集体或个人。如党的十五大明确指出的：要采取改组、联合、兼并、租赁、承包经营和股份合作制、出售等形式，加快放开搞活国有小型企业的步伐。党的十五大进一步明确指出：国有经济的作用既要通过国有独资企业来实现，更要大力发展股份制，探索通过国有控股和参股企业来实现。国有资本通过股份制可以吸引和组织更多的社会资本，放大国有资本的功能，提高国有经济的控制力、影响力和带动力。国有大中型企业尤其是优势企业，宜于实行股份制的，要通过规范上市、中外合资和企业互相参股等形式，改为股份制企业，发展混合所有制经济，重要的企业由国家控股。最近刚刚闭幕的党的十五届四中全会再次提出要大胆利用一切反映现代社会化生产规律的经营方式和组织形式，努力探索能够极大促进生产力发展的公有制多种实现形式。国有大中型企业尤其是优势企业，宜于实行股份制的，要通过规范上市、中外合资和企业互相参股等形式，改为股份制企业，发展混合所有制经济，重要的企业由国家控股；要从实际出发，继续采取改组、联合、兼并、租赁、承包经营和股份合作制、出售等多种形式，放开搞活国有小企业，不搞一个模式。

六、鼓励和引导非公有制经济的发展

否定非公有制经济存在的必要性，扼制非公有制经济的发展，曾经给我国经济社会发展带来了一系列损失。1978年党的十一届三中全会总结了我国社会主义建设的经验教训，明确了我国实现四个现代化，必须发展生产力和变革旧的生产关系。1982年，党的十二大提出了坚持国有经济的主导地位和发展多种经济形式的论断。这两次重要会议，奠定了我国非公有制经济发展的政策基础。

1987年，党的十三大提出，要在公有制为主体的前提下，继续发展多种所有制经济。特别对私营经济的地位和作用提出明确的政策。指出：私营经济是存在雇用劳动关系的经济成分。但在社会主义条件下，它必然同占优势的公有制经济联系，受公有制经济的巨大影响。实践证明，私营经济一定程度的发展，有利于促进生产，活跃市场，扩大就业，更好地满足人民多方面的生活需求，是公有制必要的和有益的补充。为了私营经济的发展，会议还提出，必须尽快制定有关私营经济的政策和法律，加强对它们的引导、监督和管理。1992年党的十四大的召开，进一步肯定了非公有制经济存在和发展的必要性。指出，外国的资金以及作为有效补充的私营经济，都应当而且能够为社会主义所利用。在所有制结构上，以公有制包括全民所有制和集体所有制经济为主体，个体经济、私营经济和外资经济为补充，多种经济成分长期共同发展，不同经济成分还可以自愿实行多种形式的联合经营。1993年十四届三中全会的召开，强调在积极促进国有经济和集体经济发展的同时，鼓励个体经济、私营经济和外资经济的发展，并依法加强管理，提出公有制在国民经济中应占主体地位，允许有的地方、有的产业有所差别，允许个人财产与资本可以作为市场要素参与收益的分配。1997年党的十五大更加明确了非公有经济的地位和作用，强调所有制结构的调整和完善是我国今后经济体制改革的重大任务；非公有制经济是我国社会主义市场经济的重要组成部分，对个体、私营等非公有制经济要继续鼓励和引导，使之健康发展。到1997年年底，全国个体工商户为2850.86万户，从业人员5441万人，注册资金2573.98亿元；私营企业96.07万户，从业人员1349.26万人，注册资金5140.12亿元。1997年，全国个体私营经济纳税540亿元，比1986年增长10倍多，占全国工商税收总额的比重由3.9%上升到7%。一些非公有经济发展较快的省所占比重更高。如浙江省，1997年非公有经济上缴税收已占全省财政收入的1/4左右。1997年一年内，全国个体私营经济吸收国有企业下岗职工94万人，另有197万下岗职工申办成为个体工商户或开办私营企业。个体、私营企业的发展成为解决下岗职工再就业问题、安置剩余劳动力的重要渠道。至1999年6月底，全国私营企业128万户，从业人员1784万人，注册资金8177亿元（据新华社北京1999年10月7日电文，国家工商行政管理局发布的统计数据）。

1999年8月30日，《中华人民共和国个人独资企业法》出台。这是我国继制定公司法、合伙企业法之后，制定的第三部涉及规范私营企业市场主体的法律。至此，我国关于私营经济三种主要形式——独资企业、合伙企业、有限责任公司的主体法律已经基本齐备。个人独资企业法打破了按雇工人数划分个体工商户和私营企业的做法，实现了对私营经济科学管理、依法保障、鼓励发展的新跨越。我国多年来将雇工7人以下的个人经济组织划称为个体工商户，将雇工8人以上的私人经济组织划定为私营企业。这种做法既不科学也不合理。新的《个人独资企业法》第八条明确规定，有必要的从业人员以及有出资、有合法的企业名称、有固定的生产经营场所等，就可以申请注册为个人独资企业。在这里，从业人员（雇工）已经没有了7个或者8个的划分界限。全国现有3120万户"个体工商户"，将有相当多一部分依照该法逐步"升格"为"个人独资企业"。今后新创办的符合条件的个人投资经济主体，也可以"一步到位"依法注册为个人独资企业。上述调整有助于依照宪法鼓励个人独资这种非公有制经济的重要形式积极、快速发展。将使成千上万的个人经济主体摘掉"个体户"的帽子成为"独资企业"。实行《中华人民共和国个人独资企业法》确立的新的制度，将大大有利于提升他们的经济、社会和政治地位，保障他们依法进入市场公平竞争、获取发展的同等权利。目前我国下岗失业职工多、农村剩余劳动力多，这一举措将使这部分社会成员更乐于创办个人独资企业或到这些企业从业。新的办法还将兴利除弊，实现合理税负，保障国家利益和个人独资者的合法权益，使国家合理的收入不流失。针对独资和其他私营企业当前存在的问题，该法强调规定个人独资企业职工的合法权益受法律保护。个人独资企业招用职工的，应当依法与职工签订劳动合同，按时、足额发放职工工资；应当按照国家规定参加社会保险，为职工缴纳社会保险费。从而使私营经济的发展更加迅速与健康。

我国非公有制经济的另一个重要组成部分是外资经济。新中国建立初期，由于西方资本主义国家对我国采取敌视、封锁政策，我国主要与苏联、东欧和其他友好国家开展经济合作。利用外资局限于苏联、东欧国家的贷款与少量合资企业。1960年，随着中苏关系的恶化，利用外资基本被中断，只有中波轮船股份有限公司等个别合资企业存留下来。改革开放以来，我国的外资经济起步于1979年《中华人民共和国中外合资经营企业法》的颁布。在此后的20年中，我国利用外资经历了四个阶段：1979年至1983年的试验起步阶段、1984年至1991年的持续发展阶段、1992年至1995年的高速发展阶段和1996年至今的调整阶段。经过20年的对外开放，外资经济在我国经济社会发展中的作用更为显著。在工业总产值中，中外合资和外商独资等其他经济类型工业1980年占0.5%，1998年提高到19.9%，社会商品零售总额1978年为31.1亿元，1998年增加到7334.8亿元，1993年至1998年，我国连续6年成为利用外商直接投资最多的发展中国家。

七、创造多种所有制经济平等竞争、共同发展的社会环境

以公有制为主体、多种所有制经济共同发展是我国社会主义初级阶段的基本的经济制度。这一制度的深刻含义在于，凡适合我国现阶段生产力发展水平的所有制经济成分都应在平等竞争的条件下得到发展。公有制和非公有制经济都是我国经济必要的组成部分。公有制经济本身也具有多种实现形式，它们只有比重的大小之分和资产组合方式的不同。各种非公有制经济也是与一定的生产力水平相适应的所有制形式，不存在非公有制经济一定要向公有制经济转化的问题。为了进一步完善我国的所有制结构，创造多种所有制经济平等竞争、共同发展的社会环境是重要一环。按照十五大精神和社会主义市场经济的客观要求，不断健全和完善各种相关政策和法律规范，消除对非公有制经济在价格、税收、金融市场准入等方面的偏见与歧视，营造平等竞争的外部环境。在一般性竞争领域，充分发挥各种所有制经济成分的优势；充分发挥各种资产组合方式的优点；实现各种不同所有制形式在微观层面上的融合。积极鼓励集体经济的发展，正确引导个体经济、私营经济等其他经济成分的健康发展。使各种所有制经济成分在国家法规的统一指导下，平等竞争、共同发展，共同繁荣社会主义市场经济。

看好2000年中国经济*

（2000年1月）

2000年是世纪之交的一年。今年（2000年）经济形势如何，对于21世纪初我国现代化建设的进程至关重要。

一、前几年我国经济增长速度回顾

我国自1993—1999年，经济增长速度逐年下降。前几年（1993—1996年）速度下降（从1992年增长14.2%，到1996年降为增长9.7%），说明治理经济过热和通货膨胀是必要的、正常的。近两三年（1997年以后）的下降（1997年增长8.8%，1998年为7.8%，1999年是7.1%），是由于国际金融风波和国内出现阶段性、结构性需求不足引发通货紧缩趋势的后果。为此我国政府作出了扩大国内需求的重大决策，采取以积极财政政策为主要内容的一系列政策措施，扩大投资，鼓励消费，推动出口。这些政策措施对拉动经济持续增长，阻止经济滑坡，促进经济结构的改善和经济效益的回升，已经并将继续发挥重要作用。比如，增发国债扩大投资对拉动经济增长率的贡献，1998年为1.5%，1999年为2%。就是说，如果没有增发国债扩大投资的措施，1998年经济增长速度就不是7.8%而是6.3%，1999年经济增长速度就不是7.1%而是5.4%，那样我国经济发展会遇到更大的困难，可见这两年实施

＊ 原载《人民论坛》2000年第2期。

积极的财政政策的作用。通过近两年的治理，去年（1999年）下半年人们开始看到一些经济亮点。就是说，经济运行中出现不少积极的变化，如出口好转、物价降幅趋缓、消费市场回暖、产品库存增幅下降、企业效益指标有所改善等。但应看到，社会需求不足、经济增长乏力、通货紧缩趋势压力以及经济结构不合理等状况，还没有得到根本转变。

二、2000年经济走势分析

对于2000年经济走势，我们也要持审慎客观的态度。看好今年经济有三条主要理由：第一是1993年以来经济增长速度下降已持续7个年头之久，是过去经济下滑时间最长的；从经济周期运行的规律看，不可能总是下滑，经济增长下降势头已接近尾声。第二是世界经济发展趋好，特别是东亚经济开始复苏。国际货币基金组织（IMF）预计2000年世界经济增长速度将达3.5%。这对我国经济增长无论从出口方面看，还是从引资方面看，都是利好因素。再加上今年我国将进入WTO，而进入WTO对我国经济在总体上是利大于弊，这也将改善我国经济增长环境。第三是近两年连续实施的以积极的财政政策为主体的一系列扩大内需的政策措施，其累积效应将逐渐显露出来。特别是中央经济工作会议决定今年还要继续实施以积极的财政政策为主体的一系列促进经济发展的政策措施，并加大实施力度。比如，今年实施积极的财政政策将增发1000亿元国债投资，从年初就打进财政预算，可以比较早比较快地到位，不像过去两年增发国债投资决策时间较晚，到位时间较迟，力度不如今年。还有政策改革的力度今年也要加大，等等，这些都将更有力地推动今年的经济增长。

近两年来随着实践的发展，我国对通货紧缩趋势下宏观调控的认识不断深化，经验不断丰富。回顾1998年推出积极的财政政策当初，扩大内需的措施主要限于利用政府发行国债，进行对基础设施建设的投入。现在宏观调控的内容，已发展成为一整套综合政策措施。它包括：既要加大基础设施建设的投资，又要支持企业的技术改造；既要继续增加中央政府投入，又要注意启动地方社会和民间投资，发挥财政投资"四两拨千斤"的作用；既要注意启动投资，又要注意增加居民收入，引导和鼓励消费；既要提高居民特别是中低收入者的现期收入，又要稳定居民的收支预期；既要立足于扩大国内需求，又要千方百计开拓国际市场扩大外需；既要解决需求不足问题，又要解决供给过剩和供给刚性问题；等等。我们不仅有了前几年治理通货膨胀、成功地实现经济"软着陆"的宝贵经验，而且开始有了适应变化了的情况、抑制通货紧缩态势的初步经验，包括综合运用财政、货币、税收、收入分配等多种调控手段，增强宏观调控成效的经验。

三、今年宜采取的财政货币政策

在多种调控手段中，人们很关注的一个政策手段是货币政策。不少人主张要像"积极的财政政策"那样，提出"积极的货币政策"或"扩张性的货币政策"。1999年，人大财委开会时也曾出现过这种意见，一直到最近报刊上还有经济学者不断提出这个主张。但我国中央银行（中国人民银行）近年来对货币政策的提法是实施适当的或稳健的货币政策，而没有提积极的货币政策。不久前，中央银行里有人对记者讲，不提积极的货币政策或扩张性货币政策，绝不意味货币政策是消极和无所作为的。那么为什么不提积极的货币政策呢？有人认为这是货币政策不明确或经验不足的表现。我个人体会，这里面是不是有这样几层意思。

第一，在实施积极的财政政策时，通过财政向银行发行国债借调居民储蓄用于投资，这本身不仅仅是财政政策，同时也运用了货币政策手段，增加了货币供应（流动性）。

第二，政府的国债投资还要带动银行的配套投资。1998年1000亿元带动1000亿元，1999年又新增国债投资带动2000亿元银行信贷，这也离不开货币供应量的增加。

第三，自"软着陆"成功以来，金融当局确实已陆续采取了一些松动货币信贷的措施，如取消额度限制、降低存款准备金率、几次降低存贷利率等，以支持经济增长。但由于现在银行不良资产比例还高，金融风险在加大，仍然是影响经济全局的重要隐患，必须把加强金融监管、防范金融危机的爆发，放在金融工作的重要地位，因此不能轻言放松银根，随意扩大货币信贷投放。

所以，对货币政策不能简单地套用积极的财政政策的提法，这样理解是否对，可以讨论。但是，由于目前需求不足、通货紧缩趋势和经济增长乏力的压力，人们对加大货币政策松动力度的期望也是可以理解的。尽管通货紧缩趋势的深层次原因在于实体经济中供需总量和结构失调，尽管近两年各层次货币供应量增长幅度都超过经济增长速度与物价指数升幅之和，但由于经济紧缩时期，货币流通速度下降幅度过大，货币供应的实际增幅仍不足以支撑必要合理的经济增长幅度，并保持物价稳定下降，所以有必要进一步适当增加货币供应量和加大金融对经济增长的支持力度。这正是不久前中央经济工作会议提出的现在正在实施的方针，即2000年在加大积极的财政政策实施力度的同时，进一步发挥货币政策的作用，在坚持稳健经营的原则下，采取多种方式，适当扩大货币供应，以充分调动和利用社会资金，促进经济持续发展。

总之，只要我们遵循中央经济工作会议的精神，积极、审慎地运用好财政、货币、税收、收入分配等各种手段，使其综合配套地发挥作用，再加上国际经济环境的改善，今年我国经济增长速度扭转几年来持续下降的趋势，实现止降转稳、止降回升，是大有希望的。

我个人认为，由于宏观调控政策今年将继续松动，并且力度加大，再加上上述有利因素，2000年我国经济的最终结果很有可能高于1999年经济增长（7.1%），实现一个较快的速度。

彰往察来 把中国的改革开放
全面推向21世纪*

——评《中国经济转轨二十年》

（2000年2月18日）

　　《中国经济转轨二十年》是由陈锦华同志倡议，王梦奎同志主编，中国（海南）改革发展研究院组织编著的。该书于1999年9月由外文出版社出版，献给中华人民共和国建国50周年。

　　中国经济改革已进行了20个年头。20年来的中国经济改革，无疑是20世纪最重大的事件之一。这场深刻的社会经济变革，掀开了中国历史新的一页。目前，中国正处在经济体制转轨的关键时期，研究和总结中国改革20年的历史经验，对于比较世界各国经济转轨的历史进程，探讨改革在中国发展中的历史地位，都有重要意义。这就是组织编著此书的初衷。

　　该书作者都是中国经济学界著名的专家，有的直接参与了中国经济体制改革的决策过程，有的参与领导了中国由计划经济体制向社会主义市场经济体制过渡。参与改革决策和改革领导的名家共撰一书，无疑赋予了该书理论和实践上的很大权威性。

　　对于经济转轨，在世界范围内存在着不尽相同甚至完全不同的理解和说法。本书所论述的中国经济转轨，就是经济改革，是从传统的计划经济体制到社会主义市场经济体制的变革

---

* 原载《中国经济时报》。

过程。在经济转轨中，中国采取了哪些有效措施，有哪些宝贵经验，今后又当如何发展？作者站在全局的高度，从不同层面，对照同期国外经济的发展情况，作了全面的分析，论证深刻，颇有见地。

中国经济转轨20年的基本经验

中国的改革能够获得巨大的成功，一条基本的经验就是始终高举邓小平理论的旗帜并用以指导改革的实践。邓小平的改革思想，是从中国国情和时代特征出发，在领导改革的实践中逐步创立和不断丰富的。这些思想主要包括：（1）社会主义基本制度确立以后，还要从根本上改变束缚生产力发展的经济体制，建立起充满生机与活力的社会主义经济体制。（2）改革不是原有经济体制细枝末节的修补，而是一种革命性变革。（3）改革是社会主义制度的自我完善和发展，是建设有中国特色社会主义的必由之路。（4）社会主义改革是一种全面的社会变革，不仅包括经济体制改革，还包括政治体制改革和其他领域的改革。各方面的改革必须相互配合，协调发展。（5）开放也是一种改革。社会主义要赢得与资本主义相比较的优势，必须大胆吸收和借鉴人类社会创造的一切文明成果，吸收和借鉴当今世界各国包括资本主义发达国家一切反映现代化生产规律的先进经验和管理方法。中国从国际和实际出发，确定改革道路、基本经济制度，正确处理改革、发展、稳定的关系和计划与市场关系，渐进式推进，保证了中国经济转轨的成功。

所有制改革与国有企业改革

中国经济体制改革是从调整农村所有制关系开始的。农村

刘国光

经济论著全集

第

15

卷

土地制度及分配制度的改革成功，促进了城市企业制度的改革，并为非国有经济尤其是非公有制经济的发展创造了日益宽松的环境。所有制改革促进了多种经济成分的发展和所有制结构的调整，塑造了多元化的市场主体，促进市场体系不断发展和完善，国有企业管理体制是传统经济体制的基础，所有制改革必然对国有企业改革提出迫切要求。自20世纪80年代中期开始，中国把国有企业改革作为经济体制改革的中心环节，积极探索改革的道路与具体方式。20年来中国国有企业的改革取得了很大成就，也积累了一定经验。但是，从总体上来看，中国国有企业改革至今尚未取得根本突破，加快国有企业改革显得尤为迫切。

价格改革

1979年价格改革也是从农村起步的，大幅度提高农产品收购价格是当时农村改革的两大举措之一（另一举措为实行家庭联产承包责任制），价格是最有效的调节手段，价格改革是市场发育和整个经济体制改革的关键，必须积极理顺价格关系，建立起以市场形成价格为主的价格体制。近20年来，中国的价格改革正是在上述正确认识的引导下，在各级政府的推动和广大公众的支持下，逐步展开并取得实质性进展的。目前，在实物商品和劳务价格方面，已基本上建立起市场价格体制，生产要素价格的市场化进程也已开始。总结价格改革的成功经验，探索价格改革的规律，对推动改革实践具有重要意义。

农村经济体制改革

农村的改革是从人民公社经营管理体制改革入手，实行家庭承包经营开始的。此后，农村改革进入了一个更深的层次：由对经营管理体制的改革进展到了对农村财产关系的变革，由对主要农产品统派购制度的改革进展到了向农村经济全面引入市场机制，由对经济领域的改革进展到改革农村社会体制、加强农村的基层民主制度建设，等等。在改革的推动下，农业生产要素的流动和重新组合，促使农村的经济结构发生重大变化，生产力水平有了显著的提高。尊重农民的意愿和坚持改革的市场取向，是农村改革之所以成功的最基本经验。农村改革已经取得的一系列重要成果，都是党领导下的农民群众的伟大创造，其中最主要的有：确立了以家庭承包经营为基础、统分结合的农村经营基本体制，实现了乡镇企业异军突起，推进了农村基层的民主制度建设。巩固农民的三个伟大创造，不仅是巩固农村改革已有的成果，也是继续深化农村改革、实现农村经济体制创新的基本前提。

经济体制改革中的计划与市场

社会主义国家经济改革的一个普遍存在的核心问题是：在资源配置的体制选择上，是实行计划经济体制还是市场经济体制。在这个问题上理论界进行了执着的艰辛探索，实际经济生活中也开展了不同模式的对比及选择。从1978年起，我国在对传统计划经济体制实行市场取向改革的道路上不断曲折前进，理论认识不断得到深化和突破。1992年，邓小平同志南方谈话和党的十四大确定了社会主义市场经济体制改革的目标。与此同时，经济体制和运行机制的改革实践在我国也更加蓬勃地展开，突出表现在：企业改革由放权让利开始，逐步凸显企业的独立市场主体地位，最终到进行制度创新，建立现代企业制度，从调整国有经济布局的高度推进国有企业改革，非公有制经济获得大发展，公有制为主体、多种经济成分并存的格局成为我国的基本经济体制；资源配置上市场机制逐渐发挥了基础性作用，经济迅速发展的事实确认了这一基本取向的正确性；市场体系逐步健全，市场环境大为改善；宏观调控体系进行了适应市场经济要求的根本性变革；等等。展望未来，按照社会主义市场经济体制的框架要求，我们应进一步加大改革力度，将所有制结构调整、企业改革、市场体系、宏观调控、收入分配和社会保障、法律体系建设向前积极推进。

对外开放

中国实行改革开放20年，实现了从闭关锁国到对外开放的历史性转变，并取得举世瞩目的巨大成就。在对外开放的指导思想上，中国从和平与发展的时代大背景出发，坚持以邓小平提出的发展是硬道理和"三个有利于"的标准，正确处理了开放与改革、开放与独立自主、自力更生的关系，保持了国民经济在开放中持续稳定增长。在开放战略上，由沿海向内地，由以区域开放为重点向以产业开放为重点，由经济特区先行试验向全国法制化、规范化发展，采取了符合中国实际的"渐进式"开放战略，逐步形成了规范的对外开放体系。在外资利用中，中国始终坚持把吸引外商直接投资作为重要内容，为促进本国经济发展起到积极作用。在资本市场开放上，中国采取了谨慎的措施，对有效抵御席卷全球的亚洲金融危机的冲击发挥了重要作用。在对外贸易中，适应对外开放需要，对外贸体制进行了一系列改革，极大调动了出口企业的积极性；在出口产品上，充分发挥了本国的资源优势，以劳动密集型产品为主，增强了本国出口产品的国际竞争力；在争取加入世界经济贸易组织的进程中，中国政府以国际竞争优势为核心，采取了积极务实的措施，在国际经济中发挥着越来越重要的作用。

宏观经济管理体制改革

从高度集中的计划体制转向社会主义市场经济体制，中国的宏观经济体制发生了重大变化。为了改变管理权限过分集中的弊端，实行简政放权，把一部分不属于宏观调控的权力放给地方、企业和市场。与此同时，建立适应市场经济要求的宏观调控体系。改革传统计划体制，赋予计划以新的职能。改革财税体制，实行中央与地方分税制，调动各级政府理财的积极性。通过税制改革，调整收入分配结构，坚持效率优先，兼顾公平。改革金融体制，强化中央银行维护币值稳定和金融监管的职能，实行专业银行商业化，稳步发展金融市场。在抑制通货膨胀、实现"软着陆"的实践中，继而又在扩大内需、启动经济的不懈努力中，使计划、财政、金融协调配合的宏观调控体系不断完善。

改革、发展、稳定的关系

正确处理改革、发展、稳定三者关系具有重大意义。在我国面临发展、改革、稳定一系列错综复杂的关系中，唯有正确处理三者关系，才能总揽全局，保证经济社会顺利发展。这是解决我国现阶段主要矛盾的必然选择。只有以发展为目的，以改革为动力，以稳定作保证，并在实践中把发展的速度、改革的力度和社会的可承受程度统一起来，才能够顺利推动经济发展和体制转轨，并达到保持社会稳定的目的。面向未来，21世纪初叶我国改革、发展、稳定面临着新挑战，在新的形势下，如何促进发展，深化改革，保持稳定，要有新思路、新对策。

在世纪和千年之交，总结新中国最辉煌的改革开放和经济快速发展的历史，继续推进中国的改革开放和经济持续发展，是本书作者的意图。正如主编在序言中所言："历史上任何一个伟大的变革，离开其发生的时间愈久远，就愈容易淡化其细节方面而显示其本质，愈容易认识其历史意义。"在中国经济转轨的第20个年头，回顾这一段历史更容易概括以往改革和发展的经验，体察和领悟未来经济改革和发展的正确道路。从本国国情和实际出发确定改革和发展的道路，这是中国经济转型发展的一条基本经验。我们从国际和实际出发，选择了与苏联和东欧国家不同的转轨道路，没有采取激进的"休克疗法"，没有谋求一步到位，而是采取了"摸着石头过河"的渐进式改革模式。渐进式改革模式可以避免社会震动过大，在保持社会稳定条件下推进改革，从农村到城市，从价格"双轨制"到市场价格，从山东沿海的开放到沿边和内陆地区的开放，从调整、充实、提高国有经济到发展非国有经济成分，从放松让利等政策调整到建立现代企业制度和国有经济布局调整，从经济体制改革为主线到围绕经济体制改革来逐步推进政治体制改革，这些循序渐进的改革，由表及里，由浅入深，使伴随改革而来的利益格局变化约束在社会和公众可以承受的范围内，从而可以较好地处理体制改革、经济发展和社会稳定的关系，实现平稳的经济转轨。这是改革成功的关键所在。

　　什么时候都要面对现实，而不能从理想和"本本"出发。中国自新中国成立后进入社会主义，就生产力发展水平而言，远远落后于发达国家。这就决定了中国必须在社会主义条件下经历一个相当长的初级阶段，这是一个不可逾越的历史阶段。社会主义初级阶段这一基本国情决定了我国社会的基本经济制度。党的十五大报告明确指出："公有制为主体、多种所有制经济共同发展，是我国社会主义初级阶段的一项基本经济制度。"这是中国共产党认真总结了以往在所有制问题上的经验教训之后，对我国现阶段基本经济制度做出的科学概括。修改后的宪法更是明确规定："国家在社会主义初级阶段，坚持公有制为主体、多种所有制经济共同发展的基本经济制度。"这表明经过20年的改革实践和理论探索，我国社会主义初级阶段的基本经济制度终于以法律形式确定下来。但是，我们还不能满足于这一基本经济制度的法律形式，要在进一步的改革中找到更为完善的公有经济实现形式，并为非公有经济的进一步发展开辟道路。

《中国经济转轨二十年》能够让我们在回顾中思考许多问题，在我们即将走入21世纪之际，像《中国经济转轨二十年》这样，对我们走过的改革历程进行回顾，的确是颇有益处的。

略论通货紧缩趋势问题*

（2000年2月22日）

关于通货紧缩的含义，学术界有种种不同的说法，并不统一。归纳起来，主要有三种："单要素"说，认为通货紧缩是指物价总水平的持续下降；"两要素"说，认为通货紧缩是指物价总水平与货币供应量的持续下降；"三要素"说，认为通货紧缩是指物价总水平、货币供应量的持续下降，并伴随经济衰退或萧条。我们认为，就我国当前的情况来说，没有必要在通货紧缩的含义上去进行过多的讨论，因为这三种说法有一个共同关注的经济现象，即我国物价总水平从1997年10月开始已连续两年多呈下降趋势。如何认识和把握两年多来我国所出现的通货紧缩趋势，直接关系到宏观调控政策实施的方向和力度。对于这一趋势，既不能掉以轻心，也不可估计过重。若掉以轻心，措施不力，则会加重企业经营和劳动就业等方面的困难，影响经济发展和社会稳定；若估计过重，乱下猛药，就会带来更难治愈的后遗症，可能导致金融风险的爆发或较长时期的"滞胀"，等等。因此，我们的讨论应集中于对我国当前通货紧缩趋势的特点、成因和治理对策等重要问题进行深入而认真的分析。

---

* 与刘树成合作。原载《人民日报》。

一、主要特点

我国当前所出现的通货紧缩趋势，具有如下一些特点。

第一，它是轻度的。世界经济史上出现过的通货紧缩，从时间长度来看，美英两国都曾在1814—1849年发生过长达35年的通货紧缩；其后，美国在1866—1896年又发生长达30年的通货紧缩，英国亦在1873—1896年发生长达23年的通货紧缩。从价格下降的幅度来看，美国在紧随第一次世界大战之后的衰退时期，价格下降了15%以上；在20世纪30年代的大萧条时期，价格下降了30%以上。我国物价总水平的下降，持续的时间才两年多，下降程度在−3%~−2%。这与历史上发生过的持续时间在二三十年以上的通货紧缩，以及下降幅度在百分之十几和百分之几十的通货紧缩的案例相比，应属轻度的通货紧缩。

第二，它具有一定的矫正性。在前一时期，1993—1995年，我国通货膨胀率曾连续高达13.2%、21.7%和14.8%。价格水平中含有不少的"泡沫"成分。这次物价总水平的下降有其合理的方面，它对前期的高通胀和价格泡沫起到了一种矫正作用。

第三，与它伴随的不是经济衰退或萧条，而是较快的经济增长。在历史上，物价总水平持续下降有的伴随着经济衰退或萧条，亦有伴随着经济继续增长的案例。如美国1814—1849年的通货紧缩，时值美国工业化的初中期，其国民生产总值年均增长达5.4%；1866—1896年的通货紧缩，时值美国赶超英国时期，国民生产总值年均增长达到7.5%。我国近两年的经济增长率虽有所下降，但仍保持了7%以上的较快发展速度，这与西方20世纪30年代大萧条时期的通货紧缩情况是完全不相同的，也与我们周边国家在这次金融危机中所发生的经济衰退和通货紧缩的情况是不相同的。

第四，它是在我国经济转轨中市场格局发生了深刻变化的情况下出现的。经过改革开放二十多年来的努力，我国的综合国力大为增强，基本改变了过去长期存在的商品普遍而严重的短缺状况，出现了阶段性和结构性供大于求的市场格局。在这一格局下，我国出现了物价总水平持续下降的趋势。

第五，它也受到国际价格水平的影响。伴随世界范围内科技进步的突飞猛进和经济结构调整的加快，并且在亚洲金融危机的冲击下，国际上也出现了某些通货紧缩的态势，这对我国的物价总水平也产生了一定的影响。

二、成因何在

通货紧缩与通货膨胀都属于货币现象，因此人们往往强调其货币方面的成因，认为通胀的主要成因在于货币供应过多，通缩的主要成因在于货币供应不足。近两年尽管我国各层次货币供应量的增长速度仍然超过经济增长速度与物价指数之和，但由于货币流通速度下降，实际的货币供应量难以支撑我国现有经济资源所能容纳的、潜在的经济增长速度，难以保持物价总水平稳定不降。但也有不少人士认为，我国当前物价总水平持续下降的主要成因不在货币方面，而在实体经济方面。目前实体经济由于种种原因对货币资金的需求不旺，尽管金融当局主观上要放松一些货币信贷供应，譬如设想多放些贷款，但碍于借款者意愿不足，也难以实现。其实，当前的通货紧缩趋势既是货币现象，也是经济现象；既有货币方面的成因，也有实体经济方面的成因，而其深层次的成因，则在后者。

从实体经济的角度来看，除了技术进步引致成本下降的情况之外，物价总水平持续下降的成因在于社会商品和劳务的总供给持续地超过了总需求，或是供给过剩，或是需求不足，或是二者兼而有之。我国当前的通货紧缩趋势，既有总供给方面的原因，也有总需求方面的原因，需要作点分析。

先说总需求。总需求由国外需求和国内需求构成。国外需求即出口需求。1997年东亚金融危机发生后，我国出口受到很大冲击。近期虽有好转，但还不能说已完全稳定。国内需求包括投资需求和消费需求。近几年由于种种原因，这两大内需均出现了不足的情况。

就投资需求来说。近几年来，随着我国经济体制改革，特别是金融领域改革的不断深化，企业投资和银行贷款均走向市场化，过去依靠吃财政或银行的"大锅饭"的投资体制逐渐被打破，资金约束趋于硬化。这一方面有利于消除长期以来根深蒂固的投资饥渴和盲目扩张冲动的体制基础；另一方面也出现了人们一下子还不能适应从而暂时不利于投资的种种情况。企业在改革中由于自我约束的意识有所增强，而又难以摆脱历史债务包袱，在市场行情看淡、好的项目难觅的前景下，投资决策趋于谨慎，出现"慎借"倾向。银行在改革中提高了安全意识，更加重视贷款质量，也出现了"惜贷"倾向。在商业银行贷款有所放松后，又有相当一部分信贷资金以种种方式形成食利资本或套利资金，游离于实体产业部门。这些都阻碍了银企之间的间接融资。而现时我国资本市场还处在发育之中，远未成熟，使直接融资渠道也很狭窄。这些都限制了投资需求。

消费需求不足的主要原因有三：其一，改革开放以来，在我国居民收入与消费水平的绝对额不断增长的同时，社会总产品最终使用中消费所占的比例，即最终消费率却呈现出下降趋势，而积累率呈上升趋势。为了保持经济的较快增长，一定的、较高的积累率是必要的。但如果积累率长期维持在过高的水平，而最终消费率过低，则会造成消费需求相对不足，使消费市场相对狭小，从而影响投资前景和整个社会再生产的顺利进行。其二，影

劉國光

经济论著全集

第
15
卷

响居民消费需求的不仅仅是其现期收入水平，更重要的是收入和支出的预期。近几年来，由于结构重组和景气下降，下岗人员增多，使居民现期收入和预期收入的增幅有所减缓，与此同时，随着原有福利性、实物性、统配性的分配和消费转向商业化、货币化和市场化，居民的预期支出大幅增加，这就使相当一部分现期消费转化为储蓄。其三，收入差距扩大，特别是原有体制内人员与体制外人员收入差距的扩大。高收入者消费需求基本饱和，而广大低收入者购买乏力，也影响了全社会平均消费需求倾向减弱。

造成社会供需总量不平衡的原因不只限于需求不足，还有供给过剩和供给刚性方面的原因。供给过剩是指多年来盲目投资、重复建设所形成的工业生产能力和产品的结构性过剩，以及由于农业连年丰收使农产品出现了阶段性过剩，等等。供给刚性是指多年来在粗放增长方式下形成的低水平过剩生产能力、无效供给和结构扭曲，由于市场缺乏淘汰机制，企业缺乏创新能力，而得不到及时有效的矫正。这种供给刚性，既限制了需求对供给的导向作用，又限制了供给本身创造需求的空间，阻碍了供需互动实现良性循环和结构升级，从而加剧了社会供需总量的失衡，推动物价总水平持续走低。

三、治理对策

近两年来，针对国际国内经济形势的变化和国内所出现的通货紧缩趋势，我国政府审时度势，及时调整政策，作出了扩大内需的重大决策，并陆续采取以实施积极财政政策为主要内容的一系列宏观调控措施。回顾1998年推出积极财政政策的当初，扩大内需的措施主要限于利用政府发行国债进行基础设施建设的投资；现在，宏观调控的内容已发展为一整套综合性的政策措施。

它包括：既要扩大基础设施投资，又要加强技术改造投资；既要增加中央政府投资，更要推动社会与民间投资；既要扩大投资需求，又要鼓励消费需求；既要提高居民特别是中低收入者的现期收入，更要稳定居民的收支预期；既要坚持立足内需为主，又要千方百计开拓国际市场，积极扩大外需；既要实施积极的财政政策，又要发挥货币政策的作用，采取多种方式适当扩大货币供应；既要解决需求不足问题，又要解决供给刚性和结构问题；等等。总之，随着实践的发展，我们的政策不断完善，措施不断加强。从前几年成功地治理通货膨胀到近两年积极地抑制通货紧缩，说明党中央驾驭经济全局的能力更加成熟，宏观调控的经验更加丰富了。

中央采取的一系列宏观经济政策措施，有效地抑制了经济发展速度可能出现的严重下滑，对拉动经济增长，促进经济效益回升，已经并将继续发挥积极作用。特别是1999年下半年以来，我国经济运行中亮点增加，物价总水平下降趋势也趋于缓和。1999年11月召开的中央经济工作会议，又提出了继续实施积极的财政政策，进一步发挥货币政策的作用等促进经济发展的一系列政策措施，扩大国内需求，以及大力调整经济结构，促进产业优化升级等决策。这对于进一步扩大需求、改善供给，从而有效地抑制通货紧缩趋势，将会起到重要作用。

需要指出，治理通货紧缩，无论是扩大需求，还是完善供给，单靠宏观政策的调控是不够的，因为它们还受到现行体制的制约。我们要在加强宏观调控的同时，着重从体制和机制上进一步解决扩大需求与完善供给的问题。即使在通货紧缩趋势得到缓解之后，体制建设的任务仍是需要长期继续进行的。按照党的十五届四中全会和中央经济工作会议精神，抓紧抓好国有企业改革这一中心环节，继续推进财政、金融、流通、科技、教育、住房、社会保障和收入分配等各项改革，这对于为促进需求和改善供给而清除制度障碍，建立必要的体制环境，是至关重要的。

众所周知，经济体制改革对于促进经济发展的效应，往往要经历一个过程才能显现。而有些改革措施，在短时期内对于扩大需求和改善供给，不但不能起到立竿见影的作用，而且还会暂时产生抑制的效果。如有关强化金融监管秩序、防范金融风险的改革措施，会促进银行放贷谨慎；与强化税收征管有关的改革措施，会对增加财政支出的扩张效应起到某些抵消的作用；又如社会保障、福利、教育等方面体制的改革措施，会使居民消费谨慎，加强储蓄的倾向。这些改革措施非常必要，不能不做。然而，今后各项改革措施要尽可能掌握好出台时机，安排好改革节奏；与此同时，要从加大宏观扩张政策措施的力度来弥补某些必须进行的改革措施对供需关系带来的暂时紧缩效应；还要对人民群众因实施某些必要的改革措施而暂时发生的减收增支，进行适当的货币补偿。国际经验证明，利用扩张性宏观政策来抑制通货紧缩和启动经济，要有足够的力度，延续足够的时间，否则可能出现政策效应不济，不得不重新启动，这样打打停停拖延了经济调整的过程，可能给经济增长带来损失。日本经济20世纪90年代就曾发生过这种情况，值得我们注意。宏观扩张政策实施的力度和时间，要根据供求关系和物价走势的变化情况，适时适度地进行调整。调整过程中要注意经济增长潜力的界限，谨防越过这一界限，更要防止大开"水龙头"、乱发票子而引发经济过热和严重通货膨胀的再现。这是扭转通货紧缩趋势的过程中不应忽视的。

略论通货紧缩趋势问题

关于2000年经济增长指标和经济工作重点

——《香港商报》记者专访

（2000年2月28日）

"今年（2000年）经济增长7%左右的目标，既考虑了经济和社会发展各方面的需要，也是有条件实现的。"

7%是一个稳妥而积极的指标，实际执行起来可能比这个目标还要高。它将向外界反映出这样一个重要信息：中国内地的经济已经止降转稳或止降回升。

据权威人士透露，对于今年的经济增长目标，不久前国家有关部门经测算后提出了三个可供选择的方案：8%、7.5%和7%。据说，中央领导在选择以上方案时主要考虑两个原则：经济增长必须有一定速度，否则不足以解决就业问题；必须是有效益、有质量的速度，不能有泡沫和水分。

能否实现经济增长目标，关键要看两个因素：一是国内的宏观调控政策；二是国际经济形势。

当前，国际经济形势转好。特别是亚洲受金融危机冲击的国家和地区，经济将进一步恢复。这一情况对中国内地外贸增长将产生积极影响。此外，加入WTO对出口增长也是利好消息，在这些因素影响下，预计出口增长率将比1999年有所提高，情况好时，可能接近10%左右。

内地经济形势从去年（1999年）下半年开始好转。产品库存减少，企业效益增长；高新技术、电子信息产业增长较快；物价下跌趋缓；特别是这两年坚持扩大内需，实行积极的财政政策逐步见效；通过提高职工工资、落实"三条保障线"政策及增加农民收入，消费也会稳步增长。

当前经济运行中存在的主要问题仍然是有效需求不足，就业压力增大，农民收入增长缓慢，结构不合理的矛盾更加突出。

今年经济运行的总体环境是好的，但也存在一些不利因素。随着国际经济形势的进一步转好，国家宏观调控力度和作用的逐步到位，今年经济增长7%是可以达到的。搞好了，实现7.5%也是有可能的。

扩大内需、结构调整、西部大开发、国企改革、科教兴国、搞好社会保障等，料是今年《政府工作报告》中经济工作的重头戏。

当前，通货紧缩趋势、国内需求不足问题仍存在，就业形势也不是很好。首先要扩大内需，继续实行积极财政政策，增加发行国债。积极财政政策虽是应付困难的短期政策，但实行两三年不会有风险。因为，目前国债占GDP比重还没有达到警戒线，物价下降也还有余地，不会马上发生债务危机和通货膨胀。今年实行的积极财政政策内容将更丰富：国债不仅用于基础设施建设，还用于技术改造；不但增加政府投资，还要带动社会投资，刺激消费；不但实施积极的财政政策，而且还要进一步发挥货币政策作用，多种渠道增加货币供应量；不但要扩大需求，而且要改善供给。

结构调整也是个重头任务，不仅今年，整个"十五"规划都要搞。今年将抓住当前国内商品和物资供应充裕、国际经济结构重组和产业升级加速的良好机遇，在扩大内需的过程中，加快结构调整。结构调整包括产业结构调整、地区结构调整和城乡结构调整。

西部大开发是中央政府面向新世纪作出的重大战略决策，今年将迈出实质性步伐。

国有企业改革，也是今年经济工作的重中之重。特别今年又是实现国企改革与脱困三年目标的决战之年，任务更加艰巨。今年，大多数国有大中型骨干企业要初步建立现代企业制度。这项工作的重点是，改革企业管理体制，转换经营机制，建立和完善法人治理结构。继续落实企业兼并破产、提高直接融资比重和"债转股"等重要措施。增加银行核销等坏账准备金的规模，继续集中用于重点脱困企业，并适当考虑其他大中型亏损企业。有关部门还将稳步推进国有股减持和转让。

加快实施科教兴国的战略。今年将基本完成全国科研机构的管理体制改革，应用型科研机构转制为企业，或进入企业强化技术开发中心；国家将加大对科技的投入，对一些重大课题和项目，采取招标方式进行研究开发；加快高新技术产业化步伐，搞好高技术产业发展规划，完善和促进高技术发展的政策体系，集中力量抓好几项重大项目。加快西部地区普及九年义务教育；扩大研究生和大学生招生规模；加快教育改革，推进素质教育。

提高人民生活水平，切实搞好社会保障。增加就业机会，提高居民和农民收入，改善分配政策，落实"三条保障线"政策，确保国企下岗职工基本生活费、企业离退休人员基本养老金和城镇居民最低生活保障金按时足额发放，不得再有新的拖欠；今年各级财政把必要的社会保障支出纳入预算，不留缺口；对资金实在困难的地区，中央财政将通过转移支付给予一定支持；今年将实现城镇养老、失业保险金覆盖，基本建立起城镇职工基本医疗保险制度。

21世纪初中国经济增长问题*

——在新加坡国立大学东亚研究所的讲演
（2000年3月30日）

一、中国经济发展将进入一个新阶段

自1978年以来，中国从计划经济走向市场经济，取得了长足的进步。我们已经提前实现GNP比1980年翻两番的增长目标，而且还在人口不断增加的情况下，实现了人均GNP翻两番。1999年国内生产总值按不变价格计算为1978年的6.8倍，每年平均增长9.8%。今年（2000年）中国将全面实现第九个五年计划预定的目标，年均增长速度将超过原预计的8%，并将初步建立起社会主义市场经济体制。人民生活在20世纪80年代末基本解决温饱后，20世纪末总体上达到小康水平。

尽管中国经济发展取得了历史性的进步，但中国仍是一个发展中国家。人均GDP只有800美元左右，处于低收入国家与下中收入国家的边缘，在世界200多个国家中名列150名之后。中国进一步的发展，面临着多方面的挑战和艰巨的任务。

按照邓小平提出中国经济三步发展战略，中国在实现了前两个战略目标，即人民生活先后达到温饱和低水平的小康目标后，进入21世纪，中国将开始实施第三步发展战略，即大约用半个世纪的时间，基本实现现代化。中国现在正在着手研制21世纪初经

---

*　原载《中国社会科学》2000年第4期。

济社会发展规划，到2010年将要建成比较完善的社会主义市场经济体制，实现GNP比2000年再翻一番，人民生活水平将进一步提高。这意味着21世纪初中国经济发展将步入一个新的阶段，即实施第三步发展战略的起步阶段。

二、新阶段的重大转折和主要特征

中国目前正处于经济体制转轨、经济结构调整和经济增长方式转变同时并进的重要时期。中国经济进入新阶段的重大转折和主要特征可以从以下三个方面来看。

——从生产力发展和供求关系的变化看，经过二十余年的大发展，一般性工农业产品普遍供不应求的短缺时代基本结束，买方市场初步形成，经济发展目的由过去单纯追求数量逐步转向同时注重质量，经济增长方式由粗放型为主逐步转向集约型为主；经济发展的约束由资源、供给约束为主逐步转向市场需求约束为主；产业结构调整由协调比例关系为主逐步转向促进产业结构升级为主。

——从经济体制的变化看，经过二十余年的改革，传统计划经济体制基本破除，社会主义市场经济体制的基本框架初步建立，经济运行的市场化程度显著提高。但传统体制下的社会经济矛盾并未完全解决，新体制下也产生了一些新的矛盾和问题。21世纪初改革将从破除传统体制为主转入全面体制创新的攻坚阶段，改革将涉及更为复杂更深层次的问题，其难度将大大超过前一阶段。

——从国际环境的变化看，经过二十多年的改革和开放，中国在结束了封闭半封闭状况后，逐步形成了全方位、多层次、宽领域的对外开放格局，国际经济联系日益密切。2000年可望加入WTO，标志着世纪之交中国对外开放将进入一个新纪元，中国

刘国光
经济论著全集
第
15
卷

将在更广泛的领域和更高的层次参与经济全球化。在不断扩大对外开放、积极利用国际市场和资源的同时，世界经济的波动对中国经济发展的影响和冲击将越来越直接。如何抓住经济全球化带来的机遇，努力规避其风险，是21世纪初中国经济发展必须应对的大问题。

三、21世纪初经济增长的有利条件和制约因素

（一）21世纪初的有利条件

第一，消费市场容量大。我国有12亿多人口，目前人均消费水平不到400美元，国内市场增长潜力和增长空间非常巨大。中国出口总值只占国际贸易总额3%左右，还有很大的开拓余地；即使在出口环境不利时，仍可立足于扩大国内需求，凭借发挥国内市场潜力，拉动经济增长。

第二，中国目前处于基本完成工业化初级阶段，正向工业化的中级阶段迈进。传统产业技术改造的大规模开展，新兴产业的迅速拓展，基础设施建设的大规模实施，中国产业结构将进一步向重化工业方向倾斜。加上西部大开发和城市化建设的推进，在相当长的时间内，中国有着旺盛的投资需求，这也将带动中国经济较快增长。

第三，中国有较高的储蓄率，预计21世纪初将保持35%以上。中国将继续积极引进外资，但社会投资资金80%以上来源于国内储蓄，不会像某些过度依赖外资的国家那样，一旦国际资本流入发生问题就会陷入经济危机。当前，我国社会储蓄转化为投资的渠道不够顺畅，是由于体制性、结构性矛盾的障碍。只要采取适当的政策措施来消除这些障碍，中国的投资需求将会迅速增加，从而带动经济的长期快速增长。

第四，中国劳动力资源丰富，劳动力供给远远大于需求，劳

动力成本远远低于国际平均水平。这种趋势在进入21世纪的一个比较长的时期内不会发生根本变化;劳动力成本低廉仍将是21世纪初我国经济增长一个比较大的优势。

第五,经过第八个五年计划后期和第九个五年计划时期的强化建设,长期制约中国经济发展的能源、原材料和交通运输等基础设施"瓶颈",已大大缓解,钢材、水泥、煤炭等主要工业基础产品供给充裕,而且节能、节材、降耗的潜力很大,能够支持中国经济较快增长。

第六,中国第三产业比重现在30%左右,与发达国家相比差距很大,甚至低于低收入国家平均水平。第三产业有着巨大的发展潜力和发展空间,将会大量吸纳第一产业的剩余劳动力,以大大快于第一、第二产业的速度发展,从而推动中国经济的增长。

第七,随着中国经济体制改革的进展和社会主义市场经济体制日渐成熟,中国企业的效率会有较大提高,宏观经济的运行效率会有较大改善,这将改变中国经济的增长方式,有利于中国经济的增长。

中国已经有两个10年接近10%的高速增长,今后能否继续保持这一高速,颇多争论。一种意见以日本、韩国等国经验为例,认为随着发展水平提高和增长方式从粗放转向集约,今后中国经济不可能继续保持高速增长的势头,而将转向中速或低速增长。另一种看法从中国作为一个幅员广阔、人口众多的发展中大国这一基本事实着眼,从中国人力资源开发潜力、市场容量拓宽潜力、高储蓄资金潜力、技术差距的后发优势潜力等方面进行考察,并考虑到工业化、城市化、市场化和国际化进程将为中国经济注入持久不衰的发展动力,认为21世纪初的中国经济,尽管不会继续像改革开放后20年那样以10%左右的高速增长,但仍可以在较长时间保持7%~8%的较快增长速度。后一种看法可能更接近实际。

（二）21世纪初中国经济发展的制约因素

第一，人口和就业的压力。中国虽然实行有效的计划生育，但因人口基数大，人口和劳动力每年增长的绝对数量很大，将长期存在着沉重的就业压力。近几年城镇实际失业率呈逐年上升趋势。此外在3亿农村劳动力中有1.5亿~1.6亿剩余劳动力。统计分析，21世纪前10年仍是劳动力人口增长的高峰期，预计2005年我国适龄劳动力人口将由2000年的8.6亿人增加到9.1亿人，农业剩余劳动力将达到2.3亿人左右。产业升级和结构调整将使单位投资提供的就业机会相对减少。这些都预示着21世纪初就业形势相当严峻，就业压力也成为制约产业技术进步和结构升级的一个因素。老年化问题是中国经济的又一个人口负担。20世纪80年代以来60岁以上的老年人口平均每年以2%的速度持续增长，到2000年将上升到1.3亿人，占总人口的比重达到10%，我国开始进入人口老年化国家行列。21世纪初中国只能用较低收入国家的经济资源来解决工业化水平高的国家遇到的老年人口负担问题。

第二，资源和环境的压力。中国拥有世界22%的人口，却只有世界7%的耕地和7%的淡水。随着工业化、城市化的推进，人均耕地和人均水资源将进一步紧张。中国的能源和矿产资源也并不丰富，经济发展越来越受到资源供给不足的制约。如石油，据预测，中国石油供求缺口2000—2010年将达20%~45%。由于某些资源的短缺和价格提高，使中国有关工业品面临成本上升的压力，影响到中国工业品的国际竞争力。

中国生态环境受到破坏的速度在加快，环境污染问题日益严重，近年来已成为影响经济发展、人民健康的主要问题。目前中国城市大气中悬浮微粒，年、月平均值普遍超过世界卫生组织的标准；50%以上城市的地下水受到污染；20世纪80年代酸雨只在少数几个地区出现，90年代以来已扩张到长江以南的大部分地区。尽管自80年代以来，陆续采取了一些措施，对环境污染进行治理，但由于中国的工业化进程尤其是农村工业化进程仍在迅速推进，人口在增加，而可用于治理生态环境的资源有限，因此，在21世纪中国面临的生态环境方面的挑战会越来越严重。

第三，技术落后和国际竞争的压力。中国工业尤其是制造业的装备和技术水平与国际先进水平存在着较大的差距，这严重影响着中国工业水平的提高、产业结构的升级和国际竞争力。21世纪初中国经济将进一步市场化和国际化，加入WTO后国内市场对外开放的领域进一步扩大，开放程度更高。这一环境变化，对促进我国产业升级和整体经济的发展，既提供新的机遇，但也带来严峻挑战。从产业竞争力方面分析，中国在劳动密集型产品方面尚可保持较大的竞争优势，但在资本技术密集型的产品方面则明显处于劣势，而产业升级则要求从劳动密集型产业逐步转到资金技术密集型的高加工度产业，因此，我们将在不具备竞争优势的领域面对更加开放环境下的国际竞争。现在中国国内市场上的相当一部分高附加值的消费品市场已被外国公司占领。中国将坚定不移地对外国企业和产品开放中国市场，但由于中国在当今世界经济格局中仍处于弱势地位，中国政府和其他发展中国家政府一样，要考虑中国企业的生存与发展；既要加入国际经济体系，继续扩大开放的程度，又要适度保护高加工度产业处于幼稚期的发展，这就使中国面临着复杂的政策选择。

除上述制约因素外，还要考虑中国经济转型（数量型转质量型、粗放型转集约型等）对企业素质、技术开发和体制、机制支持的要求很高，消除增长的体制性障碍难度越来越大。这些都构成经济进一步增长的难点。所以，期望21世纪初我国经济能继续保持前20年那样的平均接近10%的增长速度，也是不现实的。如果能在7%~8%平均增长速度的基础上创造比过去在10%左右速度时更好的效益，并提供更多的就业岗位，那将是21世纪初中国经济发展具有吸引力的一个佳景。中国中长期规划预计21世纪头10年GDP将再翻一番，即每年平均增长7.2%，这是一个比较实事求是的考虑。

四、21世纪初经济发展的战略任务

在21世纪初的经济发展中，中国要重点完成下列战略任务：

——实施经济结构的战略性调整，促进产业结构的升级和优化；

——推进西部大开发战略和加快城市化建设进程，促进地区经济、城乡经济的协调发展；

——深化以国有企业改革为中心环节的经济体制改革，使制度创新取得新的进展；

——实施以提高科技创新能力和提高全民素质为核心的科教兴国战略，加快发展科技教育；

——坚持实施可持续发展战略，使经济发展建立在人口、资源、环境生态平衡相协调的基础之上；

——努力提高人民生活水平与质量，由低水平的小康走向比较宽裕的小康。

以上各项任务中，核心任务是经济结构的战略性调整。中国在实现上述战略任务的过程中，将坚持对外开放政策，中国加入WTO后将更深入地参与全球一体化进程，以加速自己的现代化，并对世界经济的稳定和发展作出自己的贡献。中国经济的较快增长，将给世界经济增长带来新的机会，注入新的推动力。初步预计，在21世纪头10年，中国进口的货物总额就将超过2万亿美元，每年引进外资规模将超过600亿~700亿美元。

五、若干重点问题

21世纪初中国经济发展面临着繁重的任务。需要重点把握的问题，简要地讲以下几点。

1. 扩大国内需求问题。近两年来为应对亚洲金融危机的冲击和国内一时出现的内需不足现象，推出了扩大国内需求的政策。对我国这样一个人口大国来说，立足于扩大国内需求，不应只是短期政策，而应是经济发展的长久根本之计。我国投资需求和消费需求都有很大的扩张余地。近两年出现内需不足，有体制和结构方面的原因，要通过深化改革，清除国内需求的体制性障碍；依靠结构升级化解内需不足的结构性矛盾。既要扩大投资需求，也要增加居民消费需求。从中长期看，应把扩大居民消费作为扩大内需的着力点。目前，我国固定资产投资率已经偏高，达到35%左右，国民收入使用中的居民消费率呈下降趋势。从现在起到21世纪初，要从改善收入分配结构、提高城乡居民收入水平、完善消费政策入手，促进消费需求的扩张。在投资需求方面，21世纪初要在继续发挥政府投资引导作用的同时，积极发挥社会、民间投资的作用，并改善投资环境，吸引更多的外商直接投资；在继续加强基础设施建设的同时，努力向技术改造、高新技术产业、第三产业、西部开发和城市化建设等方向引导。

2. 调整产业结构问题。我国短缺经济基本结束后，供需结构矛盾主要是由于技术创新不足和产业升级缓慢形成的供给结构僵化，不适应进入小康阶段和科技进步所带来的市场需求结构变化。产业结构调整和升级是21世纪初和更长时间中国经济发展的战略重点。要以市场为导向，使供给结构适应国内外市场需求的变化；以科技进步和技术创新为动力，促进产业结构优化升级。总的方向是改善第一产业，提高第二产业，加快发展第三产业。

第一产业主要是农业。中国人多，粮食需求量大，世界上也有人提出"谁养活中国"的问题。必须加强农业的基础地位，粮食供应要立足国内，以确保粮食安全。要面向市场，依靠科技，提高集约化程度，调整和优化农业产业结构和农产品品种、品质结构，积极稳妥地发展农业产业化经营，发展优质、高产、高效农业，完善乡镇企业的结构和布局，促进农业富余劳动力向第二、第三产业转移，增加农民收入。

提高第二产业，主要是工业结构要优化升级。一方面，要淘汰严重供过于求的落后生产能力，用先进和适用技术加快改造轻纺、建材、冶金、化工等传统加工工业，振兴装备制造业。传统加工工业的技术改造量大、面广，改造后既可满足国内市场需求，实现进口替代，也可更多地进入国际市场；加强装备制造业对国民经济技术改造的重要意义不可忽视。另一方面，要不失时机地发展电子信息、生物技术、新材料、航天航空等高技术产业。特别要加快国民经济信息化进程，加强信息基础设施建设，大力发展信息产品制造业，在全社会各行各业推广应用信息技术。

产业结构优化升级中，既要发展资本、技术密集型产业，也不能忽视劳动密集型产业。要大力发展劳动密集型的中小企业，注意多吸收劳动力，并逐步提高劳动密集型产业环节的知识含量，促进劳动与技术、劳动与知识相结合，培育智力型产业发展。这是我国资源优势和潜力所在，也是增加就业和提高国民素质的政策目标所要求的。第三产业也属于劳动密集型产业。加快发展第三产业不仅有助于解决就业问题，还通过扩大和改善对生产和生活的服务水平，提高国民经济的素质，有助于整个国民经济的发展。我国第三产业发展严重滞后，要把加快发展第三产业当作产业结构调整的一个主要着力点，采取有力的政策扶持措施，加快信息、金融、商贸、文化、教育、旅游、社区服务、中介服务等事业的发展。

3. 西部大开发和促进地区间经济协调发展问题。20世纪80年代初邓小平曾提出"两个大局"的战略设想。"一个大局"是沿海地区加快对外开放，较快地发展起来，"内地要顾全这个大局"。另"一个大局"是沿海地区发展到一定时期，拿出更多的力量帮助内地发展，"沿海地区也要顾全这个大局"。改革开放以来，全国各地区经济都取得了长足的进步，但由于东部沿海地区发展更快，东部和西部、沿海和内地差距扩大的问题日益突出。一项测算表明，西部地区包括10个省市区，面积占全国的56.7%，人口占23.1%，而GDP只占14%，社会商品零售额只占13%。西部大开发有利于发挥中西部地区的资源潜力和市场潜力，有利于扩大国内需求，有利于缩小地区差距，有利于增强民族团结和社会安定。经过二十多年的发展，我国综合国力显著增强，国家有能力进一步加大对西部开发的支持力度，东部地区经过多年的快速发展，也有条件支持和帮助西部地区。在此背景下，不久前中国政府提出实施西部大开发战略、加快中西部发展的决策，在当前和进入21世纪后一段时间，集中力量，抓好几件关系西部地区发展全局的重点工作，包括进一步加快交通、通信、水利等基础设施建设，加强生态环境保护和建设，积极调整产业结构，根据当地的地理、气候和资源等条件，着力发展有市场前景的特色经济和优势产业，形成新的经济增长点，等等。国家要增加对中西部地区的投入，同时完善相关政策，更大胆地吸引外资和我国东部资金的进入。目前，我国东西部差距扩大的趋势仍在继续，解决这个问题，实现各地区共同富裕的目标，还需要一个较长的过程，要靠几代人的长期努力；21世纪初只能先从努力缓解地区差距继续扩大的趋势做起，以后进一步争取逐步缩小差距。

实施西部大开发战略，加快内地经济发展，与继续保持东部地区良好的发展势头并不矛盾。东部沿海地区要继续发挥在改革开放和现代化建设中的先导作用，加快经济结构的调整和产业升级，进一步发展外向型经济，着力提高国际竞争力，发挥对内地经济的辐射和带动的作用，有条件的地方率先基本实现现代化。要大力推进东西部地区多种形式的经济技术合作和对口支持，促进地区间经济协调发展。

4. 关于城市化建设。我国城市化滞后于工业化。1998年，工业增加值占GDP的比重超过50%，而城市化指数（城市人口占总人口比重）只有30%左右。城市化水平显著低于同等人均收入水平国家（1997年按汇率和购买力平价计算的同等人均收入水平国家平均城市化水平为42%~50.8%）。城市化进程的滞后，不利于增加就业岗位，解决农村剩余劳动力的转移吸纳；不利于第三产业的发展，提高经济增长的质量；不利于扩大内需，促进经济的持续增长；已成为现阶段我国许多结构性矛盾的关键点。有鉴于此，进入21世纪，我国城市化建设应有一个大发展。要在政策和制度创新上有所突破，如加大户籍制度改革力度，消除农村人口进入城市的体制障碍，进而出台一些加快城市化的政策，这样就有可能使我国城市化水平每年提高1%。争取城市化率由现在的30%左右，至2005年达到35%左右，再进一步向同等中低收入国家平均40%以上的城市化率迈进。目前，中国城市化建设中一个突出问题是小城镇发展问题。发展小城镇可以促进乡镇企业集中布局，吸纳农业剩余劳动力。不久前党的十五届三中全会把"发展小城镇"作为带动农村经济和社会发展的一个大战略提出，这是符合中国国情需要的。但对于中国城市化的道路，究竟是否全力发展小城镇，还是也发展大中城市，特别是大城市，还有不同认识。中国地广人众，各地区自然条件、社会经济发展水平差别很大，不能也不必提出全国同一的城市化道路。要因地制宜、分类指导，在加快小城镇建设的同时，还要合理发展中等城市，适度发展大城市和特大城市，引导城市群的发展，在全国形成布局合理、结构协调、规模适度的城市体系。

5. 推进以国有企业改革为中心的经济体制改革。21世纪初我国经济改革将进入以完善社会主义市场经济体制为目标的全面体制创新阶段。改革的重点和难点仍然是国有企业。目前国有工业企业占用工业资本的2/3，占银行工业贷款的70%，但只创造工业总产量的1/2。国有企业的低效率已影响到中国经济持续增长的潜力，这反映了进一步改革国有经济的迫切性。国有企业面临的问题很多，当前关系全局，影响深远，必须解决的是国有经济的战略性调整和国有企业的公司改革。国有经济战略性调整要结合产业结构的战略性调整来进行，主要是按照"有所为有所不为"的思路，继续抓好国有资产的战略性重组。在不同产业和不同类型的企业，国有资产有进有退，调整的重点是收缩不适宜由国家兴办投资的产业和企业，同时集中力量加强国家必须确保的重点产业和企业。国有资本主要应集中于影响国民经济全局的、只能由国家来兴办的重要产业和关键领域，包括自然垄断性部门、提供最重要的公共产品和社会公益部门、涉及国家安全的部门等。对国家需要扶持的新经济增长点和高新技术产业，在一定时间内国有资本可以进入引导，待条件成熟后，逐步退出，然后再投入需要扶持的新产业。要使国有资本从中小企业向大企业集中，在企业重组的基础上培育、组建大型、特大型企业集团，使之成为参与国际竞争的支柱力量。总结和推广近两三年建立现代企业制度的经验并使之不断完善，其主要内容是实行产权主体多元化的股份公司制度和建立并完善公司法人治理结构，这样来实现有效的政企分开和保障出资者的权益。要改变20世纪90年代企业改制中大多选择国有独资公司形式以及法人治理结构有名无实的做法。竞争性行业国有企业改造为股份制企业时，国有资本根据情况可以保持控股地位但也可以不控股。大多数小企业可以通过多

刘国光

经济论著全集

第
15
卷

种形式主要是股份合作制，改造为民营企业。

民营企业包括城镇集体经济、私营、个体企业，以及非国有控股的股份制企业，等等，是我国改革开放以来崛起的一支新的经济力量，21世纪初还要有一个大发展。为此需要在改变对民营企业的传统歧视观念上，在解除某些重点部门不准民营企业进入的限制上，在加强对民营企业的资金和人才的支持上，以及在建立和完善有关法律法规上，继续作出努力。

以国有企业改革为中心，21世纪初要全面推进金融、社会保障、收入分配、宏观调控和转变政府职能等方面的体制创新。面对21世纪初加入WTO的新形势，要加快市场化改革的步伐，探索既符合国际规则的惯例又适合中国国情的涉外经济体制方面的创新。

6. 关于正确处理稳定、改革与发展的关系问题。从20世纪末到21世纪初，我国的经济改革处于攻坚期，发展处于转型期，结构处于调整期，经济增长速度较前有所减缓，处理好改革、发展与稳定三者关系的难度增大。由于深化改革引起利益关系的大调整，收入差距可能进一步扩大；由于增长速度下降，产业结构调整和产业资金技术密集程度提高导致就业机会相对减少；社会腐败现象的滋长蔓延；等等。这些都是影响社会稳定的因素。正确处理好稳定、改革和发展的关系，就是要根据我国具体情况，适时适度地掌握有关政策，把改革的力度、发展的速度和社会可承受的程度统一起来，在经济转轨中保持良好的社会秩序，做到在政治和社会稳定中推进中国经济的持续健康发展。

丰富的实践　历史的记录*

——评《伟大时期的实践与求索》

（2000年4月4日）

改革开放的20年，是中国历史上的伟大时期。我们采取渐进改革的方式，妥善处理改革与发展的一些重大问题，不断加强和改善宏观调控，使现代化建设取得举世瞩目的成就，中华大地发生了翻天覆地的变化。全国政协副主席陈锦华同志参与了诸多决策的实践，汇集了他先后在地方、行业（企业）和经济体制改革、宏观调控部门主持工作期间具有代表意义的报告、文章、访谈录，形成了《伟大时期的实践与求索》。这些文章从不同侧面反映了我国改革开放和现代化建设的实践、作者的体会和经验。书中的"计划工作要以提高经济效益为指导思想"总结了上海的经验，提出要真正把经济工作搞上去，必须首先在计划上体现提高经济效益的指导思想，处理好价值与使用价值、生产与流通、内涵与外延的关系，按照社会需要组织生产，讲求品种、质量和效益，做到产品适销对路，加速资金周转，实现速度与效益的统一。要依靠科技进步，发挥科技对经济发展的巨大促进作用，充分发挥人才和技术优势，注重现有工业的改组、改造和改革，大力发展新技术、新设备、新材料、新工艺和新产品，把生产发展的着眼点，转向依靠科学技术的进步上。文章提出的观点，蕴涵着深刻的哲理，许多年后重温，仍觉富有新意。

---

　* 原载《经济日报》。

《认真贯彻十四大精神，加快建立社会主义市场经济体制》一文全面回顾了我国经济体制改革的历程，总结了经验，及时提出了加快建立社会主义市场经济体制的总体设想，包括所有制结构、现代企业制度、市场体系和价格形成机制、宏观调控体系、劳动就业制度和社会保障制度、住房制度、经济法规体系和经济监督体系等。可以说，这是对社会主义市场经济确立史的客观描述，也是对新体制本质要求和经济体制改革努力方向的可贵探索。在中国经济成功地实现了"软着陆"后，作者在《<通向《软着陆》的宏观调控>序》一文中概述了在国家计委担任领导工作时亲身经历的宏观调控过程和经验。作者特别强调，在肯定成绩的同时，必须认识到"软着陆"只能是一个阶段性的目标，而不是最终目的，必须坚持发展是硬道理，以此为契机，认真研究需求变化，研究刺激经济增长的国内消费、投资和出口结构，特别是市场和购买力问题，研究国际金融、市场波动的影响，多方采取措施，把蕴藏的巨大发展潜力充分挖掘出来，努力保持国民经济快速增长。作者还强调指出，要不断加深对小平同志发展思想的理解，坚持用发展的办法解决前进中的问题，加快转变经济增长方式，提高经济增长的质量和效益。

锦华同志《伟大时期的实践与求索》一书，是我国改革开放和经济建设20年辉煌历程的写照，是我们党这一时期若干重大决策的反映，也是从中央到地方、从政府到企业广大干部群众伟大实践的缩影。

丰富的实践　历史的记录

充分发挥中心城市作用带动
西部大开发*

——在西部大开发与城市中心作用研讨会上的发言
（2000年4月26日）

西部大开发是我国在进入21世纪之际作出的重大战略选择，它的实施完全可以同二十多年前实施沿海地区发展战略相比拟。西部大开发意义重大，需要研究的课题很多，这里仅就西部大开发中如何认识中心城市的作用，如何在大开发中充分发挥中心城市的作用等问题发表两点看法。

第一，为什么在西部大开发中要发挥中心城市的作用？

西部大开发是在占我国国土面积60%的广阔地域内展开的，且自然条件差，经济文化落后。在此环境下展开大开发，不可能平面推进，平均使用力量。同时，区域发展的理论告诉我们，区域的发展是以城市为中心实施的，中心城市在区域发展中具有关键作用。西部大开发是大范围的区域发展过程，这个过程离开中心城市是不行的。其一，西部大开发必须具有各种生产和经济要素的供给基地，大开发中所需要的一系列生产条件、技术条件、人才条件等，要由供给基地源源不断地提供，才能保证大开发的需要。这个供给基地也只能是中心城市。其二，西部大开发必须有区域性经济活动运转的轴心，没有轴心的区域经济活动无法运

---

* 研讨会由中国城市经济学会与成都市联合举办。原载《光明日报》2000年5月16日。

转。开发中经济决策的实施、经济活动的组织联系、经济工作的领导指挥都要有依托和展开的轴心。这个轴心只能是中心城市。其三，西部大开发必须具有区域性各种网络的枢纽，大开发中要形成很多经济网络，如交通运输网络、邮电信息网络、科技教育网络、财金服务网络、市场贸易网络、城乡联系网络等。这么多网络运转离不开枢纽，这个枢纽还只能是中心城市。没有中心城市作依托，西部大开发无法进行。我们还必须看到，现在的西部大开发同过去的三线建设、开发西部有很大不同，过去是国家决策、国家投资、计划经济，现在的西部大开发是全社会的行动，要构建西部的市场经济体制，借助这一体制促进大开发。而西部市场经济体制的形成和完善，西部各类市场的形成和发展，离开中心城市就是纸上谈兵。城市是市场的依托基地，城市经济在很大程度上就是市场经济，从这一点看，发挥中心城市的作用显得更突出更重要。

第二，在西部大开发中如何发挥中心城市的作用？

西部大开发可以看作是西部地区社会生产力的运动发展和整个社会经济循环的进步。中心城市在此运动循环过程中，承担着重大使命。过去我们在讨论中心城市作用的时候，曾把中心城市的作用概括为若干"中心"，如工业生产中心、商品流通中心、交通运输中心、金融服务中心、信息流转中心、科教文化中心等。这些都是看得见的中心，中心城市的作用都是通过各种各样的中心来对区域发展起作用。如果概括一下，我认为在西部大开发中，中心城市的作用主要表现为四点：（1）提供开发要素。大开发就是生产力的大运动，在这种往复无穷的生产、再生产中，需要不断地补充和供给开发和生产需要的各种要素，如生产设备、能源产品、技术条件、各类人才等。中心城市作为供应的主要基地，其作用无可替代。（2）组织开发过程。中心城市作为组织的中心，要对开发进行规划、决策、指挥和调度。整个开发过程中的社会经济活动也要通过中心城市进行组织和协调，这个作用也是无可替代的。（3）调控开发中的经济循环。开发中的生产、经营、流通、消费都是社会性的动态过程，构成复杂的时序循环和结构循环，为保障其各部门、各地区、各环节协调运转，中心城市就要承担调节作用。开发中各种网络的运转也要通过中心城市进行。特别是市场经济在大开发中将有大的发展，要进行大范围的区域性市场经济宏观调节，使用各种经济手段，如价格、税收、管理、信息等，就必须通过中心城市来进行。（4）带动经济发展。大开发中要发挥中心城市增长核心的作用，通过中心城市的经济发展，带动周边区域经济的发展。

我国的西部已经有相当一批中心城市，如重庆、成都、西安、昆明、兰州、乌鲁木齐等，已成为西南、西北地区最重要的中心城市，是西部大开发的主要前沿基地。在这些中心城市以下，还有为数不少的次中心城市。发挥这些中心城市在西部大开发中的作用，需要作系统深入的研究。一是要强化其枢纽。就是要大大加强中心城市自身的建设，把中心城市建设成具备很强实力、具备很强扩张力、基础设施先进、科教文化发达、各项功能健全的先进城市，这是发挥中心城市作用的前提。二是要增强吸引力。要增强中心城市的吸引力，把东部地区的人才、资金、技术、项目吸引过来。这需要若干政策配套，西部的中心城市应在这方面继续解放思想，大胆探索。三是要编好网络。中心城市可以自身为龙头，支持各种网络性的建设，从交通通信到电子信息，形成各种经济科技、社会服务网络，就能对周边广大地区发挥网络联系功能。四是要搞好带动。就是说依托中心城市，带动周边的开发进展，带动周边的生产发展，带动周边的小城镇建设，带动周边的社会进步。五是要搞好辐射。要把中心城市的经济技术开发辐射范围放大到整个西部地区，各个中心城市都应从大区域的发展考虑中心城市的规划和发展。

经济增长拐点今年很可能出现*

——在中国社会科学院经济形势分析与预测
春季讨论会上的讲话
（2000年4月28日）

一

今年（2000年）是世纪之交的一年。研究当前经济形势，不能不对20世纪最后10年的经济运行作一个回顾。20世纪90年代我国经济是从对20世纪80年代后期一段过热进行治理过程中出现的低谷起步的。GDP年增长率从1990年3.8%的谷底，迅速上升到1992年14.2%的高峰之后，自1993年起平稳回落到1999年，降到7.1%，已经连续下降了7年之久。在我国经济增长的11次波动、改革开放后的4次波动中，这次经济增长速度的下滑时间是最长的一次，平均每年回落1%。对于这7年经济增长速度的下降应当怎么看？不能一概而论，要划分前后两个阶段来看。前一个阶段是1993—1996年，针对1992—1993年的经济过热，1993年夏天开始加强和完善宏观调控，主要是实行适度从紧和灵活微调相结合的政策措施，使过热的经济逐渐降温，GDP年增长率从1992年的14.2%，至1993年降为13.5%，1994年降为12.6%，1995年降为10.5%，1996年降到9.6%，物价上涨幅度也从1994年21.7%的高峰回落到1996年的6%，这样，经济过热和通货膨胀得到了有效的

* 原载《中国社会科学院院报》2000年5月16日。

控制，我国经济成功地实现了"软着陆"。这一段经济增长的降速是政策主动性调整的结果，是符合宏观调控的主观期望的，人们大多认为是正常的。但是，自1997年起，后一段时期经济降速情况，则有所不同。进入1997年，人们起初以为"软着陆"既然成功，我国经济已运行到谷底，经济增长率下降的趋势应该稳住了，或者应重新回升。之后人们不断作出经济增长速度正在或者即将出现止降回升的"拐点"的判断和预测，但经济运行的实践却是GDP增长率一路走低，由1996年的9.6%下降为1997年的8.8%、1998年的7.8%和1999年的7.1%。以零售商品价格指数为代表的物价水平也从1997年10月起持续下降，出现了通货紧缩趋势。后一段经济增长速度的连续下滑，是出乎人们的预料和愿望的，是由国内形势的变化和深层次体制性结构性原因引起的。这不是如有的同志所说是实行适度从紧政策的结果。实际上，"软着陆"成功后，宏观调控当局陆续采取了一些放松金融的措施，随着对境外金融风波影响和境内经济收缩趋势认识的加深，金融松动的措施一步步强化；1998年年中，又陆续推出以"积极的财政政策"为中心的一系列扩张性政策措施，扩大投资，启动消费，推动出口。这些政策措施对拉动经济增长，阻止经济滑坡，促进经济结构和效益的改善，已经并将继续发挥作用。例如，增发国债扩大投资对拉动经济增长率的贡献，1998年为1.5%，1999年为2%。就是说，如果没有增发国债扩大投资的措施，1998年经济增长率就不是7.8%而是6.3%，1999年增长率就不是7.1%而是5.1%，那样我国经济运行会遇到更大的困难。总之，适度松动的扩张性政策措施，使我国经济增幅在平稳回落的情况下，仍然保持了居于世界前列的较快速度，对稳定东亚和世界经济作出了自己的贡献，这是很不容易的。

二

2000年全年我国经济增长会有怎样的前景呢？对此，我持谨慎乐观的态度。总体来说，看好2000年我国经济。其主要理由：第一，1993年以来经济增长速度下降已持续7个年头之久，是过去经济下滑时间最长的；从经济周期运行的规律看，不可能总是下滑，经济增长下降势头已接近尾声。第二，世界经济发展趋好，特别是东亚经济已经开始复苏。国际货币基金组织（IMF）预计2000年世界经济增长速度将达3.5%。这对我国经济增长无论从出口方面看，还是从引资方面看，都是有利因素。最近又预计2000年发达国家经济增长率将从去年（1999年）的3.1%提高到3.6%，发展中国家将从1999年的3.8%提高到5.4%。再加上2000年我国将进入WTO，而进入WTO对我国经济在总体上是利大于弊，这也将改善我国经济增长环境。第三，近两年连续实施的以积极财政政策为主体的扩张性政策，其累积效应和滞后效应逐渐显露出来。如，1999年下半年以来经济运行中出现了一些新的亮点，如出口转升，消费市场回暖，物价降势也有所趋缓。这个势头2000年第一季度还在继续，亮点继续扩大。特别是1999年11月中央经济工作会和2000年3月全国人大九届三次会议，决定2000年要继续实施以积极财政政策为主体的一系列促进经济发展的政策措施，并加大实施力度。比如，2000年实施积极财政政策将增发1000亿元国债投资，从年初就打进财政预算，可以比较早比较快地到位，不像过去两年增发国债投资决策时间较晚，到位时间较迟，力度不如2000年。还作出了调整经济结构、西部大开发等重大战略决策。所有这些，对于进一步扩大需求，改善供给，有效地抑制通货膨胀，促进国民经济的持续较快发展，将会起到重要作用。在近两年来实行适度松动的扩张性宏观政策、防治通货紧缩趋势的基础上，如果2000年中央采取的各项政策措施力度适当，同时国际经济形势继续好转而不发生重大周折的情况下，2000年我国经济增长扭转7年来特别是近三年来持续下降的趋势，实现止降转稳或止降回升的转折，是大有希望的。2000年第一季度的经济走势已显示出良好的开端。一季度GDP增长了8.1%，虽然略低于1999年一季度8.3%的增幅，但较1999年全年7.1%的增幅和第四季度6.8%的增幅却大大跨进了一步。看来，几年来我国经济界和经济学界一再盼望的拐点，2000年很有可能出现。

当然，在我们看好2000年经济前景的同时，也不能盲目乐观。1999年下半年到2000年一季度，我国经济运行一方面出现了不少积极的变化，但另一方面需求不足、就业困难、通货紧缩趋势的压力尚未过去，我国经济发展仍然面临着不少严峻的问题。这样看来，我国经济增长在经过7年持续下降后2000年将出现止降转稳或止降回升的拐点，问题不是很大，问题在于拐点后的增长趋势，是否能够回复到过去20年平均达到9%~10%的增长幅度，还是拐向另一个新的增长平台。这个问题与21世纪初我国经济进入一个新阶段的特点和经济增长面临的条件有关。

三

21世纪初我国经济发展将步入一个新的阶段，即实施第三步发展战略的起步阶段。

世纪之交，我国正处于经济体制转轨、经济结构调整和经济增长方式转变同时并进的重要时期。我国经济进入新阶段的重大转折和主要特征，可以从以下三个方面来看。

——从生产力发展和供求关系的变化看。经过二十余年的大发展，一般性工农业产品普遍供不应求的短缺时代基本结束，买方市场初步形成，经济发展目的由过去单纯追求数量逐步转向同时注重质量，经济增长方式由粗放型为主逐步向集约型为主；经济发展的约束由资源、供给约束为主逐步转向市场需求约束为主；产业结构调整由协调比例关系为主逐步转向促进产业结构升级为主；工业化由低加工度产业、产品导向逐步转向高加工度产业、产品导向，并与信息化进程相交叉相重叠。

——从经济体制的变化看。经过二十余年的改革，传统计划经济体制基本破除，社会主义市场经济体制的基本框架初步建立，经济运行的市场化程度显著提高。但传统体制下的社会经济矛盾并未完全解决，新体制下也产生了一些新的矛盾和问题。21世纪初改革将从破除传统体制为主转入全面体制创新的攻坚阶段，改革将涉及更为复杂更深层次的问题，其难度将大大超过前一阶段。

——从国际环境的变化看。经过二十多年的改革和开放，我国在结束了封闭半封闭状况后，逐步形成了全方位、多层次、宽领域的对外开放格局，国际经济联系日益密切。2000年可望加入WTO，标志着世纪之交我国对外开放将进入一个新纪元，我国将在更广泛的领域和更高的层次参与经济全球化。在不断扩大对外开放、积极利用国际市场和资源的同时，国际竞争的压力和世界经济的波动对我国经济发展的影响和冲击将越来越直接。如何抓住经济全球化带来的机遇，应对竞争压力，努力规避其风险，是21世纪我国经济发展必须应对的大问题。

在上述大背景下，21世纪初我国经济增长既具备有利条件，也面临着制约因素。有利条件从需求方面来说，无论是消费需求还是投资需求，我国国内市场的增长潜力都是非常巨大、无与伦比的。从供给方面来说，我国劳动力丰富，有较高的储蓄率，经过初步工业化的建设，物质技术基础大大增强，经济结构的调整和经济体制的改革将进一步改进我国经济的增长方式，提高微观和宏观经济的效率，等等。面临的制约条件主要有：庞大就业人口和老龄人口的压力，淡水、耕地、能源等资源不足压力，技术落后和国际竞争的压力，等等。此外，尤其要注意的是，我国经济转型（数量型转质量型、粗放型转集约型等），对企业素质、技术开发和体制、机制支持的要求更高，而消除增长的体制障碍的难度将更大。这些都构成21世纪初加快我国经济增长的难点。

综合考虑各项因素，期望我国经济增长在2000年止住连续7年的下降趋势后，21世纪初能够拐回到前20年那样平均接近10%的增长速度，从个别年份来看并不排除这种可能，但从中长期平均趋势来看，这种期望是不现实的。我国已经有两个10年接近10%的高速增长，今后能否继续保持这一高速，颇多争论。一种意见以日本、韩国等国经验为例，认为随着发展水平提高和增长方式从粗放转向集约，今后我国经济不可能继续保持快速增长的势头，而将转向中速或低速增长。另一种看法从我国作为一个幅员广阔，人口众多的发展中大国这一基本事实着眼，从我国人力资源开发潜力、市场容量拓宽潜力、高储蓄资金潜力、技术差距的后发优势潜力等方面进行考虑，并考虑到工业化、城市化、市场化和国际化进程将为我国经济注入持久不衰的发展动力，认为21世纪初的我国经济，尽管不会继续像改革开放后20年那样以10%左右的高速增长，但仍可以在较长时间保持7%~8%左右的较快增长速度，并把更大的力量，用在经济体制转轨、增长方式转型、经济结构升级和经济效率的改善方面。我以为，后一种看法可能更接近实际，切实可行。今后，如果能在7%~8%平均增长速度的基础上创造比过去在10%左右速度时更好的效益，并提供更多的就业岗位，那将是21世纪初我国经济发展具有吸引力的一个佳景。我国中长期规划预计21世纪头10年GDP将再翻一番，即每年平均增长7.2%，这是一个比较实事求是的考虑。

中国经济增长形势分析*

——在影响新中国经济建设10本经济学著作
学术研讨会上的演讲稿
（2000年4月28日）

一

20世纪90年代我国经济是从对80年代后期一段过热进行治理过程中出现的低谷起步的。GDP年增长率从1990年3.8%的谷底，迅速上升到1992年14.2%的高峰之后，自1993年起平稳回落到1999年的7.1%，已经连续下降了7年之久。在我国经济增长的11次波动、改革开放后的4次波动中，这次经济增长速度的下滑时间是最长的一次，平均每年回落1%。对于这7年经济增长速度的下降应当怎么看？不能一概而论，要划分前后两个阶段来看。前一个阶段是1993—1996年，针对1992—1993年的经济过热，1993年夏天开始加强和完善宏观调控，主要是实行适度从紧和灵活微调相结合的政策措施，使过热的经济逐渐降温，GDP年增长率从1992年的14.2%，降为1993年的13.5%、1994年的12.6%、1995年的10.5%和1996年的9.6%。物价上涨幅度也从1994年21.7%的高峰回落到1996年的6%。这样，经济过热和通货膨胀得到了有效的控制，我国经济成功地实现了"软着陆"。这一段经济增长的降

---

* 原载《经济研究》2000年第6期。

速是政策主动调整的结果，是符合宏观调控的主观期望的，人们大多认为是正常的。但是，自1997年起，后一段时期经济降速的情况，则有所不同。进入1997年，人们起初以为"软着陆"既然成功，我国经济运行已到谷底，经济增长率下降的趋势应该稳住了，或者应重新回升。之后人们不断作出经济增长速度正在或者即将出现止降回升的"拐点"的判断和预测，但经济运行的实践却是GDP增长率一路走低，由1996年的9.6%下降为1997年的8.8%、1998年的7.8%和1999年的7.1%。后一段经济增长速度的连续下滑，是出乎人们的预料和愿望的，是由国内外形势的变化和深层次体制性结构性原因引起的。这不是如有的同志所说是实行适度从紧政策的结果。实际上，"软着陆"成功后，宏观调控当局陆续采取了一些放松金融的措施，随着对境外金融风波影响和境内经济收缩趋势认识的加深，金融松动的措施一步步强化；1998年年中，又陆续推出以"积极的财政政策"为中心的一系列扩张性政策措施，扩大投资，启动消费，推动出口。这些政策措施对拉动经济增长，阻止经济滑坡，促进经济结构和效益的改善，已经并将继续发挥作用。例如，增发国债扩大投资对拉动经济增长率的贡献，1998年为1.5%，1999年为2%。就是说，如果没有增发国债、扩大投资的措施，1998年经济增长率就不是7.8%而是6.3%，1999年增长率就不是7.1%而是5.1%，那样我国经济运行会遇到更大的困难。总之，1997年开始，适度松动的扩张性政策措施，使我国经济增幅在平稳回落的情况下，仍然保持了居于世界前列的较快速度，对稳定东亚和世界经济作出了自己的贡献，这是很不容易的。

二

对于我国经济运行面临的矛盾和问题，近年来，国内经济学界展开了很多讨论，焦点问题之一就是通货紧缩的问题。这个问题在前几年GDP增幅下降的前一阶段并不存在，当时主要是治理通胀的问题，只是在1997年10月物价总水平变动趋势发生了由上升到下降的逆转后才逐渐得到注意。对于这个问题的分歧好像是很大的，从否认我国出现通货紧缩，到认为通货紧缩非常严重，是头号大敌，各种看法都有。之所以存在分歧，一个原因是对通货紧缩这一概念有不同的理解。第一种认为通货紧缩是指物价总水平持续不断下降；第二种认为通货紧缩是指不但物价总水平持续下降，而且货币供应量也下降，货币供应量和物价总水平的持续双下降；第三种认为通货紧缩是指除了货币供应量和物价总水平的持续下降之外，还包括经济增长速度或者是增长水平也在持续地下降。由于对通货紧缩有三种不同的理解，因此，对当前经济形势的判断也就不一样。

中国经济增长形势分析

　　有的同志查了国外的一些经济学教科书、经济学辞典，这些教科书或辞典对通缩的解释不尽相同，但大多是把通货紧缩定义为"物价总水平的持续下降"；与此相对应的通货膨胀是"物价总水平的持续上升"。"物价总水平"不是个别的物价，而是普遍的物价；"总水平持续下降"不是在很短的时间内表现出来的，而是通过一段时间，半年、一年、两年，甚至更长的时间表现出来的。经济学界大多是把物价总水平的持续下降，定义为通货紧缩，而不把货币供应量、经济发展速度的持续下降包括到这个概念之内。一般经济学的常识应该是这么理解的。我记得早在1947年南开大学吴大业教授在其《物价继涨的经济学》一书中，就把inflation一词转译为"物价继涨"，那么与此相对应的deflation（通货紧缩）一词，就应理解为"物价继落"或物价总水平的持续走低。

　　1998年10月，中国社会科学院召开经济形势分析会，在那次会议上，我曾经就这个问题讲了一点意见。当时，物价总水平下降已有一年。在这以前的几年时间里物价总水平一直都是上升的，上升的幅度从1994年以后逐年下降，但这是物价增长幅度的下降，而不是物价总水平的下降，物价总水平的下降是从1997年10月开始的，那时正值东南亚金融危机爆发不久。从1997年10月算起到1998年10月已经有一年了，当时，我认为可以判断我们国家出现了一定的通货紧缩，当时讲的也是轻度的通货紧缩。1998年零售物价指数出现了负增长（−2.6%）。以后物价总水平的下降又持续了一年多，而且物价总水平下降的幅度也有所加深，1999年零售物价指数为负增长（−3%）。那么，一年前我们做出的"我国已经出现轻度的通货紧缩"这个判断，是不是要改变呢？在中国社会科学院1999年10月秋季经济形势分析会上，我又谈了这个问题，我认为还无须改变这样一个判断。这一判断同近年正式文件上讲的出现"通货紧缩趋势"没有什么不同，物价总水平20多个月的连续下降本身就是时间序列上的一个统计的趋势（Trend）。正式文件提"趋势"含有淡化通货紧缩严重性的味道，特别是银行界的有些同志不大愿意听通货紧缩，因为他们认为货币政策没有什么紧缩的问题。这个问题下面还要说。现在讲讲为什么说这次出现的通缩是轻度的，有以下几点原因。

一是我国物价总水平下降持续的时间只有两年，下降幅度也就在2%~3%的范围。如果拿国际经济史上的一些通货紧缩、物价下降的案例来比，这算不了什么。历史上曾经有过几十年的通货紧缩，19世纪非常多见。如拿破仑战争以后，英、美两国1814—1849年持续35年的通货紧缩；美国南北战争以后，1866—1896年持续30年的通货紧缩；美国在紧随第一次世界大战后的衰退时期，物价水平下降了15%以上；在20世纪30年代的大萧条时期，价格水平下降了30%以上。与以上的情况比，目前我国发生的通货紧缩时间和幅度都是"小巫见大巫"了。

二是这次物价总水平下降还有它合理的方面，因为这是对前期高通货膨胀的一种矫正。1993—1995年我国通货膨胀率曾经高达13.2%、21.7%和14.8%，价格水平中含有不少泡沫成分。现在的通货紧缩率不过2%~3%，这次物价水平的下降是对前期盲目投资、重复建设所形成的传统产品、低素质产品的供给过剩和供给扭曲的一种反应。此外，物价总水平下降也是国内价格受到前一段时间国际通缩的影响和国际价格水平下降制约的一种表现，因此说现在物价总水平下降有它合理的方面。

三是这次通缩伴随的不是经济衰退或萧条，而是较快的增长。在历史上，物价总水平持续下降并不都是伴随经济衰退或萧条，亦有伴随经济持续增长的案例，如美国1814—1849年的通货紧缩，时值美国工业化初中期，其国民生产总值年均增长达5.4%；1866—1896年的通货紧缩，时值美国赶超英国时期，国民生产总值年均增长达到7.5%。虽然这两三年我国经济增长率连续下降，但仍保持着比较高的位势。这与西方20世纪30年代大萧条时期的通货紧缩情况是完全不相同的，也是与我国周边国家在这次金融危机中发生的经济衰退和通货紧缩的情况不相同的。

四是去年（1999年）下半年以来，至今年（2000年）一季度，由于国际国内经济形势变化的影响，物价总水平下降趋势有减缓迹象，今年1月还出现月环比指数上升的情况，2月国民消费价格在连续20多个月负增长后，出现了与去年同比增长了0.7%的情况，虽然这种情况还不稳定，而且零售物价同比指数仍保持负增长，但是随着我国总体经济形势的好转，通货紧缩趋势不一定还会继续下去，而不发生逆转。比如说，亚洲的经济恢复得很好，美国的经济并不像一部分人所忧虑的那样马上泡沫就破了，还在强劲地增长；我国扩张性财政政策和适度松动的货币政策坚持下去，也许物价走向说转过来就转过来了，这很难预料。所以，对目前我国出现的通货紧缩情况不要看得过重。估计过重就会乱下"猛药"，有些同志喜欢用"猛药"一词，我觉得还是不要用这个词好，"猛药"可以包括如放手让财政向银行透支、放手让银行发大面值票子、全面放松银根、放松对金融的监管等，就是用一些强通货膨胀的办法来治理通货紧缩。下药过猛，就必然会带来更难治愈的后遗症。比如，可能导致金融风险的爆发，还有可能出现比较长时期的滞胀，等等。当然，我们不能因为当前的通货紧缩还是轻度的，而且物价总水平下降本身并不全是坏事（因为它可以刺激技术进步、促进优胜劣汰、促进竞争），就对通货紧缩的消极方面予以轻视，这是不对的。如果宏观调控力度不够或者国际经济形势发生逆转的变化，致使目前的通货紧缩再度加深，就不利于市场预期的改善，经营者或投资者看到物价持续下降而不愿意再投资，因此加重企业经营、经济发展和劳动就业的困难，从而影响社会稳定的大局。所以，这方面我们一定要重视，不能等闲视之，必须采取有效措施进一步解决通货紧缩问题。

从上述可知，1997年以后我国经济增长速度继续逐年下降的趋势和通货紧缩的趋势，是出乎人们原来主观期望的，而且这几年来当局一直都在采取措施抑制这一趋势的发展，虽然有一些成效，但尚未根本扭转。那么为什么会发生几年来经济增长持续下降和通货紧缩的趋势呢？首先一个直接原因是1997年夏季以来，东亚和世界经济发生金融危机和经济动荡，使我国的出口贸易和引进外资受到冲击。去年下半年以来这方面的情况虽有好转，但仍不稳定，特别是对全球影响巨大的美国和日本经济的变动前景，不容易看清楚。由于进口增长回升不快，目前净出口对经济增长的贡献不是很大。其次，从国内情况看，20多年来的改革开放，经济体制和发展战略两方面转换的累积效果，长期困扰我国

经济论著全集

第15卷

的求大于供的短缺经济，总体上逐渐被买方市场所替代，出现了供大于求的市场格局，现在正好处在这个转变的节骨眼上。当然买方市场是初步的不成熟的，供大于求的局面是阶段性、结构性的。现在过剩的是一般的加工程度低的工农业产品，而高质量高技术含量的产品仍然不少是靠进口（如我国是纺织品生产和出口大国，但每年进口纺织面料达60多亿美元；我国也是玩具生产和出口的大国，但所用长毛绒仍需进口；钢铁生产在过剩限产的同时，每年还进口上千万吨钢材）。最后，就投资需求来说，近几年来，随着我国经济体制改革特别是金融领域改革的不断深化，企业投资和银行贷款均走向市场，过去依靠吃财政或银行"大锅饭"的投资体制逐渐被打破，资金约束趋于硬化。这一方面有利于消除长期以来根深蒂固的投资饥渴和盲目扩张冲动的体制基础；另一方面也出现了人们一下子还不能适应从而暂不利于投资的种种情况。企业在改革中由于自我约束的意识有所增强，而又难以摆脱历史债务包袱，在市场行情看淡、好的项目难觅的前景下，投资决策趋于谨慎，出现"慎借"倾向。银行在改革中提高了安全意识，更加重视贷款质量，也出现"惜贷"倾向。在商业银行贷款有所放松后，又有相当一部分信贷资金以种种方式形成食利资本和套利资金，游离于实体产业部门之外。这些都妨碍了银企之间的间接融资。而现时我国资本市场还处在发育之中，远未成熟，使直接融资渠道也很狭窄。这些都限制了投资需求。

消费需求不足的主要原因有三：其一，改革开放以来，在我国居民收入与消费水平的绝对额不断增长的同时，社会总产品最终使用中消费所占的比例，即最终消费率却呈现出下降趋势，而积累率呈上升趋势。为了保持经济的较快增长，一定的、较高的积累率是必要的。但如果积累率长期维持在过高的水平，而最终消费率过低，则会造成消费需求相对不足，使消费市场相对狭小，从而影响投资前景和整个社会再生产的顺利进行。我国国民收入分配在改革开放初期，为纠正过去计划经济时期的高积累低消费，曾一度向个人倾斜，居民收入特别是农民收入经过一段快速增长后，1986—1998年城乡居民收入增长呈下降趋势，人均收入年均增长率比同期人均GDP年均增长低2.6%。居民可支配收入增长相对于国内生产总值持续下降，导致了居民消费增长率和消费率下降。据一项研究测算，1996年我国消费率已降到56.09%，远低于处在大体类似发展阶段的一些国家的消费率。国民收入分配中居民可支配收入比率下降、消费率下降，是形成目前我国最终消费需求不足的一个重要背景。其二，影响居民消费需求的不仅仅是其现期收入水平，更重要的是收入和支出的预期。近几年来，由于结构重组和经济景气下降，下岗人员增多，就业困难增大，使居民现期收入和预期收入的增幅有所减缓；与此同时，随着原有福利性、实物性、统配性的分配和消费转向商业化、货币化和市场化，居民的预期支出大幅增加，这就使相当一部分现期消费转化为储蓄。其三，收入差距扩大，特别是原有体制内人员与体制外人员收入差距的扩大。高收入者消费需求基本饱和，而广大低收入者购买乏力，也使得全社会平均消费需求倾向减弱。供大于求是体制改革和经济发展中出现的现象，其中含有很大的进步，同时也带来市场销售问题。预算约束的硬化是件好事，是我们想见到的情况。买方市场也是好事，一天到晚在排除，那不是社会主义，是不应该有的事。有的同志不同意我国出现有限买方市场的判断，我觉得很难理解。

最后，造成社会供需总量不平衡的原因不只限于需求不足，还有供给过剩和供给刚性方面的原因。供给过剩是指多年来盲目投资、重复建设所形成的工业生产能力和产品的结构性过剩，以及由于农业连年丰收使农产品出现了阶段性过剩，等等。供给刚性是指多年来在粗放增长方式下形成的低水平过剩生产能力、无效供给和结构扭曲，由于市场缺乏淘汰机制，企业缺乏创新能力，而得不到及时有效的矫正。需求引导供给，供给创造需求，供给与需求之间的良性循环和互动，是经济学的基本原理。但是这种供给刚性，既限制了需求对供给的导向作用，又限制了供给本身创造需求的空间，阻碍了供需互动实现良性循环和结构升级，从而加剧了社会供需总量的失衡，推动物价总水平持续走低，抑制了经济增长潜力的发挥。

四

以上是从实体经济的层面分析我国近几年供求关系格局的变化对于经济增幅下降趋势和通货紧缩趋势形成的影响。这个问题也可以从货币经济的层面来分析，因为通货紧缩也同通货膨胀一样，同属于货币现象，人们想从货币上去找原因，也是很自然的。一些专家研究证明，近两三年各层次的货币供应量，M1、M2的增长幅度与前几年相比有所下降，尽管货币供应量的增长率还高于经济增长率加物价变动率之和，但由于货币流通速度下降和货币政策传导机制不畅，因此货币供应量的增长仍难以既满足支撑潜在合理的经济增长速度的需要，又能保持物价总水平稳定不降。就是说客观上货币供应量还是不够的。国家统计局最近有一份研究报告估计，1999年资金总量的增长幅度低于合理需要7个百分点，大约短缺2000亿元资金。因此要使国民经济增长速度和物价走势两个方面都有一个比较理想的结果，进一步加大货币供应是势在必行的。这种观点就是强调货币方面的因素。但另一种观点则认为，目前我国出现通货紧缩趋势的主要问题不在货币方面，而在实体经济方面，因为我国货币政策自"软着陆"成功以来就开始松动，随着形势的发展这几年金融松动的力度也在不断加大，但这些松动对于经济的启动并不理想。问题的根源不在货币政策，不在货币增长不足，而在实体经济，我国企业对经济形势不乐观、投资意愿不足等原因，对货币资金的需求不足，加上货币政策传导机制不畅，当局想扩大货币供应，也难完全实现。这两种看法各有其道理，当然更深层次的原因还是在实体经济方面，所以我认为治理通货紧缩问题还是要双管齐下，既要继续适度松动货币资金供应，更要切实解决前面所分析的实体经济中的深层次矛盾问题。

五

以上对几年来我国经济运行中出现的增长率持续下降和通货紧缩的特点和成因，作了一些分析。适应经济形势的变化，宏观调控也由前一段实行的适度从紧的方针逐渐转向适度松动的扩张性方针。过去的经验，对治理通货膨胀用货币政策来刹车比较灵验，但对治理通货紧缩选择什么样的政策，因无成例可循，确实费了一番周折。"软着陆"成功前后至1998年中一段时期采取了一些放松金融的办法，包括取消贷款的额度管理、降低银行存贷款利率等，但实践证明对启动经济收效不大。于是从1998年年中开始推进积极的财政政策，实际上就是扩张性财政政策，并配合适当松动又叫稳健的货币政策，来启动经济。

1998年年中到1999年年初实施的积极的财政政策、扩大内需的措施主要限于政府向银行发行国债，使居民储蓄转用于扩大基础设施的投入。但这对启动非政府的社会投资和居民消费的效应并不明显。以后随着经济的发展，抑制增长下滑趋势和防止通货紧缩的趋势，宏观调控政策内容不断发展。包括：从加大基础设施建设的投资扩展到支持企业的技术改造；从中央政府全额包揽主要项目的投资扩展到采取贴息贷款、财政担保等手段启动地方和企业投资；从扩大投资需求扩展到增加城乡居民收入引导和鼓励消费需求；从立足扩大国内需求扩展到同时千方百计开拓国际市场扩大外需；从着重解决需求不足的问题扩展到同时解决供给过剩和供给刚性的问题；等等。总之，经过这两年的实践逐步形成了一整套抑制经济增长下滑和治理通货紧缩趋势的政策措施，使我们不仅有了前几年成功治理通胀的成熟经验，也开始积累了抑制通货紧缩趋势的初步经验，包括综合运用财政、货币、税收、收入分配等多种调控手段，增强宏观调控成效的经验。

扩大国内需求是一项长期的方针，对于像我国这样一个人口众多的大国来说，国内需求总是主要的，世界上的大国莫不如此。但积极的财政政策却不能说是一项长期的政策。我们现在所谓的积极财政政策实际上指的是扩张性财政政策，而所谓扩张性财政政策一般是指通过财政的减税增支等办法来刺激经济的发展，往往要带来扩大国家债务和赤字规模的后果，是不能长久使用的政策，而只能是应对当前通货紧缩趋势和经济增长不振的短期政策。但这也不是说实行这项政策很快就能够收效，用一下子就要改弦更张。1998年夏开始实行积极财政政策后，对1998年下半年和1999年年初经济拉动确实发挥了一些积极效果，但因对其时效估计不准确，1999年第一季度投资用完，发生了投资断层的问题，加上原来对国债投资会带动社会投资，居民消费的预期效应未能实现，从第二季度起经济运行又出现新的困难。于是这年年中再次决策，追加国债投资600亿元，进一步实施积极的财政政策。并且充实了积极财政政策的内容，包括技改投资、增加消费支出及增加出口退税、减免投资调节税等。鉴于1999年经济增长由1998年的7.8%降为7.1%，为稳住2000年的增长速度，1999年年底经济工作会议决定2000年再增发国债1000亿元，并继续实行积极的财政政策。今年这一次推出时间比较及时，当然力度还可研究（如1000亿元够不够）。总之，实施扩张性财政政策的时间既不能很长，也不能很短，这要取决于经济形势发展需要，也要考虑国家经济承受能力。就经济承受能力来说，1999年我国财政债务余额占GDP的比重约为12.7%，财政赤字占GDP的比重在2.8%~2.9%，均低于国际通常衡量国债和赤字规模是否可以承受的标准，如《马约》对加入欧共体的国家规定的控制线是，国债余额占GDP 60%，赤字占GDP 3%。即使加上国家银行不良贷款等隐性债务，其占GDP比重我国1998年约为50%，也低于许多国家。目前金融机构存款余额仍然大大超过贷款余额，物价水平下降的趋势还没有根本扭转，如此等等，表明我国近期内适当扩大国债发行和增加赤字，还是有一定的余地，不会导致财政债务的危机和严重通胀的危机。所以，进一步实施扩张性的积极财政政策，在目前既是形势发展的需要，也有实际的可能，只要国家财政能力能够随着国家经济实力的增强而提高，偿还国债，削减赤字，中长期实现国家预算平衡，是可以做到的。

六

积极的财政政策是目前我国实行适度松动的扩张性宏观调控的主要政策手段，还要运用多种政策来配合，其中一个十分重要且为人们很关注的政策手段就是货币政策。为了进一步启动经济，不少人主张要像积极的财政政策那样，提出积极的货币政策，或扩张性的货币政策。去年，全国人大财委开会时就曾提出这个意见。一直到最近报刊上还有经济学者不断提出这个主张。但我国中央银行近年来对货币政策的提法是实施适当或稳健的货币政策，而没有提积极的货币政策。不久前，央行里有人对记者讲，不提积极的货币政策或扩张性货币政策，绝不意味货币政策是消极的无所作为的。那么为什么不这样提呢？有人认为这是货币政策不明朗或经验不足的表现。我个人却体会，这里面是不是有这样几层意思。

第一，在实施积极的财政政策时，通过财政向银行发行国债借调居民储蓄用于投资，这本身不仅仅是财政政策，同时也运用了货币政策手段，增加了货币供应（流动性）。第二，政府的国债投资还要带动银行的配套投资。1998年1000亿元带动1000亿元，1999年又新增国债投资带动2000亿元银行信贷，这离不开货币供应量的增加。第三，自"软着陆"成功以来，金融当局确实已陆续采取了一些松动货币信贷的措施。如取消额度限制、降低存款准备金率、几次降低存贷利率等，以支持经济增长。但由于现在银行不良资产比例还高，金融风险在加大，仍然是影响经济全局的重要隐患，必须把加强金融监管、防范金融危机的爆发放在金融工作的重要地位，因此不能轻言放松银根，随意扩大货币信贷投放。所以，对货币政策不能简单地套用"积极"财政政策的提法。这样理解是否对，可以讨论。但是，由于需求不足、通货紧缩和经济增长乏力的压力，人们对加大货币政策松动力度的期望也是可以理解的。尽管通货紧缩的深层次原因在于实体经济中供需总量和结构失调，尽管近两年各层次货币供应量增长幅度都超过经济增长速度与物价指数升幅之和，但由于经济紧缩时期，货币流通速度下降幅度较大，货币政策的传导机制不灵，货币供应的实际增幅仍难以支撑必要合理的经济增长幅度并保持物价稳定不降，所以有必要进一步扩大货币供应和加大金融对经济增长的支持力度。这正是不久前中央提出的现在正在实施的方针，就是今年要在继续实行积极财政政策并加大实施力度的同时，进一步发挥货币政策的作用。这是现在我们的正式提法。积极财政政策还是我国当前宏观调控政策的主体，在这个主体下面，我们还必须同时进一步发挥货币政策的作用，这包括运用多种货币政策的工具适度增加货币的供应量；金融要进一步支持基础设施建设的投资，支持企业技术改造的投资，保证有市场、有效益的企业对流动资金的需要；扩大直接融资的比重，建设规范的资本市场；支持中小企业的融资，努力解决农民贷款难的问题；增加信贷机构贷款审批权限，建立贷款激励的机制，增强商业银行贷款的积极性；深化金融体制改革，疏通金融传导机制，整顿金融秩序，加强对金融机构的监管；等等。总之，金融业要把支持经济发展同防范金融风险这两个方面紧密结合起来，努力在促进经济发展当中，保持金融的安全。金融安全不是小事，我们一定要重视，把老百姓的血汗钱乱花掉不还，这可不是小事。这些都是在进一步发挥货币政策作用中必须注意的问题。

七

针对1997年以来我国经济运行中出现的问题，国家采取了以积极的财政政策为主要内容的政策措施，扩大投资，刺激消费，推动出口，这些政策措施对于阻止出现像东亚一些国家和地区在金融危机中发生的滑坡，对于拉动我国经济以世界标准来看不低的增长速度，发挥了重要的作用。去年虽然经济增长率不仅与上年相比有所降低，而且在年度内也呈逐季回落（一季度GDP增长8.3%，二季度GDP增长7.1%，三季度GDP增长7%，四季度GDP增长6.8%），但我们对于经济形势的判断不能光看速度；即使就速度来说，与去年世界经济平均增长3.3%相比我国经济增长的表现也不错，特别值得注意的是去年我国经济增长质量有明显改善。在经济结构调整上，一些过剩、过时的生产能力和产品如纺织、煤炭、冶金等行业的总量控制和收缩工作取得了进展，电子、信息等高技术部门迅速发展正在逐步成为经济增长的新支撑点。在经济效益指标上，多数行业和相当一部分企业效益指标好转，工业企业实现的利润额大幅度增长（52%），亏损企业的亏损额下降（−15.2%），企业库存品增幅降低，产销率上升，资金占用率下降。尤其引人注目的是，去年下半年以来经济运行中出现了一些新的亮点，如出口转升，消费市场回暖，物价降势也有所趋缓。这个势头今年第一季度还在继续，亮点继续扩大。如工业生产增速加快（10.7%增幅比去年第四季度加快3.4%，其中3月11.9%比前两个月加快1.5个百分点）；消费品市场增温（10.4%，比去年第四季度高2.4%，比去年全年高3.6%）；外贸进出口大幅攀高（出口增长39.1%，进口增长41%），物价降幅进一步趋缓，消费价格指数在下降二十多个月后首次出现回升。总括起来说，一季度GDP增长了8.1%，虽然略低于去年一季度8.3%的增幅，但较四季度6.8%的增幅却大大跨进了一步。

从上述迹象看，今年全年我国经济增长会有怎样的前景呢？年初有几家报刊记者向我提出对今年经济走势怎么看的问题，我的回答是，我持谨慎乐观的态度，总的来说，看好今年我国经济，当时说了以下几点主要理由：第一是1993年以来经济增长速度下降已持续7个年头之久，是过去经济下滑时间最长的；从经济周期运行的规律看，不可能总是下滑，经济增长下降势头已接近尾声。第二是世界经济发展趋好，特别是东亚经济已经开始复苏。国际货币基金组织（IMF）预计2000年世界经济增长速度将达3.5%。这对我国经济增长无论从出口方面看，还是从引资方面看，都是利好因素。最近又预计今年发达国家经济增长率将从去年的3.1%提高到3.6%，发展中国家将从去年的3.8%提高到5.4%。再加上今年我国将进入WTO，而进入WTO对我国经济在总体上是利大于弊，这也将改善我国经济增长环境。第三是近两年连续实施的以积极财政政策为主体的扩张性政策，其累积效应和滞后效应逐渐显露出来。特别是去年11月中央经济工作会议和今年3月全国人大九届三次会议，决定今年还要继续实施以积极财政政策为主体的一系列促进经济发展的政策措施，并加大实施力度。比如，今年实施积极财政政策将增发1000亿元国债投资，从年初就打进财政预算，可以比较早比较快地到位，不像过去两年增发国债投资决策时间较晚，到位时间较迟，力度不如今年。还作出了调整经济结构、西部大开发等重大战略决策。所有这些，对于进一步扩大需求，改善供给，有效地抑制通货膨胀，促进国民经济的持续较快发展，将会起到重要作用。在近两年来实行适度松动的扩张性宏观政策、防治通货紧缩趋势的基础上，如果今年中央采取的各项政策措施力度适当，同时国际经济形势继续好转而不发生重大周折，今年我国经济增长扭转7年来特别是近3年来持续下降的趋势，实现止降转稳或止降回升的转折，是大有希望的。今年第一季度的经济走势已显示出良好的开端。看来，几年来我国经济界和经济学界一再盼望的拐点，今年很有可能出现。

当然，在我国看好今年经济前景的同时，也不能盲目乐观。比如，当前出口的快速增长带有很强的恢复性质，去年增长基数前负后正前低后高，将影响今年全年出现前高后低的可能；同时出口增长受到进口也是大幅提升的冲销，因此净出口对经济增长的影响不是很大（去年为负），而且国际经济特别是美、日经济前景还有较多不确定因素。又如价格降势的趋缓及部分价格回升，亦受到季节性供应、假日消费和国际石油价格波动等因素影响，还须进一步观察。总之，1999年下半年到2000年一季度我国经济运行一方面出现了不少积极的变化，但另一方面需求不足、就业困难、通货紧缩趋势的压力尚未过去，我国经济发展仍然面临着不少严峻的问题。这样看来，我国经济增长在经过7年连续下降后今年将出现止降转稳或止降回升的拐点，问题不是很大，问题在于拐点后的增长趋势，是否能够回复到过去20年平均达到9%~10%的增长幅度，还是拐向另一个新的增长平台。现在人们大多认为过去那样以10%左右甚至更高的高速度增长在个别年份并不排除，但就中长期平均趋势来说很难再现。这个问题与21世纪初我国经济进入一个新阶段的特点和经济增长面临的条件有关。

八

21世纪初我国经济发展将步入一个新的阶段，即实施第三步发展战略的起步阶段。

世纪之交，我国正处于经济体制转轨、经济结构调整和经济增长方式转变同时并进的重要时期。我国经济进入新阶段的重大转折和主要特征，可从以下三个方面来看。

从生产力发展和供求关系的变化看，经过二十余年的大发展，一般性工农业产品普遍供不应求的短缺时代基本结束，买方市场初步形成。经济发展目的由过去单纯追求数量逐步转向同时注重质量，经济增长方式由粗放型为主逐步转向集约型为主；经济发展的约束由资源、供给约束为主逐步转向市场需求约束为主；产业结构调整由协调比例关系为主逐步转向促进产业结构优化升级为主；工业化由低加工度产业、产品导向逐步转向高加工度产业、产品导向，并与信息化进程相交叉相重叠。

从经济体制的变化看，经过二十余年的改革，传统计划经济体制基本破除，社会主义市场经济体制的基本框架初步建立，经济运行的市场化程度显著提高。但传统体制下的社会经济矛盾并未完全解决，新体制下也产生了一些新的矛盾和问题。21世纪初改革将从破除传统体制为主转入全面体制创新的攻坚阶段，改革将涉及更为复杂更深层次的问题，其难度将大大超过前一阶段。

从国际环境的变化看，经过二十多年的改革和开放，我国在结束了封闭半封闭状况后，逐步形成了全方位、多层次、宽领域的对外开放格局，国际经济联系日益密切。2000年可望加入WTO，标志着世纪之交我国对外开放将进入一个新纪元，我国将在更广泛的领域和更高的层次参与经济全球化。在不断扩大对外开放，积极利用国际市场和资源的同时，国际竞争的压力和世界经济的波动对我国经济发展的影响和冲击将越来越直接。如何抓住经济全球化带来的机遇，应对竞争压力，努力规避其风险，是21世纪初我国经济发展必须应对的大问题。

在上述大背景下，21世纪初我国经济增长既具备有利条件，也面临着制约因素。有利条件从需求方面来说，无论是消费需求还是投资需求，我国国内市场的增长潜力都是非常巨大、无与伦比的。从供给方面来说，我国劳动力丰富，有较高的储蓄率，经过初步工业化的建设，物质技术基础大大增强，经济结构的调整和经济体制的改革将进一步改进我国经济的增长方式，提高微观和宏观经济的效率，等等。面临的制约条件主要有：庞大就业人口和老龄人口的压力，淡水、耕地、能源等资源不足的压力，以及技术落后和国际竞争的压力，等等。此外，尤其要注意的是，我国经济转型（数量型转质量型、粗放型转集约型等），对企业素质、技术开发和体制、机制支持的要求更高，而消除增长的体制障碍的难度将更大。这些都构成21世纪初加快我国经济增长的难点。

综合考虑各项因素，期望我国经济增长在今年止住连续7年的下降趋势后，21世纪初能够拐回到前20年那样平均接近10%的增长速度，从个别年份来看并不排除这种可能，但从中长期平均趋势来看，这种期望是不现实的。我国已经有两个10年接近10%的高速增长，今后能否继续保持这一高速，颇多争论。一种意见以日本、韩国等国经验为例，认为随着发展水平提高和增长方式从粗放转向集约，今后我国经济不可能继续保持快速增长的势头，而将转向中速或低速增长。另一种看法从我国作为一个幅员广阔、人口众多的发展中大国这一基本事实着眼，从我国人力资源开发潜力、市场容量拓宽潜力、高储蓄资金潜力、技术差距的后发优势潜力等方面进行考察，并考虑到工业化、城市化、市场化和国际化进程将为我国经济注入持久不衰的发展动力，认为21

世纪初的我国经济，尽管不会继续像改革开放后20年那样以10%左右的高速增长，但仍可以在较长时间保持7%~8%的较快增长速度，且保持在平稳的波动幅度内，这有利于把更大的力量，用在经济体制转轨、增长方式转型、经济结构升级和经济效率的改善方面。我以为，后一种看法可能更接近实际，切实可行。今后，如果能在7%~8%平均增长速度的基础上创造比过去在10%左右速度时更好的效益，并提供更多的就业岗位，那将是21世纪初我国经济发展具有吸引力的一个佳景。我国中长期规划预计21世纪头10年GDP将再翻一番，即每年平均增长7.2%，这是一个比较实事求是的考虑。

《泡沫经济与金融危机》序*

（2000年8月）

　　我很高兴地接受徐滇庆教授的邀请，为他和于宗先、王金利教授合著的《泡沫经济与金融危机》一书写几句话。

　　看到本书的目录时，我的第一个感觉就是作者紧紧抓住了当前肆虐亚洲的金融风暴的要害。目前论述金融危机的文章很多，但是像本书这样能够比较全面、深刻地剖析金融风暴的成因并且系统地提出防范措施的研究成果还较少见到。通读了这本书之后，深深为三位作者在这个方面的努力而感动。本书不仅在经济学理论上对泡沫经济及其与金融危机之间的关系作了详细的描述，并且仔细地分析了亚洲诸国，例如泰国、马来西亚、印度尼西亚、日本、韩国的金融危机，还把眼光扩展到巴西、墨西哥和俄罗斯等国。作者所收集的资料全面，研究深刻，论证严谨，反映了他们在这个研究上所投入的工夫，也反映出了他们经济学研究的深厚功底和一丝不苟的认真精神。

　　一个国家要保持经济稳定发展，必须重视供求总量的动态均衡，切忌"泡沫经济"。受这次金融危机沉重打击的东亚经济体，大多是房地产市场和证券市场连年出现"泡沫经济"，最终酿成了以大量房地产闲置、呆坏账连锁冲击为主要特征的金融危机。有些经济体用牺牲供求动态均衡和国际收支平衡的办法来满

---

* 　徐滇庆、于宗先、王金利：《泡沫经济与金融危机》，中国人民大学出版社2000年版。

足少数大企业过度扩张的要求，从而为本国经济的长期增长埋下了危机的根子。中国前些年也曾出现过"泡沫现象"，但自1993年年中起，通过加强宏观调控，控制了房地产和开发区的过热发展态势，在东南亚金融危机爆发之前已经成功地实现了"软着陆"，为抵御国际金融风波创造了条件。我们要认真总结这方面的经验教训，防止泡沫经济以其他形式再次出现。

这次受金融危机沉重打击的经济体，大都重视运用金融手段推动经济发展。但在金融自由化的过程中，由于放松了必要的监督与管理，大量银行信贷直接、间接流向高风险部门，导致过度贷款、巨额呆坏账和金融机构破产倒闭。中国金融领域也存在不稳定因素，国有商业银行不良贷款达1/4，其中逾期两年以上的呆滞贷款和无法收回的呆坏账达10%以上。各类金融违法、违规活动比较严重。为防范和化解金融风险，中国政府不久前决定采取措施，深化金融监管，包括加快国有商业银行的商业化步伐，逐步实行资产负债管理和风险管理，加强金融机构内控制度的建设，等等。这些措施的逐步落实，将更有利于防止可能出现的内外金融风险的袭击。

在金融体系尚不健全、政府调控能力较弱的情况下，过早过快地全面放开本国资本市场、取消外汇管制、大量引进境外金融机构，助长了国际游资的进入和冲击，造成了投机资本排斥产业资本、短期投资和短期债务规模过大的不稳定局面。这是东亚一些经济体发生金融危机的一个重要原因。中国对金融业的对外开放一直持积极又谨慎的态度，到目前为止资本市场的开放尚处于初始阶段，资本账户的人民币自由兑换尚未启动，对资本流动的管制还比较严，引进外资的规模和结构比较合理，外国在华直接投资占外资规模的60%以上，中长期借款占外债规模的80%以上，等等。这些均对国际投机资本在中国汇市和股市兴风作浪的能力施加了必要限制。这是中国能够抵挡东亚金融危机冲击的一堵厚墙。当然，今后中国仍要坚定地实施既积极又谨慎的金融对外开放方针，其时间顺序和实施步骤要与金融体系的健全和金融监管能力的加强相适应。

我很赞成书中提出的这一观点：尽管泡沫经济和金融投机在历史上由来已久，但是它就像环境污染一样，在过去也许不是主要的矛盾，但是现在已经成了对世界金融体制乃至整个世界经济的威胁。随着现代科学技术的进步，金融体制的作用已经发生异化。金融体制应能有效地组织社会闲散资金向生产性投资转化，引导资金流向高效益的部门和地区，提高资源的分配效率并且提供对企业生产的监督作用。但是，金融体制的迅速发展导致其在某种程度上和社会生产脱节。在金融集团的炒作之下，有些时候股票价值已经不能正确地反映企业生产效益，金融市场和物质生产环节没有必然联系。金融衍生工具创新的目的是回避风险，可是，这些风险被累积起来，最终导致金融危机。金融市场一旦变成了牟取暴利的源泉，就有可能喧宾夺主，彻底扭曲资金的分配，出现泡沫经济。如果没有新的制度制约，金融体制的扭曲将日趋严重。

现代金融体制加剧了泡沫经济的危害程度。现代科学技术的发展创造了金融体制以及众多的衍生工具，但是，就像在实验室里培养出来的病毒一样，弄得不好它也会毁灭人类。现代文明建立起来的金融体制有可能毁灭现代文明。资本自由流动的理论依据远远没有自由贸易那样充分，它的代价非常高。如果解决不好当前的金融危机，人类可能会面临比20世纪30年代经济大萧条还要严重的经济危机，世界上没有一个国家能够逃得过去。当然，如果我们能够正确地找到问题的症结所在，人类是有足够智慧来防范这个危机的。

东亚金融危机的发生，适逢中国经济运行处于景气循环的"低谷"阶段。东亚和其他地区出现的金融风暴为中国敲响了警钟。为了维持中国经济的发展势头，就一定要特别重视防范泡沫经济，抵御和化解金融风暴的袭击。

本书详细介绍和分析了中国台湾的股市和房地产市场的泡沫经济，许多信息都是大陆同行们非常关心的。我和于宗先先生是认识多年的老朋友了。他在担任台湾中华经济研究院院长期间，曾经多次来北京访问。在他的领导之下，台湾中华经济研究院拥有一支很强的经济研究队伍，在近年内取得了许多水平相当高的研究成果，为促进海峡两岸的学术交流和相互了解作出了许多贡献。他和王金利教授对台湾泡沫经济的深刻分析为我们提供了许多真知灼见。台湾在经济发展中的正反两方面的经验教训对我们来说都是十分宝贵的。前车之辙，后者之师。海峡两岸的学术交流有着广阔的发展前途。

我在20世纪80年代就认识徐滇庆教授，非常欣赏他对经济学研究的热情和执着精神。他在美国获得博士学位之后，在加拿大任教多年，在经济学研究上硕果累累，特别在可计算一般均衡研究上作出了令人瞩目的贡献。在他担任中国留美经济学会会长期间，不辞辛苦，奔走于大洋和两岸之间，成功地组织了许多次关于中国经济研究的国际会议。虽然他身在北美，但是从他的许多研究论文中都可以看到他对中国国内情况是非常了解的。他的许多研究成果和观点引起了国内学者和政府官员的注意。本书是他和于宗先、王金利先生一起为中国经济研究所作出的新的贡献。由于中国正面临着深化经济改革、完善金融体制、防范金融风险的关键时刻，我们非常希望看到更多的关于金融危机分析的佳作问世。本书必定会引起国内经济学界、企业界和政府官员的重视和欢迎。因此，我郑重地向国内的读者们推荐这本书。

《泡沫经济与金融危机》序

21世纪初中国经济结构调整问题*

（2000年8月）

改革开放以来，中国经济结构不断得到调整和优化，国民经济比例关系出现了积极的变化（20年来农轻重比例由25：32：43调整为17：41：42；三次产业比重由28：48：24调整为18：49：33）。供给"瓶颈"基本消除，技术装备水平明显进步，城镇化水平有所提高。但目前我国经济结构仍存在许多不合理的问题，成为影响我国经济发展的一个极重要的因素。只有把经济结构问题解决好了，才能切实提高经济增长水平，增强经济发展的后劲。

当前我们面临的经济结构的调整，与过去我国经济发生过热或比例严重失调时（如20世纪60年代初"大跃进"后，70年代后期"洋跃进"后，80年代后期经济过热后）是不同的，那几次调整是被动的、退却性的、战术性的调整。而这次调整则是在我国经济发展进入新阶段，适应新阶段诸特征的客观要求，实行的积极主动的战略性调整。在结构调整中，通过技术进步和体制创新，一方面形成新的增长点，另一方面淘汰落后的生产能力，从而为经济的进一步发展提供动力。所以，当前我们面临的调整是发展中的调整，前进中的调整，是为了更好和较快地发展而进行的调整，所以要正确处理好发展与调整的关系，坚持在发展中推

---

* 2000年8月访问韩国时在大邱大学等处所作有关中国经济发展问题的讲演（部分内容）。

进经济结构的调整，在经济调整中促进经济发展。

那么，现阶段我国经济结构中有哪些突出问题还没有得到根本解决呢？

一是产业结构不协调，产业结构中第一、第二产业比重偏高（第一产业18%，高于世界平均水平13个百分点，第二产业49%，其中制造业37%，高于世界平均水平17个百分点），而第三产业比重过低（33%，低于世界平均水平28个百分点）。就业结构中第一产业过高，近一半劳动力（48.67%）仍停留在农业领域。

二是各个产业内部的产品结构层次偏低。农业中优势农产品比例偏低；制造业中低水平加工能力过剩而高水平加工能力不足，关键技术装备大量依靠进口；第三产业中，科技、教育、金融、中介等现代服务业发展不够。

三是技术创新能力不强，研究与开发投入较少，技术进步较缓，产业素质较低，不适应市场需求和国际竞争的要求。

四是产业组织结构落后，生产集中度低，规模效益差，大企业不强，小企业不专，专业化分工协作水平不高，低水平过度重复，过度竞争与行政垄断并存。

五是地区布局不合理，主要是东、中、西部发展不协调，收入差距扩大，1998年我国东部、中部、西部人均GNP之比为100：55.4：42.6。同时，各地区发展自成体系，工业化结构趋同，地区封锁、市场分割严重。

六是城乡结构失调，城镇化（城市化）过程滞后，落后于工业化（工业化约为50%，城市化约为30%），落后于同类水平收入国家（为42%~50%）。

当前，我国经济结构的调整，需要重点抓的内容有哪些？

我们在上面列举的突出的结构问题，都是需要着力解决的。从总体上讲，要力争在以下几方面取得进展：第一产业比重下降，第三产业（服务业）、第四产业（信息业）比重上升；企业创新能力增强，高水平深加工能力增加，产业组织结构优化，国际竞争力提高；西部大开发稳健起步，城镇化进程加快，地区、城乡收入差距扩大的趋势有所缓解。

分领域来说，着重提出以下几点：

一是农业方面，要优化农业产业结构，调整农业生产布局，提高农产品的加工水平和能力，加强农业服务体系建设，推动农村富余劳动力向第二、第三产业转换。

二是用先进技术改造和提高包括轻纺、石化、钢铁等传统工业发展和提高装备制造业，压缩、淘汰过剩、落后和污染环境的生产能力。

三是推进国民经济和社会的信息化、网络化进程，有重点地发展电子信息、生物工程、新材料、新能源以及航空航天、海洋环保等新兴产业。

四是加快发展第三产业，特别是包括金融、保险、中介服务、技术服务、文化产业等现代服务业。

五是继续加强水利、交通、生态环境等基础设施建设。

六是西部大开发和加快中西部地区发展问题。这是关系发挥中西部地区的资源潜力和市场潜力，扩大国内需求，缩小地区差距和增强民族团结和社会安定的大战略。在当前和进入21世纪初一段时期，要集中力量，重点抓好几件关系西部地区发展全局的工作，包括进一步加快交通、通信、水利等基础设施建设，加强生态环境保护和建设，积极调整产业结构，根据当地的地理、气候和资源等条件，着力发展有市场前景的特色经济和优势产业，形成新的经济增长点，等等。国家要增加对中西部地区的投入，同时完善相关政策，要大胆地吸引外资和我国东部资金的进入。目前我国东西部差距扩大的趋势仍在继续，解决这个问题，实现各地区共同富裕的目标，还需要一个较长的过程，要靠几代人的长期努力。21世纪初只能先从缓解地区差距继续扩大的趋势做起，以后进一步争取逐步缩小差距。

七是加快城镇化建设。城市化进程的滞后，不利于解决农村剩余劳动力的转移吸纳，不利于第三产业的发展，不利于扩大内需，已成为现阶段我国许多结构性矛盾的关键点。进入21世纪，要在政策和制度创新上有所突破，加快城市化的建设，争取城市化率由现在的30%左右，2005年达到35%左右，再进一步向同等中低收入国家平均40%以上的城市化率迈进。不久前中共十五届三中全会把"发展小城镇"作为带动农村经济和社会发展的一个大战略提出，这是符合中国国情需要的。在加快小城镇建设的同时，还要合理发展中等城市，适度发展大城市和特大城市，引导城市群的发展，在全国形成布局合理、结构协调、规模适度的城市体系。

总之，经济结构调整是"十五"时期和今后相当长时期的战略任务，我们要通过全面提升产业结构，提高经济增长的质量和效率，加快工业化、信息化进而推进现代化。我们已经完成了工业化的初级阶段，正在向工业化的中级阶段迈进。而信息化的任务又加了进来。继续完成工业化仍然是实现现代化的艰巨的历史任务，而大力推进国民经济和社会的信息化，又是覆盖现代化建设全局的战略举措。我们必须以信息化带动工业化，这样可以使我们发挥后发优势，在较高的起点上实现社会生产力的跨越式发展。

在结构调整中充分发挥市场配置资源的基础性作用，正确发挥政府协调和服务的职能。

经济结构的战略性调整不是一个局部的、孤立的举措，而是贯穿我国经济发展全局的重大任务，需要方方面面的配合。要以技术创新与体制创新作为推动结构调整和经济发展的强大动力，为此要继续实施科教兴国战略加快科技进步和人才培养，充分发挥第一生产力的作用；要坚持国有经济重组和国企改革为中心的体制转换，把经济结构调整与所有制结构调整结合起来，充分发挥市场机制的作用；要适应进入WTO参与全球化进程，与国际规则接轨的要求，进一步扩大对外开放和对内开放；要正确处理政府、企业和市场的关系，以企业为主体、市场为基础，正确发挥政府在经济发展与结构调整中的指导、协调和服务职能。政府要加快制定和完善有关法律法规为结构调整提供法律保障；制定和完善有关政策，为经济体制调整营造良好政策环境；搞好宏观调控并制定必要的规划，保证经济结构调整能够有序推进。凡是应该由企业和市场去做而且他们能做的事情，政府都不要越俎代庖，要让企业和市场去做。政府只做那些不宜由市场和企业去做的事。这样我们才能在社会主义市场经济轨道上，搞好结构调整，保证我们的经济能够在新世纪持续较快和健康地发展，推进我国建设小康社会和基本实现社会主义现代化宏伟事业的成功。

刘国光

经济论著全集

第
15
卷

中国通缩趋缓解*

——《香港商报》记者专访
（2000年8月19日）

一、消费价格止降回升

（一）扩张性财政政策和扩大内需见成效

可以肯定地说，近年来困扰中国经济的通货紧缩趋势已经出现缓解迹象。从1997年10月起，物价绝对水平出现下降，进入2000年，物价总水平开始呈现回升迹象，居民消费价格结束了连续20多个月下降的格局，从1月起回升，1~7月比上年同期上涨0.2%，7月当月比上年同月上升0.5%；工业品出厂价格也扭转了连续31个月下降的局面。金融运行朝着良好方向发展，5月底，通流中现金余额M_0比上年同月增长20.1%，狭义货币M_1余额增长22.3%，广义货币M_2余额增长12.7%。另外，内地需求不足的矛盾也得到一定程度的缓解。

从内地看，这两年中央政府实施扩张性财政政策和扩大内需政策见成效。如增发国债、扩大投资、提高机关事业单位工作人员工资和离退休人员退休金、实施西部大开发战略、降低存款利率、开征利息税、实行储蓄实名制等。从国际看，世界经济转暖，美国经济增势强劲，欧洲经济稳步增长，日本经济由低迷转向复苏，亚洲经济摆脱金融危机影响出现回升，这为中国扩大出

* 本文系《香港商报》记者庄亦辉、徐霆专访，发表于该报。

口并拉动经济增长创造了有利的外部条件。

（二）需时走出通缩阴影

中国经济能否在今年（2000年）彻底走出通缩的阴影？现在还不能下结论。因为，当前有些物价上升是石油价格上涨带动的，而且不少商品的价格仍在下降，如彩电大战就是一例。

结构性供大于求的问题还没有完全解决，农民收入增幅较低，国企制度创新和内在机制没有发生根本性转变，出口难以保持高速增长，企业和农民对经济预期尚未根本改变。所有这些，说明中国经济要真正走出通缩趋势还需要一段时间。

随着总体经济形势的好转，以及扩张性财政政策和适度松动的货币政策的进一步见效，通货紧缩趋势不是不可以克服的。

因此，对通货紧缩趋势不要看得过重。通胀率在负百分之二至正百分之二三，就不是一个很大的问题，不必大惊小怪。他认为，这次物价总水平下降有它合理的方面，它是对前期高通货膨胀的一种矫正，是对盲目投资、重复建设所形成的传统产品、低素质产品的供给过剩和供给扭曲的一种反应，它还可以刺激技术进步，促进优胜劣汰，促进竞争。

二、银根未可轻言放松

（一）通胀不利技术进步不利优胜劣汰

随着上半年中国经济出现转机，各地又出现了争上项目重复建设的苗头。有人提出货币政策要进一步放松，要让物价上去，这样才有利可图，才会有投资。有人甚至认为通胀比通缩好。经济理论界也一直有人持这样的观点。

这是很危险的苗头。因为通胀不利于技术进步，不利于优胜劣汰，"萝卜快了不洗泥"，什么劣等的产品都可以卖得掉，很难实现经济结构调整。

由于需求不足，通货紧缩和经济增长乏力的压力，人们对加大货币政策松动的期望也是可以理解的。但是，出于现在银行不良资产比例还高，金融风险在加大，仍然是影响经济全局的重要隐患，必须把加强金融监管、防范金融危机的爆发放在金融工作的重要地位，因此，不能轻言放松银根，随意扩大货币信贷投放。

据了解，为进一步启动经济，国内不少人曾主张要像扩张性的财政政策那样，提出扩张性的货币政策。去年（1999年），全国人大财经委开会时就曾提出这个意见，一直到最近报纸杂志上还有经济学者不断提出这个主张。然而，中央银行对货币政策的提法依然是实施适当或稳健的货币政策，而没有提扩张性的货币政策。

为何不提扩张性的货币政策，这里面包含了以下三层意思：第一，在实施积极或扩张性的财政政策时，通过财政向银行发国债借调居民储蓄用于投资，这本身不仅仅是财政政策，同时也运用了货币政策手段，增加了货币供应。第二，政府的国债投资还要带动银行的配套投资。1998年1000亿元带动1000亿元，1999年又新增国债投资带动2000亿元银行信贷，这离不开货币供应量的增加。第三，自"软着陆"成功以来，金融当局确实已陆续采取了一些松动货币信贷的措施。如取消额度限制、降低存款准备金、几次降低存贷利率等，以支持经济增长。

如明年（2001年）货币指数上得快，物价走势也上得猛，则货币供应量还要控制。当然，物价指数上去1%~2%问题不大，但如果上去3%~4%或更多，则绝对要控制货币供应量。

（二）治通缩忌用"猛药"

"如对通缩估计过重就会乱下'猛药'，有些人喜欢用'猛药'一词，我觉得还是不用这个词好。""猛药"可以包括如放手让财政向银行透支，放手让银行发大面值票子、全面放松银根等，就是用一些强通胀的办法来治理通缩。下药过猛，就必然会带来更难治愈的后遗症。

不能因为当前的通缩还是轻度的就予以轻视。如果宏观调控力度不够或者国际经济形势发生逆转，致使目前的通缩趋势加重，就不利于市场预期改善，经营者或投资者看到物价持续下降而不愿再投资，这就会加重企业经营、经济发展和劳动就业的困难，从而影响社会稳定。"因此，对通缩趋势不能等闲视之，必须采取有效措施进一步加以解决。"

治理通缩趋势，单有宏观政策的调控是不够的，因为它还受到现行体制的制约。政府在加强宏观调控的同时，要着重从体制和机制上进一步解决扩大需求与完善供给的问题。在通缩趋势缓解之后，体制建设仍是需要长期继续进行的。

（三）扩张性财政政策须坚持

宏观扩张政策实施的力度和时间，要根据供求关系和物价走势的变化情况，适时适度地进行调整。但是，目前，扩张性的财政政策还不能停止。因为，经济转机的基础还不牢固，经济结构、体制还有很多毛病，而制度创新和结构调整不是一天两天就可以奏效的。因此，扩张性的财政政策和稳健的货币政策仍须坚持。

还要继续加大扩张性财政政策的力度，通过发行国债等政府投资促进社会投资，1998年以来的一系列刺激消费政策还要坚持，特别要注意增加农民的收入。另外，还要有相应的货币政策的配合，适当增加货币供应量，支持经济增长，同时注意调节货币量，防止出现危机和新的通胀。

（四）21世纪可保较快增长

中国经济在经历了连续7年逐年下滑的窘况之后，今年上半年显示了增长8.2%的势头。内地经济界和经济学界普遍认为，多年期盼的经济增长止降转稳或止降回升"拐点"今年就要实现。

然而，对于"拐点"之后的经济增长趋势，是回复到过去20年平均达9%~10%的增长幅度，还是拐向一个新的增长平台，众说纷纭。

这个问题与21世纪初中国经济进入一个新阶段的特点和经济增长面临的条件有关。

世纪之交，中国正处于经济体制转轨、经济结构调整和经济增长方式转变同时并进的重要时期。中国经济进入了一个全新的阶段，经济增长既具备有利条件，也面临着制约因素。从需求方面来说，无论是消费需求还是投资需求，内地市场的潜力都是非常巨大、无与伦比的。

从供给方面来说，劳动力丰富，有较高的储蓄率，经过初步工业化的建设，物质技术基础大大增强，经济结构的调整和经济体制的改革将进一步改进经济增长方式，并提高微观和宏观经济的效率。面临的制约条件主要有，庞大的就业人口和老龄人口的压力，淡水、耕地、能源等资源不足的压力，以及技术落后和国际竞争的压力。

此外，消除经济增长的体制障碍的难度将更大。

综合考虑以上各项因素，期望"拐点"之后，中国经济在21世纪初重回前20年那样10%的增长速度，尽管个别年份不排除这种可能，但从中长期平均趋势来看，这种期望是不现实的。

21世纪初的中国经济，尽管不会以10%左右的高速度增长，但仍可以在较长时间内保持7%~8%的较快增长速度，且保持在平稳的波动幅度内。

今后如果能在7%~8%平均增长速度的基础上创造比过去在10%左右速度时更好的效益，并提供更多的就业岗位，那将是21世纪中国经济发展极具吸引力的一个佳景。

在中国数量经济学发展及应用：20年回顾国际学术研讨会上的讲话[*]

（2000年9月13日）

尊敬的克莱因教授和各位海外专家、学者，尊敬的各位代表、女士们、先生们：

今天，我们在这里举行中国数量经济学发展及应用：20年回顾国际学术研讨会，隆重纪念颐和园经济计量学讲习班成立20周年。有如此众多的海外知名经济学家与国内同行聚集一堂，不仅是中国数量经济学界的盛事，也是整个中国经济学界的盛事。首先，请允许我代表中国社会科学院并以我个人的名义，向这次国际研讨会的召开表示衷心的祝贺，向全体与会者表示热烈的欢迎！

1979年中国刚刚踏上改革开放的大路，克莱因教授与刘遵义教授就来北京访问，与中国社会科学院达成了举办经济计量学讲习班的协定。当时担任中国社会科学院副院长兼经济研究所所长的许涤新教授负责这项工作，讲习班的顺利举行与他的努力是分不开的。今天的会议对已经去世的许涤新副院长也是一次纪念。

1980年夏天，以克莱因教授为团长的美国经济学家代表团来到北京，在颐和园举办了为期7周的经济计量学讲习班，中国有

* 原载《中国宏观经济问题》，经济管理出版社2004年版。

100名学员参加了学习。当时生活条件、教学条件都不好，在炎热的天气里，教室内没有空调，临时安装了几台电扇，克莱因教授、安德森教授、安多教授、邹志庄教授、刘遵义教授、粟庆雄教授和萧政教授不畏酷暑，坚持讲课，这种敬业精神和对中国数量经济学发展所作出的贡献，至今令我们感动和敬佩。在美国教授和中方学员的共同努力下，讲习班取得了圆满的成功。参加讲习班的100名学员已经成为中国数量经济学研究、教学、应用的骨干，对中国经济学的发展和提高作出了历史性贡献。

在"文化大革命"结束以前，中国长期把经济计量学作为批判的对象。对刚刚从封闭中解放出来、渴望了解和学习国外经济学新成果的中国经济学界来说，这个讲习班是一场及时雨。它不仅使中国学员学到了经济计量学，还开辟了中外经济学，特别是数量经济学的国际学术交流与合作研究的先河。20年来，许多中国经济学家访问了美国和其他国家，使我们及时了解到外国经济学的最新动态，推动了中国包括数量经济学在内的经济学的发展；同时，美国和其他国家的许多经济学家来我国访问，不仅及时了解了中国的经济发展，还对中国经济建设提出了许多宝贵的建议。大量事实证明，经济计量学是一门非常有用的学科，20年来，这个讲习班的学员大都活跃在经济学研究、教学和经济管理领域，不少已经成为科研院所的学术带头人和政府部门的领导，他们培养了一大批高素质的数量经济学人才，为中国经济的发展、经济学的建设作出了自己的贡献。

20年来，中国数量经济学得到了快速的发展，中国学者对数理经济学、经济对策论、经济计量学、投入产出分析、系统动力学、经济预测学等都在进行研究，特别是在应用方面取得了一批又一批成果。设立了一批数量经济学硕士点、几个博士点和博士后流动站。中国数量经济学会作为一个群众性学术团体，也得到了很大的发展，目前已经建立了数理经济学、经济对策论、投入产出分析、高等教育、远程教育、企业、金融等7个专门委员会，成立了近20个地区学会。在这次国际研讨会后，紧接着将召开中国数量经济学会第7届代表大会，邀请海外教授与中国同行见面，并发表演讲。

20年来，中国经济学的发展不断得到海外学者的帮助和支持，并帮助我们继续培养了很多中青年学者。例如，克莱因教授、刘遵义教授帮助我们建立了中国宏观经济计量模型，亨德利教授等帮助我们建立了协整（co-integration）模型，这些模型在经济形势分析和预测方面发挥了重要的作用，为中国政府决策提供了有价值的参考依据和政策建议，为经济的稳定、快速、协调发展作出了贡献。

中国已经将其改革的目标确定为建立社会主义市场经济。在市场经济下，数量经济学具有更加重要的地位和作用。目前中国中央与地方政府都在制定"十五"计划和2001—2015年长远规划。在世纪之交的今天，中国经济发展面临许多新的机遇和挑战。从国内来看，经济改革进入了攻坚阶段；大量农民要从农业转入非农业部门就业，就业压力很大；我们要通过加强管理、加快科技进步、调整产业结构来提高经济效益；中国今年可能加入WTO。从全球来看，信息经济、知识经济扑面而来，高科技发展迅猛，经济全球化的进程加快，国际资本流动所带来的金融风险增加，等等，在"十五"计划和长远规划中如何正确处理以上问题，如何做出妥善的安排，使中国经济继续保持适度的快速增长，都需要包括数量经济学在内的经济学做出理论回答，为制定符合市场经济发展规律的重大决策提供政策建议和理论指导，这也为中国经济学，尤其是数量经济学的进一步发展提供了新的动力和契机。

下面我想就今后数量经济学的发展谈几点不成熟的看法，供大家参考。第一，继续开展数量经济学的应用。20年来中国数量学发展的一条重要经验，就是高度重视、坚持不懈地开展应用工作，为国家、部门、地区、企业进行定量分析研究和咨询。只有将经济理论与中国实践相结合，才能逐步形成有中国特色的数量经济学。如上所述，目前中央与地方政府都在制定"十五"计划和长远规划，有大量经济问题需要数量经济学工作者参与研究，开展定量分析。第二，虽然20年来，中国经济学在定性与定量分析的结合方面取得了一些成绩，但"两张皮"的现象仍然比较严重。中国经济仍然处于转轨过程之中，理论研究与定量分析的结合尤其重要，但难度也较大，这一方面要求数量经济学工作者参与理论经济学的研究，加强理论修养，强化定量分析的理论基础；另一方面要求理论经济学家学习数量经济学，掌握定量分析工具和方法。经过双方共同的努力，将目前局限于定性分析的经济学逐步变成定性与定量相结合的经济学。第三，经济对策论、非均衡论、非线性论、非稳定论和经济周期等都是目前国际研究的前沿领域，中国学者要积极投入到这些问题的研究中去，努力学习和跟踪经济学前沿理论和方法论。第四，经济定量分析除应用数学公式进行计算外，仿真（模拟）技术发展迅速，如美国的 ASPEN（阿斯彭）、SWARM（思沃姆）等模型与软件引起了人们的广泛兴趣，值得我们重视。

最后，预祝本次国际学术研讨会取得圆满成功！祝海内外学者身体健康，万事如意！

局面复杂压力大　驾驭经济见成熟*

——《中国市场经济报》记者专访
（2000年9月23日）

　　"九五"前期，抑制通货膨胀是宏观调控的首要任务。针对1992—1993年的经济过热，中央从1993年夏天开始加强和完善宏观调控，主要是实行适度从紧和灵活微调相结合的政策措施，使过热的经济逐渐降温，GDP增长率从1992年的14.2%，降为1993年的13.5%、1994年的12.6%、1995年的10.5%和1996年的9.6%；物价涨幅也从1994年的21.7%的高峰回落到1996年的6%。这样，经济过热和通货膨胀得到了有效控制，我国经济成功地实现了"软着陆"。

　　"九五"前期"软着陆"顺利实现的重大意义：首先，避免了重蹈历史上"大起大落"和"软着陆"不成功的覆辙，在新中国成立以来的经济发展史上是没有先例的。这表明，我们党对社会主义市场经济体制和社会主义现代化建设规律的认识逐步在深化，领导和驾驭经济工作的水平提高了。其次，为我国今后的经济运行开辟了一条适度快速和相对平稳发展的新轨道，为我国经济的跨世纪发展积累了宝贵的经验，奠定了良好的开端。最后，既大幅度地降低物价涨幅又保持了经济的较快增长，这在第二次世界大战后世界各国的经济发展上也是罕见的，改革开放的中国充分显示出其增长的活力。

---

　　* 本文系《中国市场经济报》记者邓圯专访，发表于该报。

就在人们为成功抑制通货膨胀而长舒一口气的时候，我国经济运行又遇到了新问题。进入1997年，人们起初以为"软着陆"既然成功，我国经济运行已到谷底，经济增长率下降的趋势应该稳住了，或者应重新回升。之后人们不断作出经济增长速度正在或者即将出现止降回升的"拐点"的判断和预测，但经济运行的实践却是GDP增长率一路走低，由1996年的9.6%下降为1997年的8.8%、1998年的7.8%和1999年的7.1%。1997年10月，物价总水平变动趋势发生了由上升到下降的逆转，并由此开始了长达两年多的连续下降，显示出我国经济出现了从未有过的通货紧缩趋势，由此也给宏观调控提出了新的课题。

如何认识和把握两年多来我国所出现的通货紧缩趋势，直接关系到宏观调控政策实施的方向和力度。对于这一趋势，既不能掉以轻心，也不可估计过重。若掉以轻心，措施不力，则会加重企业经营和劳动就业等方面的困难，影响经济发展和社会稳定；若估计过重，乱下猛药，也会带来更难治愈的后遗症，也可能导致金融风险的爆发或较长时期的"滞胀"；等等。

过去的经验，对治理通货膨胀用货币政策来刹车比较灵速，但对治理通货紧缩选择什么样的政策，因无成例可循，确实费了一番周折。"软着陆"成功前后至1998年年中采取了一些放松金融的方法，包括取消贷款的额度管理、降低银行存贷款利率等，但实践证明对启动经济收效不大。于是从1998年年中开始推进积极的财政政策，实际上就是扩张性财政政策，并配合适当松动又叫稳健的货币政策，来启动经济。1998年年中到1999年年初实施的积极的财政政策，扩大内需的措施主要限于政府向银行发行国债，使居民储蓄转用于扩大基础设施的投入。但这对启动非政府的社会投资和居民消费的效应并不明显。以后随着经济的发展，抑制增长下滑趋势和防止通货紧缩的趋势，宏观调控政策内容不断发展。包括：从加大基础设施建设的投资扩展到支持企业的技术改造；从中央政府全额包揽主要项目的投资扩展到采取贴息贷款、财政担保等手段启动地方和企业投资；从扩大投资需求扩展到增加城乡居民收入引导和鼓励消费需求；从立足扩大国内需求扩展到同时千方百计开拓国际市场扩大外需；从着重解决需求不足的问题扩展到同时解决供给过剩和供给刚性的问题；等等。总之，经过这两年多的实践逐步形成一整套抑制经济增长下滑和治理通货紧缩趋势的政策措施，使我们不仅有了前几年成功治理通胀的成熟经验，也开始积累了抑制通货紧缩趋势的初步经验，包括综合运用财政、货币、税收、收入分配等多种调控手段，增强宏观调控成效的经验。"从前几年成功地治理通货膨胀到近两年积极地抑制通货紧缩，说明党中央驾驭经济全局的能力更加成熟，宏观调控的经验更加丰富和加强了。"刘国光对"九五"期间党中央面对迥异的经济态势对症下药，进行宏观调控方面的成功做法，作出了高度的评价。

事实上，这些政策措施对于阻止我国出现像东亚一些国家和地区在金融危机中发生的滑坡，对于拉动我国经济以世界标准来看不低的增长速度，抑制通货紧缩趋势的加剧，发挥了重要的作用。去年（1999年）虽然经济增长率不仅与上年相比有所降低，而且在年度内也呈逐季回落（GDP一季度增长8.3%，二季度增长7.1%，三季度增长7%，四季度增长6.8%），但我们对于经济形势的判断不能光看速度；即使就速度来说，与去年世界经济平均增长3.3%相比，我国经济增长的表现也不错，特别值得注意的是去年我国经济增长质量有明显改善。在经济结构调整上，一些过剩、过时的生产能力和产品，如纺织、煤炭、冶金等行业的总量控制和收缩工作取得了进展，电子、信息等高技术部门迅速发展，正在逐步成为经济增长的新支撑点。在经济的效益指标上，多数行业和相当一部分企业效益指标好转，工业企业实现的利润额大幅度增长，亏损企业的亏损额下降，企业库存品增幅降低，产销率上升，资金占用率下降。尤其引人注目的是，去年下半年以来经济运行中出现了一些新的亮点，如出口转升，消费市场回暖，物价降势也有所趋缓。这个势头今年（2000年）还在继续，亮点继续扩大。如工业生产增速加快，消费品市场增温，外贸进出口大幅攀高，物价降幅进一步趋缓，消费价格指数在下降20多个月后首次出现回升等。这也充分显示出我们在抑制通缩趋势方面的探索是成功的。

治理通货紧缩，无论是扩大需求，还是完善供给，单靠宏观政策的调控是不够的，因为它们还受到现行体制的制约。我们要在加强宏观调控的同时，着重从体制和机制上进一步解决扩大需求与完善供给的问题。即使在通货紧缩得到缓解之后，体制建设的任务仍是需要长期继续进行的。按照党的十五届四中全会和中央经济工作会议精神，抓紧抓好国有企业改革这一中心环节，继续推进财政、金融、流通、科技、教育、住房、社会保障和收入分配等各项改革，这对于为促进需求和改善供给而清除制度障碍，建立必要的体制环境，是至关重要的。

众所周知，经济体制改革对于促进经济发展的效应，往往要经历一个过程才能显现。而有些改革措施，在短时期内对于扩大需求和改善供给，不但不能起到立竿见影的作用，而且还会暂时产生抑制的效果。如有关强化金融监管秩序、防范金融风险的改革措施，会促进银行放贷谨慎；强化与税收征管有关的改革措施，会对增加财政支出的扩张效应起到某些抵消的作用；又如社会保障、福利、教育等方面体制改革措施，会使居民消费谨慎，加强储蓄的倾向。

这些改革措施非常必要，不能不做。关键是今后各项改革措施要尽可能掌握好出台时机，安排好改革节奏；与此同时，要从加大宏观扩张政策措施的力度来弥补某些必须进行的改革措施对供需关系带来的暂时紧缩效应；还要对人民群众因实施某些必要的改革措施而暂时发生的减收增支，进行适当的货币补偿。

国际经验证明，利用扩张性宏观政策来抑制通货紧缩和启动经济，要有足够的力度，延续足够的时间，否则可能出现政策效应不济，不得不重新启动，这样打打停停拖延了经济调整的过程，可能给经济增长带来损失。日本经济20世纪90年代就曾发生过这种情况，值得我们注意。宏观扩张政策实施的力度和时间，要根据供求关系和物价走势的变化情况，适时适度地进行调整。调整过程中要注意经济增长潜力的界限，谨防越过这一界限，更要防止大开"水龙头"、乱发票子而引发经济过热和严重通货膨胀的再现。这是扭转通货紧缩趋势的过程中不应忽视的。

当前经济形势与"十五"期间
宏观调控政策取向[*]

（2000年10月）

一、关于今年的经济形势

在今年（2000年）4月中国社会科学院经济形势分析与预测春季座谈会上，我们曾较早地提出"今年我国经济增长扭转7年来特别是近3年来持续下降的趋势，实现止降转稳或止降回升的转折，是大有希望的"，并指出"几年来我国经济界和经济学界一再盼望的拐点，今年很有可能出现"。

随着时间的推移，这一判断已成为越来越多的人的共识，尽管对"拐点"以后中国经济走势如何，还有不同看法，重要的是，事实证明，我国经济增长速度连续7年持续下滑的局面已得到扭转。

中央在总结今年上半年经济形势时，也已明确指出，我国经济发展出现了重要转机。我们所说的拐点，也就是这个意思。当然，它不是指严格数学意义上的拐点，而是指标志经济增长速度止跌趋稳或止跌回升的那样一个转折点。

随着整个国际经济形势的继续好转和国内各项政策的进一步

---

* 2000年10月17日在中国社会科学院经济形势和预测科学讨论会和10月28日在西安中国经济规律研究会第11届年会暨中国西部经济开发与企业管理创新国际研讨会上的讲话，《经济学动态》2000年第11期。

落实，与去年（1999年）相比，我国经济表现得更具活力。今年1~3季度，国内生产总值比上年同期增长8.2%，与去年同期7.4%的增长速度相比，加快了0.8%。各项宏观经济指标向好。1~3季度，工业增加值同比增长11.6%，比去年同期加快2.3%；固定资产投资同比增长12.9%，比去年同期加快4.8%；社会商品零售额同比增长9.9%，比去年同期加快3.6%。从价格形势看，居民消费价格总水平由负转正，前三季度同比上涨0.2%，去年同期为−1.6%；投资品价格涨势不停，通货紧缩趋势开始得到有效抑制。

尽管今年经济回升的基础还不很牢固，仍需要我们不懈地努力去巩固，但只要今后几个月不出现重大的逆转因素，今年经济增长速度无疑将超过去年的7.1%，全年达到8%左右的增长速度是可能的。

在肯定今年经济发展成就的同时，应当看到，我国经济还面临着不少矛盾和问题，主要有：投资需求特别是民间投资需求后劲不足，农民收入增长缓慢和城镇内部仍然存在的低工资制制约了消费的持续回升，经济结构不合理，科学技术落后，阻碍生产力发展的体制性因素仍很突出，等等，对于这些问题必须重视解决，国民经济较快增长的势头才能持续保持下去。

二、略论"九五"的两点经验

今年国民经济发展取得的成就预示着我们将完成整个"九五"计划原定的年均8%的增长目标。2000年国内生产总值预计可达8.7万亿元，按现行汇率计算超过1万亿美元。"九五"计划的胜利完成，不仅使我国的综合国力又上了一个新的台阶，而且为我们提供了许多宝贵经验。现在各有关方面正在就这些经验进行深入研究和总结，以便为制定"十五"计划提供依据。在这里，我只想简单谈谈"两个根本性转变"和宏观调控这两个问题。我以为，"九五"时期在这两个方面的经验，对"十五"乃至更长时期的经济发展，都具有重要的启示意义。

1. 大家知道，我国经济体制和增长方式的两重转换，20世纪80年代中期理论界就已提出来了。两重转换概括和反映了改革开放以来我国经济发展中互相关联并行的两条主线。但这两个根本转变成为大家的共识和作为正式的发展方针，则是到制定"九五"计划时，才确定下来的。之所以到这时候才被决策部门认可，并成为自觉推行的重大行动方针，一是因为过去长期片面追求数量扩张、反复引起经济过热，特别是"八五"期间曾出现超高速度引发了严重通货膨胀的恶果，使大家终于明白了要全面而不是片面理解小平同志说的"发展是硬道理"。就是说，我们不应再片面追求增长的数量和速度，而更要重视增长的结构、质量和效益。二是因为争论了十多年的计划与市场问题，经过小平同志南方谈话，到党的十四大和十四届三中全会作出建立社会主义市场经济体制的决定，得到了最终明确的解决。这样，1995—1996年制定"九五"计划时提出"两个根本性转变"方针就是顺理成章的了。

"九五"期间，我国经济生活中一个最突出的变化就是彻底摆脱了短缺经济的困扰，实现了从卖方市场向买方市场的过渡。这表明我国生产力有了显著提高，但是，从更根本上说，这应该看作经济体制转变的结果。在前十几年改革开放的基础上，"九五"期间，继续推进了以深化国有企业改革为中心的各项改革，市场在资源配置中的基础作用明显增强。市场供求格局的变化和市场竞争作用的增强，迫使企业重视提高经济效益，注意推进经济增长方式的转变。各级政府也逐步认识到，为了增强国民经济的竞争力，必须大力调整结构，重视经济增长的质量，把科技创新和体制创新放在重要地位。

在体制转换和科技进步的推动下，着力于经济结构的调整和增长方式的转变，与过去片面追求数量扩张的时期相比，速度自然会受到影响。"九五"期间尽管完成了国内生产总值的增长速度略高于原定8%的目标，但与"八五"期间年均增长12%相比，低了3%~4%。当然我们不能光从速度来论"九五"。虽然即使就速度来说，不论与同期发达国家还是与发展中国家相比，我国经济的表现也是突出的，而且"九五"中后期增长速度的下降，在相当大的程度上是受到了国际市场、国际环境的不利影响，但更重要的是，"九五"期间经济增长质量有较明显的提高，经济结构逐步趋于合理，经济效益逐步改善。有的同志列举了"九五"期间我国经济增长方式转变取得的初步成果，比如，国民经济能源消耗率的下降，1996—1999年经济增长了36.7%而能源却下降了7%，单位GDP能源由1995年的4.02吨标准煤降低到2.7吨标准煤；而能源的大幅降低又同经济增长主要靠发展低能耗的高新技术产业和旅游、金融等服务产业结构的调整有关。特别是"九五"后两年，工业企业实现利润大幅度增长，多数行业、地区出现了扭亏增盈的良好态势。这些都是实施"两个根本性转变"取得的初步成果。我很同意这种观点："九五"期间中国经历了一个非常明显的增长模式的转变，这与"九五"期间市场取向和改革的深化是分不开的。这为我国"十五"和更长时期进一步推进两个根本性转变奠定了基础。

2. "九五"期间，在国内外经济环境发生重大变化的复杂情况下，我国经济能够保持比较健康的持续增长，避免了大上大落的巨大波动，这是与宏观调控在反通胀和抑通缩这两个方面取得的成效分不开的。

"九五"前期，针对当时存在的高通胀问题，继续把抑制通货膨胀作为宏观调控的首要任务，经过连续3年坚持实行适度从紧的财政政策和货币政策，迅速扭转了高通胀局面，在经济增长速度仍保持较高水平的情况下，物价涨幅回落到较低水平，顺利实现了国民经济的"软着陆"（1996年GDP增长9%，物价上涨6.1%）。1997年以来，面对亚洲金融危机的冲击和国内市场出现的供大于求的复杂情况，在没有先例、缺少经验的情况下，我们又通过实行以增发国债扩大投资为主要内容的积极的财政政策和适度增加货币供应量的稳健的货币政策，扩大投资、促进消费、增加出口。在1998年和1999年发行2100亿元特别长期国债的基础上，今年以来又两次累计增发了 1500亿元。加上地方、部门和企业的配套资金和银行贷款，有效地扩大了全社会投资规模。去年下半年大幅度提高城镇中低收入者的收入水平，增加机关事业单位职工工资和离退休人员养老金，推动了消费需求的增长，此外，出口退税率的提高，也是促进外需出口快速增长的主要因素之一。在实施积极的财政政策和坚持稳健的货币政策的同时，积极推进各方面的改革。这些举措对促进经济增长的止跌转升和企业效益的好转，发挥了重要作用。尽管回升势头的巩固还需要我们的努力，但现在已可看出，各项宏观调控措施对抑制通货紧缩趋势已产生了初步效果，从而在同一个五年计划中积累了治理通货膨胀和遏制通货紧缩两方面的经验。如果没有反通胀和抑通缩两方面的努力，很难想象"九五"期间我国经济能取得保持较快增长、避免大起大落的成绩。这对我们正确思考"十五"期间宏观调控政策，保证今后我国经济持续稳定较快发展，也是具有十分重要意义的。

三、关于未来经济增长

进入21世纪初，我国将开始实施第三步发展战略，大约用半个世纪的时间，完成基本实现现代化的任务。"十五"计划和21世纪头十年，是实施第三步战略的起步阶段。这一阶段的经济走

当前经济形势与『十五』期间宏观调控政策取向

势如何，是人们普遍关心的问题。党的十五届五中全会制定的《中共中央关于制定国民经济和社会发展第十个五年计划的建议》（下文简称《建议》），再次强调"发展是硬道理"，是解决中国所有问题的关键。面对经济全球化趋势增强，科技革命迅猛发展，产业结构调整步伐加快，国际竞争更加激烈的新形势，面对国内现代化建设的艰巨任务，解决经济和社会生活中存在的众多矛盾和问题，提高人民物质文化生活水平，都要求我们保持较快的发展速度。进入21世纪，我们能不能保持改革开放以来20年平均接近10%的增长速度呢？在今年春季座谈会上，我曾说过，在这一阶段，虽然从个别年份、从局部领域看并不排除出现两位数增长速度的可能，但从中长期平均趋势来看，期望我国经济能够回复到过去20年那样，继续以年均10%左右的高速增长是不现实的。然而综合考虑有利条件和制约因素，在5~10年的较长时期内保持比"九五"略低的7%~8%的较快增长速度，则仍是可能的。

从有利条件看，我国劳动力资源丰富，又有较高的储蓄率，且经过几十年，特别是改革开放以来的大规模建设，经济实力大大增强，为未来发展打下了一个较为坚实的物质基础；同时，我国与发达国家还存在较大差距，工业化、城市化和信息化为龙头的科技进步进程将为我国经济注入持久不衰的活力，还有无与伦比的宽阔市场，增长潜力都极为巨大。

另外，面临的制约因素也不少。在人口、就业、资源、环境压力等方面面临着巨大压力和不利条件，国际竞争日趋激烈。特别是，随着发展水平的提高，对企业素质、创新能力及与其相应的体制要求会越来越高。

我在这里重提这些旧话，目的是要从一个新的角度，即从积极推进两个根本性转变的角度来看待未来的经济增长速度。在21世纪初5~10年里，将经济增长速度把握在不是过高的10%左右而是较快的7%～8%的水平，有利于我们把更多的力量用于深化改革、结构调整、提高增长的质量和效益上，也就是有利于进一步推进两个根本性转变。在新的历史条件下实现7%～8%的年均速度，保持经济持续快速健康发展，也有利于在体制改革和科技进步方面取得突破性进展，推进经济体制和经济增长方式的转变。所以党的十五届五中全会的《建议》，在把发展作为"十五"计划主题的同时，强调把结构调整作为主线，把改革开放和科技进步作为动力，着重地阐明了这些方面的方针政策，这正是为了进一步推进两个根本性转变。

各国经济增长的经验一再表明，从粗放型增长向集约型增长是现代经济增长的一个历史趋势，且有一定的阶段特征。在工业化早期阶段，由于要进行大规模有形资本的积累，经济增长往往呈现出粗放型增长的特征，随着发展水平的提高，人力资本和无形资本的积累将成为经济增长的一个主要内容，这时经济增长将呈现集约增长的特征。这已被经济计量研究所证明。

对大部分国家来说，这都是一个自然的历史过程，是在自发状态下实现的。但对我们来说，必须把这一自发的历史过程转变为自觉的行动。这不仅是因为作为后来者，我们可以也应该自觉地吸取前人的经验。更因为，作为一个12亿人口的大国，我们有自己特殊的资源禀赋和历史起点，我们必须自觉地推进增长方式的转变并为其构造体制基础，只有这样才能完成这一历史性转变。

随着我国经济体制和增长方式的转轨转型，我们的发展观也要与之相适应，树立全面的发展观，不宜再把增长速度作为经济发展的唯一和领头指标，要适当淡化对数量和速度的要求，强化对结构和质量的要求。宜用"较快增长"的提法，替代"高速增长"的提法，通过结构的升级和质量效益的提高，来实现数量的增长和规模的扩大。今后5～10年，如果我们能在7%～8%年均增长速度基础上，创造出比过去两位数增长速度时更好的效益，更合理的结构，并提供更多的就业岗位，那将是我国经济发展具有吸引力的一个佳景。《建议》预定21世纪头10年，我国GDP再翻一番，也就是年均增长7.2%。我认为，这是一个实事求是的考虑。

四、关于明年（2001年）和"十五"期间宏观调控政策的取向

关于"十五"计划时期的宏观调控，党的十五届五中全会《建议》有这么一段话："综合运用计划、财政、金融等手段，发挥价格、税收、利率、汇率等杠杆作用，引导和促进经济结构调整，保证经济稳定增长。坚持扩大国内需求的方针，根据经济形势实施相应的宏观调控政策。近期要继续实行积极的财政政策，并带动企业和社会投资。"这一段话有三个要点：一是要利用各种宏观调控手段和杠杆，保证经济稳定发展；二是从整个"十五"中长期来看，要根据经济形势的变化，实行相应的宏观调控政策；三是"十五"前期，还要继续实行积极的财政政策。

我们知道，积极的财政政策是从1998年起实行，对扩大内需、促进增长、抑制通货紧缩趋势，起了重要作用；今年开始明显见效，出现了经济增长速度和物价指数止降趋稳和回升的转机。但由于需求增长乏力的问题仍未过去，稳住经济增长速度的任务十分艰巨，明年仍需要继续实行积极的财政政策和相应的稳健货币政策，这一宏观政策的取向同《建议》提出的对"十五"前期的要求是一致的。

积极的财政政策已经实行了两年多，"十五"前期继续实行一段时间既有必要也有可能。但是，以增发国债增加政府投资为主要内容的积极财政政策，不能长时间实行下去。按照《建

议》的要求，宏观调控政策要随着经济形势的变化进行相应的调整。"十五"前期如果继续按照目前实行的积极财政政策的方向和力度进行调控，则在国内外相关因素的影响下，"十五"中后期的经济走势有三个可能。第一个可能是将摆脱目前需求不足和通货紧缩的"阴影"，走入正常增长。这样，宏观调控就要采取中性的、不松不紧的政策。第二个可能是出现经济过热的苗头，走向新的通货膨胀，这就要求实行适当从紧或者紧缩性的宏观政策，在上述两个情况下，停止实行扩张性的积极财政政策是很自然的。还有第三个可能，就是"十五"前期实行一段积极的财政政策后，中后期仍然不能摆脱需求不足和通缩压力，社会投资、民间消费和国外需求仍上不去。那么是不是仍要坚持积极的财政政策，继续扩大发行国债增加政府投资呢？这就要考虑继续长期实行这一政策可能带来的消极后果：一是增加出现财政危机的可能，债务和赤字过大，会导致支付危机，引发严重通胀的危险；二是资源配置中计划和行政色彩增强，这与改革背道而驰；三是政府投资效益递减，腐败滋生源头递增。所以不能长期依靠以增发国债、增加政府投资为主的积极财政政策来对付持续的需求不足和通货紧缩问题，而要着眼于增加非政府的社会投资和居民消费，使之形成需求持续增长的机制，并从供给方面大力培育新的经济增长点来解决。这些重大举措不能等到前期实施的积极财政政策中止实行以后才着手进行，而要在"十五"前期（包括2001年）还有空间和余地继续实行积极财政政策的同时，就要努力抓紧去做。也就是要把稳住明年的短期增长任务同保证整个"十五"中长期稳定增长任务结合起来。所以我认为明年的宏观调控不能光靠实行积极财政政策来带动企业和社会投资，还要千方百计采取增发国债投资以外的各种政策手段，进一步启动非政府的社会投资和居民消费，使之形成即使减停增发国债投资也能持续增长下去的势头。为此要从观念、准入、税费负担、融资等方面，对民间投资给予更大的支持；要从结构调整、产业化经营、广辟农转非的途径、减轻负担等方面大力增加农民收入；要确立迅速改变目前国民收入中消费基金比重偏低的政策，形成个人收入随经济发展而经常增长的机制；在住房、轿车等方面加大培育新的经济增长点的力度，并加快步伐；要改革投融资体制，调整政策使之向这些方面倾斜；要更加灵活地实施稳健的货币政策，支持经济的稳定增长。

在继续实施积极的财政政策和稳健的货币政策，并千方百计为形成社会投资和居民消费的持续增长机制作出努力的同时，也要注意防范财政风险和警惕通货膨胀抬头；要做好准备，适时向中性的或适度从紧的财政货币政策过渡。

何时停止实施扩张性的宏观调控政策？何时需要采取中性的或适度从紧的财政货币政策？这主要看供求形势和物价形势，如果社会投资和居民消费需求呈现持续增长态势，同时富余生产能力大大消减，物价持续上升，就要考虑财政货币政策的转向，是否减少国债余额和降低赤字比例，适时调整利率水平，等等。比如，如果物价上涨率接近到名义利息率，我认为，就有必要考虑提高利率，以防止出现负的实际利率，避免其强化通胀的局面出现。

从目前情况来看，现在仍有富余的生产能力，存差也还较大，债务余额占GDP比重尚未达到警戒线，消费品物价水平由负转正刚刚开始，多数消费品仍是供过于求。因此，近期对于通货膨胀的危险不要看得过重。

但是，由于投资回升和国际原油价格上涨，国内相当一部分生产资料价格回升，这势必会对整个市场价格产生影响，推动价格进一步攀升。由于投融资体制改革的滞缓，最近市场供求形势稍有好转，恢复已经压缩的多余生产能力，盲目扩大加工能力的趋向又重抬头，争投资、争项目的"热情"又重兴起。今年粮食出现大幅度减产，今后几年粮食形势亦不容盲目乐观，不排除出现粮食供求关系发生逆转、粮价持续上涨，从而引发价格总水平突发式上涨的可能性。要认清通货膨胀问题的形成，往往是一个渐进积累并由量变到质变的过程；要考虑连续几年实施扩张性宏观调控政策对刺激需求所产生的累积效应和滞后效应。国家财政主要向商业银行增发大量国债，如果最终导致中央银行超常增发基础货币，会形成价格上涨的压力。如果较多的国债投资项目最终效益不好的话，也会造成财政状况的恶化，最终也会导致价格上涨的压力。因此，随着经济的止降升温，不能不看到这方面的问题。就是说，我们要坚持两点论，既要抑通缩，又要防通胀，在继续巩固经济回升势头的同时，警惕物价继涨压力增加过快从而影响宏观经济的长期稳定增长。

必须密切注意经济形势的变化，对胀与缩在关节点上要给予特别的注意。现在就要注意通货膨胀有益无害论的重新抬头。

一些倾向于采取通货膨胀政策刺激经济增长的同志，总认为物价继涨（通胀）才是好的，物价继落（通缩）总是不好的。其实，两者在一定限度内都各有利弊，过此限度则只能有害于经济运行。对于物价继涨的利弊，在我国有长期的争论，并已由实践作出了结论，我不想再去多说。而对于物价继落问题，我们的经验不多，近几年出现的通货紧缩趋势，被人们看作导致萎缩、加重失业的元凶，有的同志主张要用重药来治。物价继落确实有其不利于经济预期、影响景气的消极一面，但在技术进步、市场竞争的条件下，物价继落有利于促进创新、降低成本，有利于优胜劣汰、优化结构，有利于开拓市场，让广大消费者分享社会进步的成果。所以通缩并不必然与经济衰退相联系，这是有史可证的。

还有些倾向通胀政策的同志把反通货膨胀和增加就业对立起来，认为宏观调控的主要目标应是增加就业，而不应是治理通胀。这似乎使人感觉到，还是受菲利浦斯曲线看问题的影响。关于这个问题已有不少研究。在这里我不再重复。我想强调指出的是，在我国的情况下，就业问题受制于人口增长、结构变动、体制转换、技术选择等多种因素的影响，它是一个长期性的发展中的问题，要在长期的发展中采取综合的政策手段来逐步解决。中国的就业问题不单纯是短期的周期性宏观调控问题。改变宏观调控目标，单纯用涨价的办法，是不可能解决中国的就业问题的。因此，不能把治理通胀和就业对立起来。

历史经验证明，物价继涨和物价继落，通货膨胀和通货紧缩，这两个东西都不可避免，问题是要力求保持在一定限度内。我们的目标应当是保持物价的基本稳定，但物价基本稳定不等于零通胀，不等于物价冻结不动，而是要在一个合理的范围内变动。比如说，物价变动在正负3%以内，都不必惊慌失措。当然，具体界线可以研究。但可以明确的是，只要在一定限度内，正负都有好处，越过界线，坏处就要盖过好处，所以两方面都要警惕。不能认为只有物价上涨才好，不能只看到通货膨胀刺激经济的一面，而忽视其对经济的严重破坏作用。

我讲这个的意思就是，虽然我们目前主要是对付通货紧缩趋势，但在对付通货紧缩的同时不能不警惕通货膨胀，特别是要警惕通货膨胀无害论重新抬头。二十多年来多数情况下我们面对的是通胀压力，所以从中长期看，我还是担心通货膨胀。

刘国光

经济论著全集

第

15

卷

应适时向中性财政货币政策过渡*

——《中国市场经济报》记者专访

（2000年10月21日）

"十五"前期，为了保证经济持续较快地健康增长，仍有必要继续实施积极财政政策，比如，明年仍需继续增发国债，通过增加政府投资来促进社会需求。在消费方面要下大决心减轻农民负担，采取有效措施增加农民收入，使城镇职工收入也形成持续增长机制。同时，也要注意防范财政风险和警惕通货膨胀抬头；要做好准备，适时向中性的财政货币政策过渡。

何时停止实施扩张性的宏观调控政策？何时需要采取中性的或适度从紧的财政货币政策？这主要要看供求形势和物价形势。如果社会投资和居民消费需求呈现持续增长态势，同时富余生产能力大大削减，物价持续上升，就要考虑财政货币政策的转向，是否减少国债余额和降低赤字比例，适时调整利率水平，等等。比如，如果物价上涨率接近到名义利息率，就有必要考虑提高利率，以防止出现负的实际利率，避免其强化通胀的局面出现。

从目前情况看，现在仍有富余的生产能力，存差也还较大，债务余额占GDP比重尚未达到警戒线，消费品物价水平由负转正刚刚开始，多数消费品仍是供过于求。因此，近期对于通货膨胀的危险不要看得过重。但是，由于投资回升和国际原油价格上涨，国内相当一部分生产资料价格回升，这势必会对整个市场价

---

* 本文系《中国市场经济报》记者邓坦专访，发表于该报。

格产生影响，推动价格进一步攀升。由于投融资体制改革的滞缓，最近市场供求形势稍有好转，恢复已经压缩的多余生产能力，盲目扩大加工能力的趋向重又抬头，争投资、争项目的"热情"又重兴起。今年（2000年）粮食出现大幅度减产，今后几年粮食形势亦不容盲目乐观，不排除出现粮食供求关系发生逆转、粮价持续上涨，从而引发价格总水平突发式上涨的可能性。再有，要认清通货膨胀问题的形成，往往是一个渐进积累并由量变到质变的过程；要考虑连续几年实施扩张性宏观调控政策对刺激需求所产生的累积效应和滞后效应。此外，国家财政主要向商业银行增发大量国债，如果最终导致中央银行超常增发基础货币，会形成价格上涨的压力。如果较多的国债投资项目最终效益不好的话，也会造成财政状况的恶化，并最终导致价格上涨的压力。因此，必须坚持两点论，既要抑通缩，又要防通胀，在继续巩固经济回升势头的同时，要警惕物价继涨压力增加过快从而影响宏观经济的长期稳定增长。

当前要注意通货膨胀有益无害论的重新抬头。

一些倾向于采取通货膨胀政策刺激经济增长的同志，总认为物价继涨（通胀）才是好的，物价继落（通缩）总是不好的。其实，两者在一定限度内都各有利弊，过此限度则只能有害于经济运行。对于物价继涨的利弊，在我国有长期的争论，并已由实践作出了结论。而对于物价继落问题，我们的经验不多，近几年出现的通货紧缩趋势，被人们看作导致萎缩、加重失业的元凶，有的同志主张要用重药来治。物价继落确实有其不利于经济预期、影响景气的消极一面，但在技术进步、市场竞争的条件下，物价继落有利于促进创新、降低成本，有利于优胜劣汰、优化结构，有利于开拓市场，让广大消费者分享社会进步的成果。所以通缩并不必然与经济衰退相联系，这是有史为证的。

在我国，就业问题受制于人口增长、结构变动、体制转换、技术选择等多种因素的影响，它是一个长期性的发展中的问题，要在长期的发展中采取综合的政策手段来逐步解决。中国的就业问题不单纯是短期的周期性宏观调控问题。改变宏观调控目标，单纯用涨价的办法，是不可能解决中国的就业问题的。因此，不能把治理通胀和就业对立起来。

历史经验证明，物价继涨和物价继落，通货膨胀和通货紧缩，都不可避免，问题是要力求保持在一定限度内。刘国光认为，物价变动在正负3%以内，都不必惊慌失措。

目前虽然我们主要是对付通货紧缩趋势，但在对付通货紧缩的同时不能不警惕通货膨胀，特别是要警惕通货膨胀无害论重新抬头。毕竟二十多年来多数情况下我们面对的是通胀压力，所以从中长期看，通货膨胀的问题更令人担心。

谈谈"十五"计划

——《解放军报》记者专访
（2000年10月30日）

记者（韦伟）：刘老，您参加了"十五"计划建议的起草工作。首先想请您谈谈"十五"计划面临着什么样的条件和环境？

刘国光：我认为面临三个新的条件。第一，是生产力方面发生了很大变化。"十五"不是孤立的，它从"九五"走来。"九五"是我国改革开放20年来的一个重要的"五年计划"。这5年中我们实现了8%的增长速度，发展得比较平稳，使得我们的生产力上了一个很大的台阶。工农业产品短缺的现象基本结束，出现了买方市场，这是个很大的变化。

第二，是社会主义市场经济体制的初步建立，体制环境有了很大的变化。

第三，国际环境也发生了很大变化。国际经济联系比原来更加密切了。经过近20年，特别是"九五"，我国目前基本建立了全方位、多层次、宽领域的对外开放格局，目前更面临加入WTO，即更深地加入世界经济全球化浪潮的形势。

记者：如何理解"十五"计划的重要性？

刘国光："十五"计划面临的是一个重要的时期，即是我国经济和社会发展的重要时期，是进行经济结构战略性调整的重要时期，也是完善社会主义市场经济体制和扩大对外开放的重要时期。"十五"计划之所以重要，是因为它就是重要时期的重要计划。"十五"计划是我们跨入21世纪的第一个"五年计划"，是我们实现温饱和小康两个战略目标后，迈向第三个战略目标起步的第一个"五年计划"，也是我国社会主义市场经济初步建立以后的第一个"五年计划"。所以，国内外人士对我们制定"十五"计划都非常重视。

记者：既然是社会主义市场经济，搞"计划"是否还有存在的必要？

刘国光：这个问题要从两方面看。我国社会主义市场经济的建立，并不是否定政府的作用。市场在资源配置中起主导性作用，但是政府要对我国的经济生活进行宏观调控和指导，这其中有很多的手段，有计划手段，有财政手段，有金融手段。我们不是让市场经济放任自流，成为自由市场。没有政府的作用市场就会乱，所以定计划是必要的。

但是，在市场经济条件下的计划，跟过去在计划经济条件下的计划是不同的。区别在哪里？现在的计划，不是政府什么都要管，而是管大政策、大方向、大战略。在中央的"十五"计划建议里，你看不到大量的指标和数字，只有一个指标，就是我们打算在10年之内，即在2010年比2000年国内生产总值要翻一番。翻一番，我们算下来就是每年增长7.2%，就这么个指标。其他都是一些重要的方针、政策，重要的方向，重要的战略。将来还要根据中央的"十五"计划建议编制计划纲要，提交明年（2001年）人大审议。那时候就比较具体了，但是也将跟过去不同。过去一些计划纲要的指标很复杂，很多是指令性的，"十五"计划纲要将会是提纲挈领的，是指导性的、方向性的和预测性的，而不是指令性的。

因此我说，"十五"计划在实质上已经不是过去的"五年计划"。要说它的特点，让我概括起来说，就是战略性、宏观性、政策性的计划，而不是指令性的计划。

记者："十五"计划的主要思路是什么?

刘国光:主要思路有四个方面。第一,发展是主题;第二,是结构的战略性调整,这个叫主线;第三,两个动力,一个是改革开放,另一个是科技进步,或者叫科技创新和制度创新;第四,是编制计划的出发点和归宿是提高人民生活水平。

这次"十五"计划建议共有16个部分,或者说16个方面,这与过去不同。过去的"五年计划"是大题目套小题目,甲、乙、丙、丁,一、二、三、四……这次计划就是抓重点问题,抓重要的方针、政策。四个方面的思路,就在这16个部分中体现出来了。

一个总的序言,把这四个方面的思路都讲了,然后整篇都讲发展。从农业、工业、服务业、信息产业,依次往下讲,这讲的是四个产业。再往后讲基础设施建设、西部开发、城镇化等,到此讲的是结构调整,这些就是主线。然后,围绕发展和结构调整,讲两个动力,科技进步创新和人才培养,以及体制改革和对外开放。再往后,就是就业和改善人民生活,这是编制计划的出发点和归宿点。最后,是精神文明建设和民主法制建设,因为我们"十五"计划不仅是经济发展计划,也是社会发展计划。这个思路非常清晰。

记者:发展是硬道理,这已成了我们每个人的共识。"十五"计划为什么把它作为主题专门提出来?

刘国光:中国的一切问题,都靠发展来解决。从国内来讲,我们还存在很多的矛盾和问题,不靠发展解决不了。人民生活水平要不断提高,不发展更解决不了。我们现在人均国民收入800美元,别人是上万美元;我们的人均消费才400多美元。世界银行讲的贫困线,是每天1美元,我们的贫困线比这个还要低。我们同世界发达国家的差距太大了。要解决这个问题,必须要发展。这是第一。

第二，从世界形势看，现在科技迅猛发展、经济全球化的趋势，以及我国面临的国际经济竞争，特别是加入WTO以后的压力，世界经济一有风吹草动，就会直接影响到我们。有的国家，靠他们科技的强势、经济的强势压我们，我们要不发展，不赶上去的话，面临的压力就更大。另外，强权政治的威胁也很大，我们要不把经济力量、国防力量搞上去，根本不行。所以，发展是主题，必须要发展，必须要较快地发展，这个道理大家都知道，只不过中央在"十五"计划的建议中更集中地加以强调而已。

现在较快的发展也有条件。经过50年，特别是近20年和"九五"，我们的实力大大增强了，过去限制我国发展的"瓶颈"，如能源、交通、原材料等得到缓解。我们有很大的市场，人口这么多，当前需求不足只是暂时性的。

第三，我国资金的积累也是有潜力的，居民的储蓄率很高，在国民收入中占40%。

第四，体制在改革，而且余地还很大。结构还要改善。

第五，我们和国际上有差距，差距就是潜力。差距克服了，就有后发优势。

从政治上说，我们有党中央的坚强领导，有正确的路线，有"九五"中我们宏观调控和管理经济的经验。所以，有条件发展得快。

但现在我们提出的发展和过去也不完全一样，"持续快速健康发展"这是原来的提法，现在又提出"较快发展"。发展是硬道理，但发展不是片面地追求速度。发展要有市场销路，不是为了生产存货。发展要有效益、有质量，要有高档次。因此，更多地依靠科技进步，依靠体制改革，使得经济增长的质量要上去。

虽然我们的发展面临一些有利条件，但也在人口、就业、资源、环境等方面面临着压力和不利条件。我国有占世界20%的人口，但只有占世界7%的水资源、7%的耕地，还有环境污染的治

谈谈「十五」计划

理，等等。按"十五"计划每年增长7%~8%，虽然比过去20年的速度低，过去20年平均速度是9.7%，比"八五"时的速度低，那时平均12%，比刚刚过去的"九五"也低，"九五"是8%左右。但现在"十五"的7%~8%在世界上也是很高的，这是合适的，有利于我们把更多的精力用在调整结构和提高经济增长的质量上。

记者：作为军人，我们当然关心"十五"中国防建设的问题。

刘国光：我们大家都很关心国防建设问题。国防建设在"十五"计划建议中虽然没有列题，但在第十六部分后面有单独一段。党的建设也是单独一段。国防建设问题没有多说。不多说，并不是不重视。

加强国防建设，无论是从世界当前的形势还是从我国面临的实际情况来讲，都十分有必要。当今世界强权政治仍然很严重。我们发展快些，有的国家就叫嚷"中国威胁论"，这就是要阻止我们的发展。美国在搞NMD，跟日本联合搞TMD，还要拉我国台湾，这当然是针对我们的。我们对此不能视而不见。

从国内来讲，我们还有台湾的问题。从台湾目前的情况看，我们还是两手，即"和平统一"，但不放弃武力。我看台湾当局新领导人现在是在玩"太极拳"，实际上是搞"台独"。说实在话，现在台湾不敢"独立"，就是我们有一条，没有放弃武力，如果没有这个，它的尾巴会翘得更高。要想实现祖国统一，必须要加强国防。另外，国防建设这些年有很大的成就，但是总的讲，我们与世界一些国家的差距还是很大。就连日本的国防开支都比我们多得多。日本现在有的人不承认南京大屠杀。我就是南京人，对这个事情一直十分气愤。所以说，必须要加快国防建设，提高我们的实力。

迈入新世纪的行动纲领

——《文汇报》记者专访
（2000年11月1日）

记者（周锦尉）： 党的十五届五中全会通过了《中共中央关于制定国民经济和社会发展第十个五年计划的建议》（以下简称《建议》），提出了迈入21世纪的建设与改革的行动纲领，从经济学家的眼光看，您对《建议》的重要意义有什么评价？

刘国光： "十五"计划是我国进入21世纪的第一个五年计划，是开始实施现代化建设第三步战略部署的第一个五年计划，也是社会主义市场经济体制初步建立后的第一个五年计划。《建议》是对20年改革开放尤其是20世纪90年代以来发展基础的总结，确切概括和高度评价了这一历史性的重大变化，即生产力上了很大一个台阶，人民生活总体上达到小康水平，社会经济生活出现了商品市场供求关系、经济发展的体制环境和对外经济关系的三个重大变化。这是编制"十五"计划的很扎实的基础。

"十五"计划《建议》的主要思路可概括为四句话：（1）发展是主题；（2）调整是主线；（3）科技和改革是推动力；（4）提高人民生活水平是出发点和归宿。

记者： 对《建议》确定的主题，您认为应该如何进一步加以认识？

刘国光： 首先，确定发展的主题，是因为我们面临国际霸权主义的政治压力和发达国家处于高技术优势的压力，面临国内

129

现代化建设的艰巨任务，只有大大提高生产力，方能有处理各种社会矛盾的物质基础。对今后的发展应该看到有利条件，要有信心。我国的市场容量大，储蓄率高，利用外资达到世界第二位，物资、能源的"瓶颈"状况已有所缓解，科技水平尽管与发达国家有差距，但有潜力和后劲，经济体制改革也有潜力，还有工业化、城市化、西部大开发、市场化、国际化的推进都留给我们很大发展空间。当然不利条件则是就业、人口压力大，人均资源占有水平低，环境问题压力大，以及技术较落后、竞争力不够。另外，实施积极的财政政策一方面对扩大内需有很大好处，但也助长了某些计划性和"审批经济"的因素，以及国有经济的一些老毛病，包括挪用等腐败问题又有冒头。深一层的改革又遇到一些既得利益者的不满和抵制，形成制度的障碍。因此，我们在发展中处理各种矛盾、解决各种困难的任务十分艰巨。

说到发展，就有一个速度问题。"九五"与"八五"相比，我们总结了经验，发展速度减慢一点，但比较有质量和效益。因为我国已初步建成社会主义市场经济体制，《建议》也没有规定更多具体的指标，只提出一个到2010年预测性的"GDP翻一番"的指标。这样，"十五"期间发展的速度，也就是年均增长7.2%，这是一个实事求是的考虑。

记者：《建议》的主线是经济结构调整。从《建议》看，这个"结构调整"的面较广，一是产业结构，二是地区结构，三是城市结构，您是怎么认识这一主线的？

刘国光：阻碍我国经济发展的因素很多，其中结构不合理是主要障碍之一。结构调整除了三大结构，还有消费结构、收入结构、所有制结构的调整，不过所有这些都要围绕这三大结构进行调整。

我认为，产业结构中重要的是农业问题。这次《建议》的第一条就是农业。农业结构本身的升级、农民收入的提高、农业产业结构的调整以及为农业服务的产业结构的调整，都十分重要。现在需求不足，从消费上看，最重要的是农民收入增长减缓。所以要对农民实行轻徭薄赋政策，减轻农民负担，并要发展乡镇企业和小城镇，提高农业产业化水平，这些都十分重要。

记者：《建议》提出的信息化带动工业化的思路，是否是工业结构调整中的重要方针？

刘国光：工业结构调整有一个处理好工业化与信息化的关系问题。有些同志认为既然信息化提出了，说明工业化已解决了，这是片面的认识。我国与西方发达国家不一样。他们是工业化完成以后，在后工业化阶段出现了信息化，顺理成章，发展很快。我们只是初级阶段的工业化完成，正进入中级阶段的工业化，这时信息化也随之而来，因此，我们应将两者结合起来，以信息化带动工业化，提高传统产业的水平，推动现代化发展。也就是说，要用高新技术和适用技术改造传统产业，诸如纺织、轻工、冶金、石化、交通、能源等产业都有这方面的迫切任务。此外，还要有选择地大力发展以信息、生物工程、新材料为代表的高新技术产业。

记者：江总书记"三个代表"的论述，提出要代表"先进生产力发展要求"，我想，各行各业都有这种代表"先进生产力发展要求"的实践。

刘国光：您说得很对。这一问题同处理好劳动密集型产业与技术、知识、资本密集型产业的关系联系在一起。我们应处理好产业结构的布局和搭配，不能只顾发展后者，而忽视劳动密集型企业的发展。因为中国人口多，前者会提供更多的就业机会。

产业结构调整包括服务业的发展问题。服务业也可以称为第三产业，在我国，第三产业占经济比重的1/3多一点，发达国家则高达70%以上，世界平均达到50%。这包括银行、交通、商业、教育、城市各类服务、住宅服务、旅游等，都有很大的发展空间。

记者：《建议》提出的发展动力，强调了两个"创新"——体制创新和技术创新，这方面的任务也很艰巨和繁重，您是如何认识的？

刘国光：改革是市场化推进的过程。城市的市场经济体系建设，国有企业的现代企业制度构建，20世纪90年代已前进一步。在此过程中，小企业的放开搞活和转制相比之下走得较快，大企业的改造难度更大，需要努力一把。产业结构的调整很大程度上要依靠国企战略布局上的有进有退，包括产业重组、所有制重组，发展独资、合资、控股、股份制、集团等多种公有制实现形式，应积极大胆去做。再有企业管理和企业的技术改造问题，涉及技术创新和技术的升级换代，必须十分重视。

深化改革又离不开金融、投融资体制、福利保障制度的推进。其中，"审批经济"的弊病要重视并加以克服。我建议，那些非必要的、可有可无的审批手续要取消，使市场的"准入"更为方便、快捷。

记者：新时期以来，邓小平同志对"什么是社会主义"的问题已作了清晰解答，深入人心，发展社会主义就是要给人民带来看得到的实惠，人民生活水平的提高是社会主义建设的目的。《建议》概括的四个要点中最后一句就又强调了这一点。

刘国光：是的。新时期以来，城乡人民生活有了显著提高，每个人都可以感受到改革开放带来的利益。然而，目前，人民生活方面也有问题存在。一是就业问题，二是分配收入差距问题。说到就业问题，有一种意见认为，宏观调控的主要目标应是就业，目前物价比较低，所以有一定的通货膨胀不要紧，反而会活跃经济、增加就业。我认为，就业压力问题确实很大，我们要通过各种方式减少这种压力，包括开辟新的就业渠道，加强对下岗人员的培训，改变人们的就业观念，提高他们的就业能力等，来妥善解决就业问题。但那种试图以提高通胀率的方式去提高就业率，则是不合适的。中国就业问题的出现有许多原因，主要包括：人口总量多，结构性调整中传统行业人数下降，技术升级换代使一部分人被淘汰，旧体制的"隐性失业"显现化，经济发展的周期性原因，等等。《建议》第十三节专门就"积极扩大就业，完善社会保障制度"作了规定和建议，说得十分在理。我们应从产业结构调整、技术政策、劳动政策等多种途径去解决就业压力过大的问题。

至于城乡居民中收入分配的差距，人们也感受到了它的压力。这些年，消费基金在国民收入与分配中的比例还比较低，低于同等发展程度的国家。当然，我国有些人群的收入已经比较多了，主要是外企、私企和一些垄断行业的职工，最近教育部门的部分人员收入也提高了。由此形成了人群间收入的显著差距。对此，需要通过深化改革和采取综合手段来加以解决。尤其要制止非法收入。有些参与"审批经济"的人员，以权谋私，特别应加以制止。收入与分配公平，主要是机制问题。这方面还有很多工作要做，包括所得税、遗产税的缜密，赠予税的尽快出台，等等。

记者：《建议》在"改善城乡人民生活"一节中有一个新的提法："建立健全收入分配的激励机制和约束机制。对企业领导人和科技骨干实行年薪制和股权、期权试点。"对此您怎么认识？

刘国光：马克思主义理论认为，生产决定分配，分配对生产有反作用。您引用的这一条建议反映了对科技创新的鼓励。《建议》再次重申了党的十五大报告的提法，即"把按劳分配与按生产要素分配结合起来。鼓励资本、技术等生产要素参与分配"。因为，随着生产力发展，科学技术工作和经营管理作为劳动的重要形式，在社会生产中起着越来越重要的作用。这一提法深化了对劳动和劳动价值理论的认识，倡导和鼓励经营者和劳动者提高自己的科技水平、管理水平，从而获得合法又合理的收入。

记者：党的十五届五中全会再次提出推进"两个根本转变"，即经济体制和经济增长方式的根本性转变。我记得20世纪80年代中期您发表文章论述了这两个"模式"的转变，成为这方面理论见解的主要创始人之一。十几年的实践，使这一见解有了共识，并成为党和政府的一个方针，对此，您有什么新见解？

刘国光：我国经济体制和增长方式的两重转换，20世纪80年代中期理论界就已提出。"两重转换"概括和反映了改革开放以来我国经济发展中相互并行的两条主线。但这两个根本转变成为大家的共识和作为正式的发展方针，则是到制定"九五"计划时才确定下来的。争论了十多年的计划与市场问题，经过小平南方谈话，到党的十四大和十四届三中全会作出建立社会主义市场经济体制的决定，得到了最终明确的解决。这样，1995—1996年制定"九五"计划时提出"两个根本性转变"的方针就顺理成章了。

"九五"期间，我国经济生活中一个最突出的变化就是彻底摆脱了短缺经济的困扰，实现了从卖方市场向买方市场的过渡。这表明我国生产力有了显著提高，但是，从更根本上说，这应该看作经济体制转变的结果。在前十几年改革开放的基础上，"九五"期间继续推进了以深化国有企业改革为中心的各项改革，市场在资源配置中的基础作用明显增强。市场供求格局的变化和市场竞争作用的增强，迫使企业必须重视提高经济效益，注意推进经济增长方式的转变。各级政府也逐步认识到，为了增强国民经济的竞争力，必须大力调整结构，重视经济增长的质量，把科技创新和体制创新放在重要地位。

在体制转换和科技进步的推动下，着力于经济结构的调整和增长方式的转变。就速度而言，不论与同期发达国家还是与发展中国家相比，我国"九五"期间经济的表现也是突出的。更重要的是，经济增长质量有较明显的提高，经济结构逐步趋于合理，经济效益逐步改善，特别是"九五"后两年，工业企业实现利润大幅度增长，多数行业、地区出现了扭亏增盈的良好态势。这些都是实施"两个根本性转变"取得的初步成果。事实证明，"两个根本性转变"是一项行之有效的方针。

迈入新世纪的行动纲领

为新世纪经济发展开好局

——《中国经济快讯》记者专访
（2000年11月）

一、"十五"计划的思路非常清晰

记者（王红茹）： 刘老，您参加了"十五"计划建议的起草工作，首先，请您谈谈"十五"计划的重要性。

刘国光： "十五"计划是新世纪制定的第一个五年计划。当前，我们处在3个重要发展时期：一是经济和社会发展的重要时期；二是经济结构战略性调整的重要时期；三是完善社会主义市场经济和扩大对外开放的重要时期。我们在这个重要时期编制的计划之所以引起国内外的广泛重视，就在于"十五"计划是我们跨入新世纪的第一个"五年计划"，是我们实现温饱和小康两个战略目标后，迈向第三个战略目标起步的第一个"五年计划"，也是我国社会主义市场经济体制初步建立以后制定的第一个"五年计划"。

记者： "十五"计划的思路是什么？

刘国光： "十五"计划的思路非常清晰，可以概括为4句话：发展是主题；调整是主线；科技和改革是推动力；提高人民生活水平是出发点和归宿。

二、"发展"最突出的问题是结构不合理

记者：《建议》通篇贯穿着"发展"的主题。如何理解它的含义？

刘国光： "十五"的主题是发展。因为无论从国际和国内面临的情况来看，都需要我们有一个比较快的发展。国际方面我们面临国际霸权主义的政治压力和发达国家的高技术优势，以及经济的全球化和国际经济结构大调整；国内方面面临现代化建设的艰巨任务以及由此带来的各种社会矛盾，比如就业问题等。当然，发展还有很多问题要解决，最重要、最突出的问题是结构不合理。所以，我们把调整结构作为主线。要进一步发展，不调整结构不行。只要我们的结构层次提高了，就可以应对国际上的激烈竞争，可以解决发展问题。

记者： 结构调整也不是第一次提出，但对于今天却最为紧迫，最为关键。这次提出又有哪些不同？

刘国光： 结构调整包括产业结构、地区结构和城乡结构3个方面。首先，我国产业结构不合理、落后的一个很大的表现就是服务产业落后，服务业只占经济比重的30%，而发达国家服务业则高达70%，发展中国家也占40%~50%。整个服务行业包括金融、电信、旅游、教育等，都需要大力地发展；其次，地区结构从东到西也不平衡，调整对策就是西部大开发，而西部大开发最突出的就是基础设施的建设，要突出生态环境的保护，退耕还林，退耕还草。当然，还有一个适合西部资源产业结构特点的特色产业，也是结构问题；最后，城乡结构中城市化程度问题。我们现在的城市化程度也就30%多一点，城市化率大大低于发达国家，也低于一些发展中国家。现在我们强调大力发展小城镇，就是为了提高城市化程度，使大量的农村剩余劳动力向非农产业转

移，协调城乡关系。

三、结构调整具有宽广的含义

记者：《建议》把农业放在了第一位，这是一个一般性的口号？还是中国现实国情的需要？

刘国光：这是中国现实国情的需要。中央对农业发展一直都很重视。因为农业是我国的经济基础，农业发展得好，才能带动和促进其他产业的发展，这是一般的道理。

我国12亿人口中有9亿在农村，只有解决粮食结构品种单一的状况，才能适应市场的需求。当前，我们已告别短缺经济时代，买方市场初步形成，农产品同样面临供大于求的状况。一般认为国内市场需求不足要开辟国外市场，但从目前国内外农业发展现状分析，主要还应扩大国内市场需求。近几年经过中央积极财政政策、稳定货币政策以及其他改革措施的拉动，今年扩大内需情况比较好，但还不是很稳固，我们的非政府投资（社会投资）还没有形成一个自动增长的机制。还有消费需求不足，其关键就是要解决农民收入水平增长下降问题，而要解决农民收入问题就要解决农业结构问题、农业发展问题及农村劳动力转移问题，这些都很重要，所以，农业一天都不能轻视，尤其在今年（2000年）粮食减产的情况下，更不能掉以轻心。

记者：《建议》把工业放在第二位，服务业放在第三位，国民经济和社会信息化放在第四位。这样排序有什么特殊含义？

刘国光：我们这个文件没有用一、二、三、四产业来表述，实际上是按产业的次序、层次来排序的：第一是农业，第二是工业，第三是服务业，第四是国民经济和社会信息化。工业层次的提高涉及信息化与工业化之间的关系，涉及高新技术产业同传统产业的关系。这次中央明确提出要把推进国民经济和社会信息化放在优先位置发展，要用新技术和适用技术来改造我们的传统产业。传统产业是我们衣、食、住、行的来源，用新技术和适用技术来改造，发展的质量会更高、更好地满足社会需要。

记者：为什么要讲求"适用"呢？

刘国光：为解决更多人的就业问题，在发展经济的过程中需要劳动密集型产业和知识密集型产业结合起来。我们不能全都去搞自动化或新经济，也要根据我们的优势有选择地大力发展像轻纺、农业、原材料工业、石油化工、机械、装备工业等传统产业，当然它们都需要量大面广地结合新技术和适用技术进行改造，对那些尖端的高科技产业要有选择地加大速度发展。

四、以信息化带动工业化符合我国国情

记者：《建议》提出要以信息化带动工业化的思路，因此就有人认为既然信息化提出来了，说明工业化已经解决了。我们该如何理解两者之间的关系？

刘国光：首先应该指出那种认为"信息化提出来了，说明工业化已经解决了"的认识带有一定的片面性。我国与西方发达国家不一样。他们在工业化完成之后，在后工业化阶段出现了信息化，就顺理成章地推进下去。当前，我国的工业化还没有完成，还处在中级阶段，这时伴随信息化的到来，我们应将两者结合起来，以信息化带动工业化，来发挥我们的后发优势，以此实现跨越式发展。

记者：我注意到《建议》中谈到政府不直接干预企业的经营活动，减少对经济事务的行政性审批。从这个角度看，政府职能的定位对企业发展的影响是不是很大？

刘国光：我们建立市场经济，就是要减少政府对企业经营

活动的干预，政府只是在规划、方针、协调、服务上做些工作。《建议》中也讲到了政府要减少对经济事务的行政性审批，要进一步推行行政管理体制和机构改革，进一步转变政府职能，实行政企分开。政府要集中精力搞好宏观经济调控，创造良好的市场环境，在立法、服务、协调上走在前面。

五、要先治理环境再讲发展

记者：发展经济与保护环境，在中国现阶段似乎有一些矛盾，《建议》也提出要"加强生态建设，遏制生态恶化"，但在产业结构调整、西部开发方面可能会引起一些社会问题、环境问题。在当今中国现有经济条件下，如何处理好发展与环境的关系？

刘国光：我们在发展经济的过程中一定要做到先治理环境再发展经济，而不能像以前那样先发展经济再治理环境，这样下来治理的成本很高，同时也很难治理。因此，这就要求我们在发展时就要注意环境的保护和生态的治理，对那些已经污染了的、已经遭受破坏的生态环境要竭力想办法恢复。从短期效益分析，可能有一部分资源花在治污了，生产会受些影响，但从长远讲，对我们的发展有利。

记者：《建议》中提到"九五"战略目标已经实现。但在实际生活中仍然还有人需要扶贫。如何理解这种反差？

刘国光：首先应该看到我国经济的发展是不平衡的，在偏远落后的山区，贫困问题还没有解决，所以"十五"期间还要继续脱贫。世界银行讲的贫困线，是每天1美元，我们的贫困线比这个还要低。因此说，我们同世界发达国家的差距太大了。要解决这个问题，还是要发展，这是第一位的。

刘国光

经济论著全集

第
15
卷

六、"十五"计划中只有一个数字

记者：我们现在既然是在搞社会主义市场经济，那么"十五"计划依然离不开"计划"两个字。这次"计划"与以前相比有什么不同？

刘国光：在我们过去的计划甚至包括"九五"计划中，都有很多的指标。这次在中央的《建议》里，你看不到大量的指标和数字，通篇只有一个指标，就是我们在今后的10年内，即在2010年比2000年国内生产总值要翻一番，这个数字还是原来"九五"的时候就确定了的。明年（2001年）还要根据中央的"十五"计划编制计划纲要，提交人大审议，那时可能要细一些，但和过去的一些计划纲要还是不一样。过去的一些计划纲要指标很多，也很复杂，很多都是指令性的；而"十五"计划纲要将会是战略性、宏观性与指导性相结合的；另外，从总体上看，"十五"计划与以前比也有很大的不同，过去都是大题目套小题目。这次计划就只有16个重点问题，是一个既全面又重点突出的《建议》。

记者："十五"计划对我国未来经济发展会产生什么影响？

刘国光："十五"计划将要为我国新世纪经济发展开好局，同时又要为将来基本实现现代化奠定一个良好的基础。"十五"计划搞得好，我们的综合国力可以再迈上一个新台阶，人民生活可以得到改善，社会主义市场经济体制会更加成熟，也会为我们与世界经济接轨、为加入WTO创造更好的机遇和条件。

为新世纪经济发展开好局

新世纪的结构调整新在哪里

——《人民日报》记者专访

（2000年11月7日）

记者（马宏伟）：请问《建议》如此突出地强调经济结构调整问题有什么新背景呢？

刘国光：《建议》突出强调结构调整问题，有着国际和国内的深刻背景。从国际上看，世界经济发展呈现出新的态势：一是经济全球化进程加快，国家之间的经济联系日益紧密，竞争日趋激烈。不管哪一个国家，要想发展，就必须积极地参与和融入这一时代潮流。二是作为经济全球化重要原因和动力的科技进步和科技创新，正以前所未有的速度和规模发展，为世界各国经济的发展带来了重要的机遇和不容回避的挑战。三是科技进步和经济全球化带来了世界经济结构的大调整，结构调整已成为全球性的课题。发达国家大力发展信息化和高新技术产业，产业结构向高层次发展，经济已表现出持续强劲增长的势头；东南亚等发展中国家在金融危机后也开始重视经济结构的调整和升级问题，并取得初步成效。在这种形势下，我们不能不注意经济结构的调整和升级。

从国内的情况看，我国经济发展已进入一个新的阶段。这主要表现在三个方面：一是生产力发展水平和市场供求关系发生了重大变化，短缺经济基本结束，买方市场初步形成，经济发展由受资源和供给约束为主转向了受市场需求约束为主。同时，人民生活水平显著提高，一般性产品供过于求，而高加工度、高科技含量、高附加值的产品明显不足。二是经济发展的体制环境发生了重大变化，社会主义市场经济体制初步建立，经济运行的市场化程度显著提高，21世纪初的改革将从以破除旧体制为主转入全面进行体制创新的攻坚阶段。三是在对外经济联系方面，经过二十多年的改革开放，我国逐步形成了全方位、多层次、宽领域的对外开放格局，随着加入WTO的临近，开放型经济将得到更快发展。这使我们在积极利用国际市场和资源的同时，越来越直接地面对世界经济科技的发展和产业结构的调整，其压力也更大。

可见，世纪之交的国际和国内形势，决定了我们要发展就必须加快经济结构调整。这就是《建议》把结构调整作为主线的时代背景，可以说，"主线"是为了"主题"，是为了实现较快的、可持续的发展。

记者：结构调整是我国经济发展中的一个老话题了，与以前的结构调整相比，这次调整有哪些新特点？

刘国光：我国过去曾进行过多次经济结构调整，比较大的如20世纪60年代初"大跃进"后的调整，70年代后期"洋跃进"后的调整，80年代后期经济过热后的调整等。与过去的结构调整相比，这次调整具有以下特点。

第一，是战略性调整，而不是适应性调整。过去的结构调整是在短缺经济的背景下进行的，结构问题主要表现为各种短缺问题，因此，结构调整也主要是截长补短，把各种短线补上去，是一种被动的、消极的适应性调整。这次结构调整，是在商品比较丰富的条件下、在新技术革命的带动下、在与世界经济的互动中进行的积极的、主动的调整，是战略性调整。

第二，是纵向的提高，而不是平面的扩张。过去在短缺条件下进行的调整，供给不足是主要矛盾，因此，调整的主要任务是增加供给数量，是一种平面的扩张和较低水平的重复。这次调整强调以经济效益为中心，以提高经济整体素质和竞争能力、实现可持续发展为目标，因此，不仅不能再进行盲目重复建设，而且还要淘汰落后的生产能力，主要表现为经济素质的纵向提高。

第三，是全面的调整，而不是局部的调整。这次调整不是某个地区、某个部门的局部调整，而是包括产业结构、地区结构、城乡结构以及所有制结构在内的全面调整。

第四，是发展中的调整，而不是停下来调整。过去的结构调整，大多是在粗放型经济增长方式下由于片面追求增长速度和数量扩张，造成经济过热或比例严重失调时进行的，而经济过热和比例失调主要是由投资规模过大引起的，因此，需要把投资减下来，把速度减下来，是停下来调整。这次结构调整是要通过技术进步和体制创新，一方面淘汰落后的生产能力，另一方面形成新的经济增长点，从而为经济的进一步发展提供动力。所以，当前的结构调整是发展中的调整，前进中的调整，是为了更好和更快发展而进行的调整，这就要正确处理发展与调整的关系，坚持在发展中推进结构调整，以结构调整促进经济发展。

第五，是主要运用市场手段进行的调整，而不是靠行政指令进行的调整。过去的调整是在计划经济占主导的条件下进行的，主要依靠行政指令和政府行为进行调整；这次调整是在社会主义市场经济体制初步建立的条件下进行的，结构调整主要运用市场机制，以企业为主体。

记者：当前，在新的发展水平和新的体制环境下进行的经济结构调整，应当遵循哪些新的原则？

刘国光：结构调整问题实际上就是资源配置问题，其中既包括调整已有的资源配置——存量调整，也包括调整新的投资——增量调整。当前进行经济结构调整，重新配置资源主要应考虑以下一些原则。

第一，以市场为导向。随着买方市场的形成，供给结构的调整只有适应市场，才能达到提高经济效益和经济增长质量的目的。当前市场需求发生了很大变化，结构调整就是要适应市场需求的变化，使资源从供给过剩的领域转移到供给不足的领域，从低效的领域转移到高效的领域。适应市场需求变化的过程，也是培育新的经济增长点、创造新的需求的过程。

第二，以科技为支撑。在新技术革命条件下进行的经济结构调整，离不开科技这第一推动力。无论是有选择地发展适合国情的、我们具有优势的高新技术产业，还是用新技术改造传统产业，都离不开科技的支撑作用。这里，需要处理好两个关系：一是发展高新技术产业与改造传统产业的关系。有人片面强调发展高新技术产业，而忽视传统产业改造，认为传统产业是夕阳产业。实际上，只有夕阳产品，没有夕阳产业。传统产业与人民生活息息相关，只要能不断运用新技术，开发出适销对路的新产品，传统产业同样会获得蓬勃发展。二是信息化与工业化的关系。与发达国家在完成工业化后顺理成章地进入信息化阶段不同，当信息化扑面而来时，我国尚处于工业化的中期阶段，工业化的任务还未完成。但如果因此就不重视信息化问题，我们就会再次丧失机遇。相反，如果我们一方面抓紧实现工业化，另一方面有选择地大力发展以信息产业为代表的高新技术产业，以信息化带动工业化，就有可能充分发挥后发优势，实现跨越式发展。

第三，以企业为主体。经济发展、结构调整等宏观目标最终要靠微观主体来落实，因此，企业是否有活力对于结构调整目标的实现至关重要。所以，一方面要抓紧进行国有企业改革、改组和改造，建立规范的现代企业制度；另一方面要支持、鼓励和引导私营、个体企业尤其是科技型中小企业健康发展，为各类企业的发展创造平等竞争的环境。

第四，注意发挥我国的资源特别是劳动力资源优势。我国是人力资源最丰富的国家，同时，沉重的人口压力和就业问题也使我们的发展面临严峻的挑战。因此，应把结构调整与发挥我们的优势、解决就业问题结合起来，努力搞好劳动密集型产业、资本密集型产业、技术密集型产业和知识密集型产业的合理搭配，一方面把经济技术水平搞上去，另一方面创造更多的就业岗位。同时，应大力发展服务业，积极推进城镇化，努力增加就业机会，转移农村剩余劳动力。

记者：请展望一下21世纪初我国经济发展的前景。

刘国光：过去的二十多年我国经济实现了高速增长，今后我国经济仍将在较长的时间内保持较快的发展速度，但不一定会达到过去那样高的速度。这是由于，当前我国经济发展存在一些制约因素，如就业问题、人口老龄化问题、环境问题等都将占用一部分经济资源，从而会影响发展速度；更为重要的是，随着短缺经济的结束，我国经济发展的重点已从增加供给和数量扩张，转移到了提高经济增长的质量和效益、改善结构，从粗放型经济增长方式转移到了集约型经济增长方式。也就是说，我们需要有较快的发展速度，但并不片面追求速度。这就需要我们全面理解"发展是硬道理"的重要思想，把较快的发展速度建立在更高的质量、更好的效益、更合理的结构的基础上。我相信，有党的正确路线、方针、政策的指引，有二十多年改革开放奠定的经济和体制基础，有"九五"时期治理通货膨胀和通货紧缩趋势的经验，《建议》提出的"十五"期间的结构调整和经济发展目标一定能够实现，从而为实施现代化建设第三步战略部署开好头、起好步。

城市化和唐山市小城镇规划问题

——在唐山市干部会上作的专场报告
（2000年11月13日）

同志们，今天应唐山市领导的邀请，作为小城镇规划研究专题小组的顾问，能有机会到唐山市来学习，向大家讨教，感到非常的高兴，我今天没有一个总的什么题目，我想讲三个问题：一是关于"十五"计划建议的主要精神，这是根据我自己学习的体会；二是"十五"计划建议关于城镇规划战略的一些指导思想；三是就唐山市小城镇规划专家组的调研工作谈一点意见。

先讲第一个问题，"十五"计划的建议。最近召开的党的十五届五中全会审议通过了第十个五年计划的《建议》，这个《建议》是一个很重要的文件。"十五"计划面临的是一个很重要的时期，一个我们国家社会、经济发展的重要时期，一个经济结构战略调整的重要时期，也是一个完善社会主义市场经济体制和扩大对外开放的重要时期。"十五"计划之所以重要，就是因为它是一个重要时期的重要计划，"十五"计划是我们跨入新世纪（21世纪）的第一个五年计划，是我们在实现温饱和小康目标以后迈向第三个战略目标的起步时期的第一个五年计划，也是我国社会主义市场经济体制框架初步建立以后的第一个五年计划。所以"十五"计划编制如何、内容好坏，国内外人士非常关心、非常重视。

"十五"计划《建议》明确地指出，从21世纪开始，我国将进入全面建设小康社会、加快推进现代化建设的新的发展阶段。过去20年间我们国家奋发图强、艰苦奋斗，实现了现代化建设的前两步战略目标，经济和社会全面发展，人民生活在总体上已经达到了小康水平，当然各地方发展是不平衡的，少数地区还没有完全脱贫。《建议》指出这是一个伟大的里程碑。那么新的发展阶段同过去相比有哪些特点呢？主要特征表现在三个方面。第一是生产力发展水平和市场的供求关系发生了重大变化，就是说我们长期在计划经济时代的短缺状况已经基本结束，买方市场初步形成，经济发展由以资源和供给的约束转向市场需求的约束。过去是东西少，所以是供给约束我们的发展，现在是市场需求的约束。同时人民生活水平显著提高，一般性的产品，包括农产品，供过于求，但是高加工度、高科技含量、高附加值的产品还是明显不足，许多还要靠进口。第二是经济发展的体制环境发生了重大变化。社会主义市场经济体制初步建立，经济运行的市场化程度显著提高。21世纪初的改革，我们将要从以往的主要是破除旧体制为主的改革转入全面进行体制创新的这样一个攻坚的阶段，因此它涉及的问题将更深刻，难度更大。第三是在对外经济联系方面也发生了重大的变化。经过了二十多年的改革开放，我国在结束了封闭、半封闭的状况以后，逐步形成了全方位、多层次、宽领域的对外开放格局。随着加入WTO的临近，我们对外开放型经济将得到更大的发展。这使我们在积极利用国际市场和资源的同时，越来越面对着世界经济的全球化、科技革命的迅猛发展和国际产业结构大调整的更大冲击，压力也就更大。因此，世纪之交的国际和国内的形势决定了我们必须要加快发展，必须要加快经济结构的调整。《建议》开宗明义就讲了新阶段的这三个方面的重大变化，可以说讲得非常中肯。这样一个形势的分析对于制定"十五"计划的思路是很重要的，这在《建议》当中讲的也是很清晰的。

"十五"计划的思路,我体会,有四个方面:第一是发展是主题,是贯穿着整个"十五"计划《建议》的主题;第二是经济结构的战略性调整是"十五"计划的主线;第三是改革开放(制度上的动力)和科技进步(技术上的动力),或者叫作制度创新和技术创新,是经济结构战略性调整的两个动力;第四,"十五"计划的出发点和归宿是提高人民的物质文化生活水平。"十五"计划《建议》一共有16个部分,过去的计划像"七五"、"八五"、"九五",都是大题目套小题目,大一二三四套小一二三四,这次不是这样的写法,而是抓一些重点的问题,抓住一些重要的方针、政策,分若干个方面加以阐述,也就是通过这16个部分体现出来。首先是总的序言,然后整篇都是讲发展,从农业开始,第一章是农业,第二章是工业,接着讲服务业、信息产业(现在国外有的叫第四产业)、基础设施建设、西部开发、城镇化战略,还有生态环境和社会发展的问题,到这儿讲的都是结构调整,这些都是这次"十五"计划要解决的主线。然后围绕着发展、围绕着结构调整,就讲两个动力,讲科技进步和人才培养的问题,然后是体制改革和对外开放的问题。那么再往后就是人民生活了,这是我们的出发点和归宿,包括就业问题、社会保障问题以及人民生活的问题,最后还有两章讲的是精神文明建设和民主法制建设,因为我们的"十五"计划不仅仅是一个经济发展计划,而且是一个社会的全面发展计划。所以整体看来,思路是非常清晰的。

　　下面我主要讲两个问题,一个是发展的问题,另一个是结构调整问题,也只能是点一点,讲一下我的体会。关于发展的问题。发展是硬道理,这是小平同志早在1992年就提出来的,已经成为大家的共识了,那么"十五"计划为什么还要把它作为主题专门地提出来呢?从国内的情况来说,中国的一切问题都要靠发展来解决。我们还存在着许多的矛盾和困难需要解决,不发展解决不了；人们生活水平要不断提高，不发展更解决不了；我们要实现现代化建设第三步战略目标，到21世纪中叶实现现代化，也要靠发展。我们现在人均国民生产总值才800美元左右，现在世界上发达国家都是几万美元了；我们的人均消费才400多美元，世界上那些发达国家比我们高得多了。但是我们国家的发展很不平衡，沿海地区的情况要好一些。所以说我们国家同发达国家的差距太大，要解决这个问题必须要加快发展，这是第一。第二，从世界形势看，现在世界科技革命迅猛发展，经济全球化的趋势在加强，我们面临的国际竞争非常激烈，特别是加入WTO以后，要面临新的压力。加入WTO一方面有机遇，另一方面又有压力，特别是在一些资本密集、技术密集的高科技等领域面临着较大的压力。世界经济一有风吹草动，就会直接影响到我们国家的经济，有些国家靠他们的科技的强势、经济的强势压我们，我们要是不发展、不赶上去的话，面临的压力就会更大。另外，强权政治的压力也是很大的，我们要是不把经济力量、国防力量搞上去的话，根本不行，所以发展还是主题，必须要发展，而且要较快地发展，这个道理应该说大家也都知道。这次中央在"十五"计划的《建议》当中更加集中强调这一点，把它作为我们整个计划的主题。

我们现在要实现较快的发展，也有条件。经过新中国成立以来五十多年、特别是改革开放二十多年的发展，以及最近"九五"计划的完成，我们国家的经济实力大大地增强了，过去限制我们国家发展的一些"瓶颈"，如能源、交通、原材料等这样一些限制，得到了缓解；我们有很大的国内市场。十二三亿人口的市场，这是世界上无与伦比的，所有跨国公司看到我们的市场都是垂涎三尺的。当然目前我们的市场需求还没有发挥它的作用，市场需求不足还是一个暂时的现象。再就是我们国家的资金积累是有潜力的，居民储蓄率很高，在国民收入当中占40%左右；经济体制还在深化改革，经济结构还要进行战略性的调整，这些将进一步地提高我国微观层次（也就是企业层次）和宏观层次（也就是国民经济层次）的效益。再一点就是我们的科技水平虽然与国际先进水平相比还有很大的差距，但应该说差距就是潜力，我们克服了差距，就有后发优势，这也是我们增长的一个很大的空间。从政治上说，我们有党中央的坚强领导，有正确的路线，"九五"期间我们又积累了宏观调控的丰富经验，包括治理通货膨胀的经验，包括近两三年治理通货紧缩的经验，所有这些都是对经济发展的有利条件。同时我们也要看到，我国在人口、就业、资源、环境等方面还面临着一些限制、一些压力、一些不利的条件，比如说，我们有占世界20%以上的人口，但我们的淡水资源、耕地资源只占世界的7%；我们今年（2000年）已进入人口老龄化阶段，这是在我国经济实力还不充足的情况下就已经有大量的老龄人口的负担，外国则是在发展到一定阶段才有了这个问题。另外，环境污染的压力也在增大，这也耗费了我们相当大的资源，等等。综合考虑有利条件和制约因素，预计"十五"计划期间我们每年的增长率在7%~8%，"十五"计划《建议》只出现了一个数字，就是国民生产总值2010年比2000年翻一番，那么每年平均也就7.2%，这个数字我们在"九五"期间就已提出来了，现在没有变，这个速度虽然要比过去20年的平均速度（大概是9.7%）要低，但在世界上还是算比较高的速度。这个速度适合我国今后10年的实际情况，也有利于我们把更多的力量用在调整结构、提高经济增长的质量，用在实现两个根本性的转变上。现在我们的发展观也应该和过去不完全一样，一般文件里讲要持续、快速、健康发展，现在又有了一个新的提法，就是实现较快的发展速度，而不是提高速的发展。小平同志讲发展是硬道理，这个发展不是单纯地片面地追求数量、追求速度，我们生产的产品要满足市场，要有销路，不能够为积压存货而生产，生产出来

城市化和唐山市小城镇规划问题

的东西卖不出去，因此就要讲结构调整、要讲效益、要讲质量。这就是说，要更多地依靠科技进步，依靠体制创新，推进结构的调整，推进两个根本性转变，使得我们经济增长的质量能够不断地往上走。

上面是怎样理解"十五"计划里面的发展问题。下面我讲一讲结构的问题。结构的问题也是一个很大的问题，整个"十五"计划都是围绕着结构讲的，我主要讲一讲我们现在的结构调整的特点。我们过去多次讲过要进行结构调整，比较小的调整是经常有的，大的调整有20世纪60年代"大跃进"以后工、农轻重关系的大调整，70年代后期"洋跃进"以后的调整，80年代后期经济过热时的大调整。这次我们又提出来要进行结构调整，那么这次结构调整与过去相比有什么新的特点呢？有这么几点：第一，这次调整是战略性调整，而不是适应性的调整，过去的调整是一种适应性的调整，因为过去的调整是在短缺经济的背景下进行的，结构的主要问题表现为各种短缺的问题，粮食短缺、钢铁短缺、燃料、能源短缺等，结构调整也就是要经常补短，把各种短线补上去，是一种被动的、消极的、适应性的调整，现在进行的调整是在商品比较丰富的条件下，在新技术革命的带动下，在与世界经济的接轨和互动当中进行的一种积极的主动的调整，所以说是战略性的调整。第二，这次调整是纵向的提高，而不是平面的扩张，过去是在短缺条件下进行调整，供给不足是主要矛盾，调整的主要任务是增加供给的数量，是一种平面的扩张和较低水平的重复。这次调整强调以经济效益为中心，强调提高经济整体的素质，强调我们国际竞争的能力，强调实现可持续发展的目标，因此，我们不仅不能再进行盲目的投资、重复的建设，而且还要淘汰落后的、多余的、带来污染后果的生产能力，所以主要表现为我们经济素质的一个纵向的提高。第三，这次调整是一个全面的调整，而不是一个局部的调整。这次调整不是某一个地区、某一个部门、某一个产业内部的局部的调整，而是包括整个的产业结构、地区结构以及所有制结构等在内的全面的调整。这次在"十五"计划《建议》中产业结构有好几章，地区结构有一章（就讲西部大开发），城乡结构也有一章，所有制结构没有成章，还有一些其他的结构，如消费结构、收入结构等，也没有专章，而是出现在其他部分之中，比如，关于所有制结构就是在改革这部分加以阐述的。第四，这次调整是发展中的调整，而不是停下来进行调整，过去结构调整大多是在粗放型的增长方式下进行的调整，也就是说，由于当时片面追求增长速度，片面追求数量规模的扩张，造成经济过热，造成比例严重失调，然后进行调整；而经济过热、比例失调往往主要是由于投资规模过大引起的，因此就要压投资规模，把投资减下来，把速度减下来，就是说停下来调整。这次结构调整不是这样，这次调整是要通过技术进步和体制创新，一方面要淘汰、压缩落后的生产能力；另一方面还要形成新的经济增长点，我们还要发展新技术、高科技、信息化，为经济的进一步发展提供动力。所以当前的调整是发展中的调整，是前进中的调整，是为了更好和较快的发展而进行调整，所以《建议》中特别强调了要正确处理好发展与调整的关系，要坚持在发展中推进结构调整，以结构调整来促进经济发展。第五，这次调整是在经济体制从计划经济向市场经济过渡的条件下进行的调整，所以这次结构调整应该主要运用市场手段，而不是单靠行政指令来进行。当然我们实施积极的财政政策，靠政府的投资来带动社会的需求，这一过程中还免不了要运用行政的、计划的手段，但今后我们主要还是要运用市场手段进行调整。过去的调整是在计划经济占主导地位的条件下进行的，主要是依靠行政指令和政府行为来进行调整；这次调整是在社会主义市场经济体制初步建立的条件下进行的，所以主要运用市场机制，以企业为主体，政府进行必要的规划、政策的指导。关于结构调整，我就讲这么一点。

这是我讲的第一个问题，关于"十五"计划的《建议》，一个是发展的问题，一个是结构调整的问题，都是讲我个人学习的一些体会，也不一定对，大家可以讨论。

下面讲第二个问题，也是"十五"计划《建议》提出来的一个问题，就是关于城镇化战略和小城镇建设问题。积极稳妥地实施城镇化战略，是"十五"计划建议提出的战略性调整的一项重要任务。《建议》当中专门有一章（第七章）阐述这个问题，第七章题目叫作积极稳妥地推进城镇化，中央对这个问题是很重视的，在计划文件里面单独把城镇化突出出来这还是第一次，《建议》中是这么讲的，提高城镇化水平，转移农村人口，可以为经济发展提供广阔的市场和持久的动力，是优化城乡经济结构、促进国民经济良性循环和社会发展的重大措施。随着农业生产力水平的提高，随着工业化进程的加快，现在我国推进城镇化的条件已经成熟，要不失时机地实施城镇化战略。因为总体来说，我们城镇化的步伐要落后于工业化的步伐，在我国城镇化水平是比较低的，现在也就是30%多一点的人口在城镇，将近70%的人口在农村；而我们工业化的水平在GDP中的比重将近一半，达到百分之四十八九，而城镇化的水平是落后的，跟世界上的先进国家就不用比了，情况也不一样，人家城镇人口要占到百分之八九十（美国的农村人口只有5%），发展中国家的城镇人口也有百分之四五十。所以说，中央也说了，发展城镇化的条件已经成熟了。

那么，在中国城镇化要走一个什么样的道路呢？多年来，各方面的议论也很多，理论界存在着不同的看法，主要有两种观点：一种观点认为，我国现阶段的城镇化主要的目标是尽快地向城镇转移农业的富余劳动力和农村人口，因为我们现在土地少，而农村人口多，农民收入在农业内部搞不大容易搞上去，一方面，农业内部结构要调整，技术要提高，生产力要发展；另一方面，相当一部分农业人口要转移，转移到非农（产业）。而我国农村人口现在数量庞大，占2/3以上，如果靠现有的大中城市，显然难以大规模地、比较快地吸纳农村人口，而且光靠大中城市，会给大中城市带来巨大的压力，就业的压力，社会的压力，还会带来一些发展中国家盲目搞城市化造成的城市病，一方面是高楼大厦豪富的区域，另一方面是贫民窟，当然我们社会主义国家不会出现这样两极分化的现象，但是这种城市病还是要警惕的。这种观点认为，发展小城镇应该是我们国家现阶段推进城镇化的一个重点。另外一种观点认为，提高我国城镇、城市化水平，不仅要考虑转移农村人口的需要，而且还应当考虑扩大城市自身的经济规模（因为我们的城市规模现在还不够）、提高城市的经济效益、完善城市功能。所以，我国现阶段推进城市化，不应该把重点放在再增加城镇数量上，而应该把重点放在现有的大中城市，着力加强对现有城市的建设，使它们当中的大多数能够达到必要的经济规模，充分发挥城市的经济、社会功能。国际经验也表明，大城市的规模大，门类多，所以吸纳就业的路子也广，从经济起飞到人均5000美元这一阶段，农村剩余人口转移的主要方向还是大中城市。所以，这种意见的着重点还是放在大中城市，而且他们提出来就是要城市化，不要提城镇化。

　　上述两种观点看来是对立的，实际上也是可以结合起来的。就是说，推进我国的城镇化或者城市化过程，应该是一个建设小城镇同发展大中小城市相结合的过程。所以"十五"计划《建议》当中有这么一段话，就是我国不同地区的经济发展水平和市场发育程度差异很大，要从各地的实际情况出发推进城镇化，逐步形成合理的城镇体系；要注意发展城市间的经济联系，在着重发展小城镇的同时，积极发展中小城市，完善区域性中心城市功能，发挥大城市的辐射带动作用，提高各类城市的规划、建设和综合管理水平，走出一条符合我国国情、大中小城市和小城镇协调发展的城镇化道路。按照《建议》里讲的城镇化战略的精神，建设小城镇同发展大中小城市特别是大中城市并不是对立的，问题是要从实际出发，因地制宜地推进城镇化，并形成大中小城市和小城镇协调发展的这样一个合理的城镇体系。大中小城市和小城镇协调发展这样一条城镇化道路，是我国城镇化战略的一个长期的方针，但在近期，特别是"十五"期间，发展的重点是什么呢？发展重点看来依然是小城镇。因为《建议》里面在阐述建设合理的城镇体系的时候，就有着重发展小城镇的表述，并且强调指出，发展小城镇就是推进我国城镇化的一条重要途径。之所以要着重发展小城镇，并把它作为近期推进城镇化的重要途径，这个道理在1998年10月党的十五届三中全会关于农业和农村工作问题的决议当中，有过一段明确的阐述，这个决议指出，发展小城镇是带动农村经济和社会发展的一个大战略。小城镇大战略过去是由费孝通费老提出来，我们文件正式纳入这句话是在党的十五届三中全会的决定当中。发展小城镇的意义，当时决定中讲了这么几条：就是有利于乡镇企业相对集中，更大规模地转移农村剩余劳动力，避免向大中城市盲目流动，给大中城市造成压力；有利于提高农民的素质，改善生活质量；有利于扩大内需，推动国民经济更快地增长。今年夏天，中央和国务院发出了关于促进小城镇健康发展的通知，进一步明确了要把发展小城镇作为一个大战略来实施，这样就使我国的城镇化进入了一个新的发展阶段。所以我们体会，城镇化的道路，我们要提大中小城市以及小城镇要综合发展、合理布局，这是一个长期的方针；另外，我们近期的方针还是主要抓小城镇建设。这是我体会"十五"计划《建议》里面的一个精神。

那么当前发展小城镇的重点又是什么呢？发展小城镇的关键何在呢？关于这两个问题，这次的《建议》都有明确的回答。小城镇建设为什么要有重点？我们知道，1999年年底我国乡镇有

4.5万个，建制镇是19184个，将近2万个，如果每一个乡镇都以发展小城镇的名义来大铺建设摊子，后果不堪设想，会造成比前几年开发区热更严重、更大的浪费。所以小城镇建设必须要纳入各个地区城镇体系的规划，要明确小城镇建设的重点。"十五"计划《建议》中提出，要把发展的重点放到县城和部分基础条件好、发展潜力大的建制镇，使之尽快地完善功能、聚集人口，发挥农村地域性经济文化中心的作用。在全国将近2万个建制镇当中，县人民政府驻地（也就是县城）有2109个，此外还有县级市市区427个，一共2500个县城和县级市的城区，绝大多数人口规模还是比较小的，基础设施的建设又不完备，经济也不够繁荣，文化也不够活跃，还不能够真正起到农村区域性经济文化中心的作用。在一个县的行政区内，大多只有几十万人口，即使把这些人口都集中到一个城市里面，其规模也不能算大，功能也未必完备，因此在多数县，近期重点建设的小城镇应该说主要就是县城；只有在那些人口密度大、经济实力强的县，才有可能在县城之外再重点建设部分基础条件好、发展潜力大的建制镇。如果真正能按照《建议》的要求，着力建设好县城和县级市的城区和一部分基础条件好、发展潜力大的建制镇，使我国几千个已经有一定基础的小城镇，经过一段时间的努力，每一个都能再增加吸纳几万到十几万人口，那么就可以使上亿的农村人口比较快地进入城镇定居，使这些小城镇比较快地成为能够带动周围农村经济和社会发展的地域性的中心，同时也会创造出巨大的国内市场需求，推动国民经济的增长。总之，发展小城镇必须突出重点，避免一哄而起、遍地开花；必须按照《建议》的要求，使小城镇的建设真正做到合理布局、科学规划、规模适度、注重实效。

下面讲一讲小城镇建设的关键问题，发展小城镇的关键是什么？关于这个问题《建议》当中也有一段明确的话，发展小城镇的关键，在于繁荣小城镇的经济，一些形象工程当然是需要的，但重要的是要把经济搞起来，要把引导乡镇企业合理聚集、完善农村市场体系、发展农业产业化和社会化服务等同小城镇建设结合起来，这些都是我们目前发展小城镇必须着力要做的事情。所以小城镇要根据自身发展的特点形成自身的产业，不断地扩大经济活动的规模，这样才能形成产业发展、人口增加、市场扩大的良性循环，保持自身持续发展的活力。所以小城镇的发展必须以产业的发展为依托，小城镇规模的扩张必须以经济的繁荣为前提，这样才能达到吸纳农村人口、带动农村经济社会发展的目的。推进城镇化是优化城乡经济结构的重大措施。如前所说，新世纪我国经济结构的调整是在初步建立社会主义市场经济体制条件下进行的，所以主要是运用市场手段，而不是主要靠行政手段来进行。城镇化建设也是这样的，就是必须改变过去计划经济时代主要由政府包下来的城镇建设计划，必须通过深化改革，改善投资环境，主要靠在市场上吸引社会投资，包括本地的、外地的、境外的社会投资。这就是《建议》里面讲的要广辟融资渠道，鼓励企业和城乡居民投资，在政府引导下主要通过发挥市场机制的作用建设小城镇，为此必须改革包括基础设施和公用事业在内的一系列的管理体制，要形成符合社会主义市场经济要求的城镇建设体制。此外，《建议》还特别指出要改革小城镇的户籍制度，尽快形成符合小城镇经济社会特点的行政管理体制，等等。这些都是很重要的，都是使小城镇建设步入健康良性发展轨道所必须解决的问题。

上面这些是关于城镇化和小城镇建设的一些认识，也不一定正确，欢迎讨论指正。最后我想就唐山市小城镇发展规划调查研究的问题谈一些看法，中国社会科学院城市发展与环境研究中心接受唐山市政府的委托，与唐山市合作，做唐山市小城镇发展战略规划，经初步了解，形成了几点意见，供大家研究参考。

1. 唐山市的区位具有得天独厚的优势。地处环渤海和京津唐的战略要点，经济网络的重要接点，交通枢纽的地位，发展潜力很大，市域内的山水空间相对充裕，工业比较发达。改革开放二十多年来，唐山人民具有现代化建设的丰富经验，更拥有抗震和震后重建家园的英雄精神，培养和锻炼出一大批优秀的建设队伍和领导力量，城市和乡村的发展与建设很有基础，在历史、文化、技术、经济、环境等方面都具有比较多的优势。所以，唐山市的城镇化的进一步发展和建设充满了希望，前景是美好的。

2. 唐山市领导对贯彻党的十五届五中全会、"十五"计划《建议》当中有关城镇化的方针和中央、国务院促进小城镇健康发展若干意见的文件很重视。唐山市政府成立了唐山市小城镇发展战略规划领导小组，市里几位主要领导亲自抓这项工作，市政府向市域各县（市）发了通知，大家都十分重视这项工作。我认为唐山市委、市政府在建设现代化中心城市的同时，高度重视小城镇的发展和建设，努力促进唐山地区城乡协调发展，是一项很重要的举措，这进一步把唐山城市化和小城镇建设推上一个新的台阶。

3. 重视规划工作。城镇化的建设要合理布局，规模适度，注重实效，就必须搞好规划，现在唐山市自上而下在编制各种有关规划，包括唐山市域城镇体系规划、唐山市城市总体规划、各县（市）域城镇总体规划等，为唐山地区小城镇的健康有序发展提供依据。各类城镇建设规划要与经济发展、交通、土地、水利、生态建设、环境保护相衔接，但这要有一个过程。现在各类城镇都在各自作规划，作为一个地区性的小城镇发展规划，要突破一镇一镇地画地为牢的格局，要通盘考虑唐山市市域内交通网络、工业区、绿化带和其他基础设施，避免不必要的重复建设和浪费。

4. 小城镇发展的重点问题。唐山市工业化的程度比较高，城镇的数量也多，全市市域内有116个建制镇，150多个乡镇，密度比较大，城市、城镇之间的经济联系比较紧密，已经呈现城乡绵延带的发展态势。在这种形势下，也应当考虑推进城乡一体化，但关键在于进一步增强区域性中心城镇的经济实力，提高区域性中心城镇的集聚功能，千万不能搞分散发展，所以，唐山市域内的小城镇的发展要与区域内中心城市发展相结合。发展的重点应当是县城和建制镇，而建制镇的数量应当在适当合并、扩大规模的基础上减少数量，使少数基础条件较好、潜力较大的小城镇发展成为小城市，其中部分条件更好、潜力更大的可以发展成为中小城市。大多数小城镇应当发展和建设成为交通方便、设施配套、环境优美、对农村具有辐射和带动作用的小城镇。同时要注重保持小城镇的不同特色，有企业带动型的小城镇、有交通带动型的、有市场带动型的、有资源开发型的，因此要因地制宜，避免趋同。

5. 发展小城镇的关键在于繁荣小城镇的经济。在这一方面唐山市各级领导很注意城镇的产业发展，注意推进农业的产业化，注意培植龙头企业，注意产业结构的调整，注意经济社会的协调发展。目前，唐山地区乡镇企业的发展已初具规模，龙头经济也已有雏形，比如说丰南市建制镇黄各庄镇，基础设施建设比较好，小城镇和乡镇合并，统筹规划，建设成功，就是得益于两个龙头企业的带动，一是惠达，二是恒利。再比如，唐海县农场的龙头企业带动小城镇发展的经验、滦南县龙头企业和市场带动小城镇发展的经验等。总之，龙头企业和市场发展对小城镇的发展、带动作用很大，通过改善管理、合理布局、结构协调、规模适度扩张，提高城镇的质量，这些经验值得推广。现在对小城镇发展的考核侧重于空间形态，仅凭几座大楼、绿地、公园是不够的。既然要发展小城镇关键在于繁荣经济，带动农村发展，所以应当着重从经济发展方面进行考核。

6. 政策保障和制度保障问题，据我所知，唐山市小城镇户口已经全面开放，这为发展小城镇，吸引农村富余劳动力创造了条件，但是要具体落实，任务还很艰巨，还有很多障碍。在保障小城镇建设用地方面，应当加强小城镇的用地计划，规范土地出租，推行公开招标出让等制度。城镇建设所需资金，应当主要通过市场机制，多方动员社会资金和外资投入，政府只承担难以市场化的公共服务领域的公益性建设项目。

上面几条意见是昨天我到唐山之后的几点认识，还很不全面，不成系统，也不一定确切，还有许多难题需要进一步深入调查研究。我相信在唐山市委、市政府的领导下，唐山市小城镇建设一定会取得更大的发展。

城市化和唐山市小城镇规划问题

实施第三步战略起步阶段的可贵探索*

——评《面向新世纪的江苏经济发展新对策》
（2001年3月）

在21世纪来临的前夕，由江苏省发展计划委员会主任钱志新博士主持、江苏省宏观经济学会组织撰著的《面向新世纪的江苏经济发展新对策》（以下简称"《新对策》"）一书，作为江苏省重点软科学课题的最终成果，最近已由中国经济出版社出版。这是江苏省社会科学工作者经过合作攻关集体完成的一项很有地方特色的、高水平的研究成果。

经过二十多年的改革和发展，我国已经实现了现代化建设的前两步战略目标，人民生活在20世纪末总体上达到小康水平。21世纪初，我国经济将面临重大转折，步入开始实施第三步战略部署的新阶段。作为我国经济较发达的地区之一，江苏与全国的这一进程是一致的，而且还显现出一定的超前性。《新对策》按照邓小平理论和党中央的统一部署，从江苏的具体实际出发，明确提出了江苏21世纪初期的发展战略目标："富民强省"、"全面建设宽裕的小康社会"、"为率先基本实现现代化奠定坚实基础"；重点考虑了"十五"计划期间的五年，并提出了江苏到2015年的发展目标，即全省人均国内生产总值在2000年的基础上增长2.2倍左右，达到人均5000美元，苏南等有条件的地方率先跨入基本实现现代化的门槛。显然，这个预测是对江苏以往关于率

---

 * 原载《宏观经济观察》2001年第3期。

先基本实现现代化的发展目标进行了调整。作者这种实事求是的科学态度，应当加以肯定。值得注意的是，在研究江苏21世纪的发展目标时，该书还提出了结构能耗的经济社会相变理论（第50页），并主张提高城乡居民收入在国内生产总值中的比重（第45页）。应当说，这些观点颇有新意，都是作者从研究思路到研究方法上有所突破的新尝试！

《新对策》全面、系统地分析了21世纪初江苏经济发展的四大动力：市场化、城市化、国际化和信息化。作者十分强调思想解放的紧迫性，通过运用大量的数据和事实材料进行对比研究后指出，尽管江苏改革开放20年来，曾创造过辉煌的业绩，但面对发达国家经济和科技上的巨大优势，面对周边省市各显所长、竞相发展的逼人态势，江苏不应有丝毫的松劲懈怠。认为经济发展到今天不仅是"不进则退"，而且是"慢进则退"。字里行间透露出一股强烈的忧患意识和机遇意识。确实，江苏能有今天这样的经济实力和地位，很大程度上得益于过去较好地抓住了发展乡镇企业和开放型经济这两次大的机遇。面向21世纪，现在一些难得的历史性机遇扑面而来：经济全球化、新科技革命特别是信息化推动的世界范围的产业结构调整以及我国即将加入世界贸易组织等。显然这会带来严峻的挑战，但更为我们迎头赶上世界科技潮流、实现生产力跨越式发展提供了现实可能。而国内西部大开发战略的启动，包括所有制结构在内的经济结构调整，城市化进程的加快，都为各省地区经济的发展带来了重大机遇。机遇总是垂青思想解放、具有世界宽广眼光的人。从一定意义上讲，能否把作者在该书中反复阐发的忧患意识、机遇意识、创新意识、市场意识转化成广大干部和群众的精神财富，将决定着21世纪江苏经济发展的成败。

最后，《新对策》还从产业结构优化升级、实现区域共同发展、实施可持续发展、提高城乡居民收入和人才资源开发六个方面提出了相应的对策建议。应该说，所有这些对策都既有理论依据，又符合江苏的具体实际，对江苏各级政府编制本地区的"十五"规划纲要和中长期发展战略具有重要的指导意义。这种围绕事关江苏改革和发展的重大问题，组织领导干部、实际工作者和专家学者共同研究，提出对策建议的做法，是很具有创新意义的。对于推进领导决策的科学化、民主化具有积极的作用。

此外，《新对策》的撰稿人有10位之多，但全书各章节之间的形式、文风和质量并未出现参差不齐的现象。从而较好地避免了这类多作者编著的通病，实属难能可贵。这表明，该书的作者群体阵营整齐，对所承担分工的研究领域学有专长，确有深厚的科研积累。同时，还可看出主编的总体构思严密，整篇布局合理，加工协调能力非同一般。如果说该书还有什么不足之处，那就是对江苏经济在21世纪初可能发生的地区性经济运行风险及其规避的对策研究不够。但瑕不掩瑜，总体上看，这是一项高质量的软科学研究成果。

对当前经济形势的几点看法[*]

——在中国社会科学院经济形势分析与
预测春季讨论会上的讲话
（2001年4月）

一、关于实施积极财政政策的问题

2000年我国经济出现了重大转机，说明几年来的积极财政政策取得了明显成效，功不可没。

积极财政政策还要实行多久，是否在"十五"期间一直实行下去，是当前社会各界十分关注的一个问题。

2000年，社会投资虽然已经有所启动，但是还不太强劲，目前我们还有继续实施积极财政政策的余地，离警戒线还有距离；银行存差也还很大，谈不上对民间投资的"挤出"效应。因此，继续实施积极的财政政策不仅是必要的，而且是可能的。现在看来，积极财政政策再实行两年还是可以支持的，2001年及2002年可以继续实行。

国债投资在拉动社会投资增长中取得了成效。但如何充分发挥财政投资在拉动社会投资增长中"四两拨千斤"的作用，仍需探讨。过去三年的做法是要求地方筹措资金与中央财政投资配套；地方政府的配套资金有相当部分是以财政做担保的银行贷款。对于收益高的项目，这种方式没有问题。但有些项目收益很

* 原载《经济学动态》2001年第6期。

低或基本没有收益，将来还贷就会有问题，造成地方财政危机，或产生坏账，增加银行的金融风险。我看今后还要在方式上做些调整，发挥财政的引导作用，吸引民间投资或外资介入基础设施建设。

需要指出的是，积极财政政策的实质是"赤字政策"，其主要作用是用来弥补需求不足。在需求不足的情况下，国债投资的未完工程及西部大开发可以部分利用赤字财政来解决资金问题，否则，就应主要通过正常的投资渠道来解决。

就整个"十五"期间而言，我们不应期待一直实行积极的财政政策。依靠国内需求是一种长期政策，而赤字政策是一项短期政策，它不能长期使用。长期使用国债投资手段，一方面，会增强政府对经济的直接干预作用，效率也较差，而且容易产生腐败；另一方面，国债的承受能力总是有限度的。

既然赤字政策不能长期使用，为了配合启动经济，我们现在就应在使用国债投资手段的同时，将非国债手段逐步使用并强化起来，进一步启动非政府的社会投资、居民消费，使其形成停发国债后仍能扩张下去的势头，并最终形成消费与投资自主扩张的机制。

比如，对于民间投资与社会投资，要更新观念，进一步放宽准入标准，在税收与融资政策方面也要扩大支持力度，比如，可以考虑在加强监管下开放民营金融机构。在消费方面，如何扩大农民消费十分重要，要积极增加农民收入，要切实抓好农村结构调整，推广农业产业化经营，推广公司+农户的模式。在减轻农民负担方面，目前安徽正在进行的试点，要加快进行推广。又如，调整个人收入分配政策，随着经济发展要涨工资，这对促进消费效果很明显。1999年涨工资，对2000年消费推动很大。要形成一个机制，不能今年涨了，明年又不涨了。要把我国居民收入占GDP的比重提高到同等发展国家的水平。

积极财政政策持续多长时间，一要看财政承受能力，主要是国债余额赤字占GDP的比例；二要看经济增长的内在机制何时得到恢复，消费和投资自主扩张的机制何时得以形成。这是一个逐渐转变的过程。因此，扩张性的财政政策的转向，应是一个逐渐淡出的过程。转向以后，国债是否就不需要发行了呢？积极财政政策逐渐淡出后，国债照样可以发行，既可能是由于公开市场业务的需要，也可能是对某些公共投资的必要补充，货币政策和财政政策都离不了它。但那时国债的作用将发生变化，不再是以扩大需求为目的，力度也没有必要像现在这样大。

二、关于"双防"问题

2000年，我在秋季座谈会上提出"双防"的问题，就是说，在治理通货紧缩的同时，也要警惕通货膨胀，要讲两点论。我强调防止通货膨胀，并非指现在就出现了严重的通货膨胀，而是从中长期发展的角度，提高对出现通货膨胀的警惕。这里我想重申这一观点。因为我2000年讲过要防止通货膨胀以后，就有人以为"狼来了"。我不是这个意思。如果这样理解就把我们的工作重点转移了。

当前，生产资料价格已连续13个月正增长，居民消费价格指数上涨也由负转正，但涨势还很弱，零售商品价格涨幅还是负的，虽然幅度在缩小。在这个时候要把重点转到防止通货膨胀就错了。影响2000年价格总水平的因素主要有两个，一个是国际市场原油价格的上涨，另一个是政策性的服务价格上涨。而一些工农业产品供大于求的格局还没有过去。

但是，从中长期来看就不一定如此了。不确定因素还很多。比如农业，有反弹的可能。国际方面也有不确定性。不能不看到通货膨胀的暗流已开始涌动。不能再像前两年那样一股劲地反通货紧缩，不能不及时提高警惕。

对目前的物价形势，我的看法是，是在正常区间，虽然零售价格涨幅还为负，但总的来讲仍在正常区间。物价总水平的涨落只要在正常区间，都不必大惊小怪。我在2000年秋季座谈会上讲过，物价涨落在这个正常区间各有利弊，过此界限只能有害于经济运行。物价上涨的利弊众所周知。物价下落有其不利于经济预期、影响景气的一面。但在技术进步、市场竞争的条件下，物价下落有利于促进技术创新，降低成本；有利于优胜劣汰，优化结构；有利于开拓市场，让广大消费者分享社会进步的成果。这几年通货紧缩的经验已证明了这一点。所以，对物价变动我们要从两点论的观点去看。只要保持在一定区间内，比如，负百分之一二到正百分之二三，就都是合理的。当然具体界限还可以研究，在不同的历史时期、不同的环境下应该是不同的。

为什么说物价总水平的变动在一个正常区间是合理的呢？影响价格走势有两个因素。一个是货币因素，另一个是实体因素。技术进步是使价格下降恒久的实体因素。资源深度开发导致的报酬递减成本增加，是使价格上涨的实体因素；某些生产要素的价格刚性（例如，工资就只能涨不能落）是导致价格上涨的又一实体因素；等等。既然从实体因素看，既有造成物价上涨的因素，又有造成物价下降的因素，我们就不可能使物价总水平保持不变。这些都是从非货币因素来说的。至于货币因素，超量的货币供应或不足的货币供应均会引发物价总水平的上涨或下落，这主要取决于我们的宏观调控。调控得好，在这个范围是可取的，离开这个范围就不可取。我国的货币政策应回归其保证交易需求、保持物价和币值稳定的基本职能，为经济结构调整创造良好的外部环境，促进经济的稳定增长。

三、转机以后的经济走势问题

2000年，我们曾说我国经济出现了重大转机。那么，这样说的含义是什么呢？我理解，这主要是指我国连续7年经济增长率持续下滑的势头已经得到扭转这样一种情况。在这个意义上，我也把它称为拐点。那么，拐点是否就意味着一直拐下去？2000年，经济走势就已出现前高后低的情况，四季度GDP增长回落。虽然2001年一季度达到8.1%，但今后不确定因素还很多，尤其是受世界经济放慢的影响，2001年经济增长率回调的可能性很大。经济增长速度的这种波动是正常的。我们说经济增长出现拐点，并不意味增长速度一定会不断攀升。

从中长期来看，拐点以后的经济增长率恐怕既不是一个U字形，也不是一个V字形，而大体类似一个平台，保持在7%~8%的一个平台，有时或许比8%高一点。

"十五"规划纲要已明确宣布，把国民生产总值再翻一番作为下一个10年的增长目标，也就是年均增长7.2%，这就是一个新的平台。我认为，这是符合实际的。根据我国当前的实际情况，7%~8%就是未来一个时期的均衡增长率。

在现阶段，不论是长期指标还是2001年指标都要留有余地，不能再片面追求速度。经过二十多年的改革开放和经济发展，我国经济实力已得到极大增强，2000年GDP已达到8万多亿元人民币，经济每增长1个百分点，分量就要比过去大得多。按现价计算，年均增长7%，仅每年新增GDP就相当于改革开放初期每年的GDP总额。如果增长的每一个百分点都是实实在在、有效率的百分点，那我们的人民就能得到更多的实惠，这表明已经到了把提高经济增长质量作为中心的时候了。而当前，无论是在体制上还是在结构上，阻碍我们提高经济增长质量的因素还很多。在这个时候片面追求速度，只能导致盲目投资、重复建设。因此，我们一定要把重点放在结构调整上，放在技术进步、技术创新上，放在清除阻碍结构调整和技术创新的体制障碍上，使我们的效益得到提高，每个百分点的效率得到提高。我们的经济发展已经到了这样一个阶段。只有这样，才能在更长期内为我国经济的持续快速稳定增长奠定基础。

可能有人认为，7%~8%的速度解决不了就业问题。确实，我国目前的就业压力很重。但是，就业数量不仅取决于增长速度，还取决于产业结构和技术结构。近十年来，我国第三产业增加值每增长1个百分点，大约可增加就业100万人，而第二产业每增长1个百分点，仅增加就业30多万人。同时，第三产业占GDP的份额要比第二产业低得多。目前我国城市化滞后于工业化，在产业结构上，就表现为第三产业的滞后。如果我们能够通过推进城市化和城镇化，调整三次产业的结构，就有可能在增长率不变的情况下吸纳更多的就业人数。在第二产业，也可以把就业和发展劳动密集、智力密集型技术联系起来，创造更多的就业机会。

经济发展的中心是提高增长质量*

（2001年5月10日）

随着我国进入全面建设小康社会、加快推进社会主义现代化的新的发展阶段，我们必须坚持把提高经济增长质量作为经济发展的中心。

从必要性来看，新中国成立初期，我们采用高投入、高消耗的粗放型经济增长方式，换来了较高的增长速度，使我国的生产力水平有了很大提高。但随着生产力的发展，这种较高的增长速度背后存在的低效益、低质量的问题开始暴露，特别是当前，经济发展与资源、环境的矛盾日益突出，已经开始影响经济发展的可持续性。这就迫切要求我们从调整结构、优化资源配置入手，努力提高经济效益和增长质量。

从现实性来看，经过20多年的改革开放，我国经济实力已得到极大增强，2000年国内生产总值（GDP）已经达到8万多亿元人民币。按现价计算，如果年均增长7%，那么仅每年新增的GDP就相当于改革开放初期的年GDP总额。如果增长的每一个百分点都是实实在在的、有效益的，则人民就必定能得到更多的实惠。这表明，现在已经到了以提高经济增长质量为中心的阶段。

当前，不论是体制方面还是结构方面，阻碍我们提高经济增长质量的因素都还很多。所以，在这个时候制定经济指标就必须留有余地，不能再片面追求速度，否则就会导致盲目投资、重复

---

*　原载《人民日报》。

建设。我们应该把重点放在结构调整上，放在技术进步、技术创新上，放在清除阻碍结构调整和技术创新的体制障碍上，使我们的经济效益和增长质量得到提高。只有这样，才能为我国经济的持续快速健康增长奠定基础。"十五"计划纲要把国内生产总值再翻一番作为下一个十年的增长目标，也就是说要保持年均增长7.2%左右，就是一个符合实际的新的速度平台。

确立以提高经济增长质量为中心的发展战略，可以帮助我们理清解决现实问题的思路。拿就业问题来说，目前我国的就业压力很大，有人担心7%~8%的经济增长速度解决不了就业问题。但实际上，就业数量不仅取决于增长速度，还取决于产业结构和技术结构，取决于经济增长的质量。近十年来，我国第三产业每增长一个百分点，大约可增加就业100万人，而第二产业每增长一个百分点，仅增加就业30多万人。目前我国城市化滞后于工业化，在产业结构上就表现为第三产业的滞后。如果我们通过推进城镇化来调整三次产业的结构，就有可能在增长率不变的情况下吸纳更多的就业人口。在第二产业，也可以把就业和发展劳动密集型产业结合起来，创造更多的就业机会。

《中国经济运行与发展》总序*

（2001年8月）

回顾20世纪的最后10年，中国经济无论是体制还是增长方式，抑或结构方面都是最具深刻变化的10年。

在告别20世纪的时候，中国已胜利实现了现代化建设分三步走的前两步战略目标，使国民生活水平在总体上达到了小康。中国经济发展巨大成就的取得，无疑是在一个安定团结的政治局面前提下进行理论创新、体制创新和科技创新的结果。

20世纪的最后10年也是中国经济运行与发展变化最为复杂的10年，1992年明确地提出建立社会主义市场经济体制后，在强制性与诱致性结合的制度变迁导引下，中国经济开始了新一轮的启动，这一年GDP增长率高达14.1%。当意识到经济增长的持续升温，特别是刚起步还不规范的证券市场和过度投机的房地产市场引发的对资金需求的高度扩张和货币的超量发行，使高速的经济增长实际上存在着严重的泡沫成分，潜在的通货膨胀压力也全面释放出来的情况下，中国政府从1993年开始果断地对过热的经济实行加强和完善宏观调控，并获得1996—1997年初"软着陆"的成功。事后看来，1993—1996年的宏观调控是非常必要而且相当及时的，它的有效性得到了包括国际社会在内的充分肯定。然而，始料不及的是，自1997年下半年开始，宏观经济只经历了短暂的均衡之后，紧接着又在外部冲击和内部制约的条件下，陷入

---

* 原载《中国经济运行与发展》，广东经济出版社2001年版。

了持续几年的另一种类型的宏观总量非均衡——总需求小于总供给状态。由于中国经济一直都是以短缺为特征，对1997年开始显现出来的供大于需和通货紧缩现象，最初即使在经济理论界也并未引起多少人的关注，整个宏观调控政策取向的主调依然是"适度从紧"。直到1998年中期，对宏观经济中的"通货紧缩"趋势和"有效需求不足"问题才在理论界和决策层形成了普遍的判断和共识。为什么"软着陆"后的中国经济增长却仍在逐季放慢？中国"通货紧缩"的主要成因是什么？应该如何选择解决"通货紧缩"和"有效需求不足"问题的政策？所有这些问题均已引起了学术界广泛而深入的探讨，并且存在激烈的争论。

尽管世纪之交的中国经济在积极财政政策和其他一系列政策的作用下出现了重大的转机：

（1）国民经济稳步快速增长，通货紧缩的趋势得到有效遏制；

（2）社会投资需求和消费需求逐步回升；

（3）国有企业改革与发展取得明显进展，三年脱困目标基本实现，现代企业制度逐步建立；

（4）经济结构调整稳步推进，经济增长质量和效益不断提高；

（5）人民生活继续改善，科技教育和各项社会事业有了长足进展；

（6）体制改革和市场经济秩序建设的步伐显著加快。但是，必须承认的客观事实是，有效需求正常增长的机制尚未完全形成，经济回升的基础并不稳固，经济增长和经济发展仍将面临许多新的挑战，并继续受到一些深层次矛盾的制约。因此，步入21世纪的中国经济如何完成体制转轨？如何完善市场经济的微观基础？如何加强宏观调控和完善市场秩序？等等。这些无疑都是我们需要深入探讨的重大课题。

刘国光

经济论著全集

第
15
卷

"评说中国经济丛书"正是应理论与实践发展需要而编撰的一套全面总结中国经济改革与发展经验的丛书。它从多层面反映了国内一批著名经济学家对近年来中国经济改革与发展过程中出现的新热点、新理论、新政策深入思考和探索的成果。

　　中国经济改革与发展的前景是乐观的。但每一个发展阶段都有其亟待解决的甚至是棘手的社会经济问题。每一个经济学家，都在直接或间接地以自己特有的认识和方式回答时代发展所提出的问题。我们期待，丛书的出版能够进一步引发对中国经济改革与发展问题严肃和深入的探讨。

《中国经济运行与发展》总序

为祖国做出自己的贡献*

（2001年9月）

　　我小时经常到外祖父家中去。外祖父家紧靠着一所有名的大学，有几间余房租给大学师生。我耳濡目染，曾经萌发过将来要当教授、学者的志向。抗战时，家乡南京被日本鬼子占领，我辗转入川求学。高中时读过《资本论》，兴味盎然，我认为社会科学比理工科更重要，便在报考大学时选择了经济学专业。

　　1937年，日寇侵占了华北，北京大学、清华大学和天津南开大学被迫相继南迁至长沙，合并为临时大学。1938年又迁至昆明，定名为国立西南联合大学。1941年，我18岁考入西南联大，陈岱荪、赵迺搏是我的老师。我的毕业论文是《地租理论纵览》。大学毕业后，想继续深造，报考了清华大学研究生，导师是翻译凯恩斯《经济学通论》的徐毓彤教授。后因家庭经济困难只好到天津南开大学经济系当助教。1948年我回到了家乡南京，陈岱荪老师介绍我到"中央研究院"社会研究所任助理研究员，从此正式开始了科研工作生涯。

　　土改时，我写了《关于土地革命和生产力发展的关系》的经济学处女作。1951年，我作为新中国第一批留学生进入苏联莫斯科国立经济学院读研究生。出国前要经过考试，当时主考人就是陈岱荪、南汉宸老师。他们在口试时向我提问道：你过去在西南联大学习经济学，现在要到苏联去学习，这两次学习有什么不同

　　★　原载《百位经济学家伦国富》，福建人民出版社2001年版。

吗？我分析了在西南联大学的是西方经济学，到苏联学的是马克思经济学，两者之间有许多共同点和不同点。老师听了很满意。我接受了经济学上的两套教育：一套是在西南联大陈岱荪老师教的西方经济学，西南联大经济系的其他教授也都是研究西方经济学的学者；另一套是在苏联学的社会主义经济学，对这两套经济学的理论基础知识我都比较清楚。可以说，这对我以后经济理论研究方面的发展打下了良好的基础。

当时我想，社会主义国家经济建设中的重要问题是经济计划问题，而经济计划中的重要问题是国民经济综合平衡问题，当时我们国家这方面的专门人才很少。于是，我选定了国民经济计划专业，主攻综合平衡问题研究。在苏联学习4年，我绝大部分时间是在列宁图书馆度过的，阅读了大量经济学经典著作和专业书籍，也比较多地了解了苏联的经济计划理论和实践。1955年，我的论文《国民经济计划中的物资平衡》顺利通过答辩，获副博士学位。

回国后，我在中国科学院经济研究所工作，曾参加孙冶方主编的《社会主义经济论》一书的写作工作，参加了国家计委组织的十年计划总结工作。20世纪60年代初，我的研究涉及社会主义再生产、国民经济计划平衡和经济体制问题等领域，撰写了大量著作、论文、译著、调查报告、内部研究报告等计100多种，数百万字。"文化大革命"中，孙冶方的一套学术观点被批判，我作为孙冶方的助手也受到株连，正常的经济研究被迫中止，但是，我没有放弃积累经济学方面的知识和思考中国的经济问题。

我的主要经济理论产生在改革年代。东西方两种经济理论和两种经济实践的考虑与比较，使我确信中国唯有对传统计划经济进行市场取向的改革，并将过去粗放为主的发展模式转变为集约为主的发展模式才有出路。

1984年以后的几次银行挤兑、市场抢购风潮，是由于经济

"过热"而造成的。经济"过热"就要刹车。这种大起大落就对国民经济形成了严重损害,我国过去几次就经历了这样的经济周期。改革开放以后,上上下下都想把中国的经济尽快搞上去,结果,头脑过热,忽视了客观条件和规律性。20世纪80年代就出现了几次经济过热、物价上涨,有些人甚至提出了通货膨胀无害论。我不赞成这种观点。

这时,我们试图采取"软着陆"的政策,适度收紧银行贷款、缩小投资和平抑物价。1992—1993年,针对当时新一轮的经济热浪,中央英明地采纳了加强和改善宏观调控的措施,后来又对财政、税收、外汇、外贸等多方面进行改革,采取"适度从紧"的货币和财政政策。这样,逐步地对经济"过热"降温,由此造成的混乱状况得以好转。我认为,中央当时采取"适度从紧,灵活微调"的宏观调控方针现在看来仍然是正确的。至于目前经济、物价指数下滑,出现某些类似"通货紧缩"现象,则是近些年经济转轨、经济运行以及国际经济形势变化多种因素综合作用形成的,需要进行综合治理。适时适度地在宏观调控上采取某些松动措施,也是必要的。

我认为,诺贝尔经济学奖获得者的理论,还真有一些好东西。但是,中国人要得这个奖很难,除了政治上的偏见外,还有西方经济学那种数学化经济学的评奖传统,中国特色的经济学很难评得上奖,除非把中国的经济学西方化,与世界经济学"接轨"。对诺贝尔经济学奖不要迷信,近年有的诺贝尔经济学奖得主在国际金融大赌博中失手,证明他们的理论也不都对。当然,我们这个伟大的国家,在这个伟大的时代应该出最伟大的经济学家,在中国有许多大的世界级的经济问题暴露出来,如果我们花了几十年的时间还没有解决这些经济问题,那像个什么样子?如果中国的经济学家把中国的经济问题解决了,自然会得到世界的承认,至于得不得到诺贝尔经济学奖那又有什么关系呢?

曾经有人把我的某些理论观点捧得很高，我不敢当；也有人诅咒我应该为我的理论主张"吃子弹头"。但是，我就是我，不管什么人赞成还是反对，我都凭着自己一个学者的良知、立场和原则做事。学习孙冶方，从人民的立场出发，坚持真理！不唯上，不唯下，为祖国作出自己的贡献、为大多数人谋利益。

中国经济结构调整问题

——在俄罗斯科学院授予荣誉博士学位时 所作学术报告

（2001年9月20日）

一、结构调整的重要性

结构调整在21世纪初的中国经济发展中处于十分重要的地位。2001年3月，全国人民代表大会第九届四次会议通过的"十五"计划《纲要》，把经济结构的调整作为"十五"计划的"主线"。为什么现在如此突出地强调结构调整问题呢？

现在突出强调结构调整问题，有着国际和国内的深刻背景。从国际看，世界经济发展出现了新变化：一是经济全球化趋势加强，国家之间的经济联系从未如此紧密，竞争从未如此激烈。不管哪一个国家，要想发展，就必须参与、融入这一时代潮流。二是作为经济全球化重要原因的科技进步，正以前所未有的速度和规模快速发展，为世界各国的经济发展带来了重要的机遇和不容回避的挑战。三是科技进步和经济全球化带来了世界经济结构的大调整，结构调整已成为全球性的课题。发达国家大力发展信息化和高新技术产业，产业结构向高层次发展，走在前面的国家，其经济表现出了持续、强劲增长的态势；东南亚等发展中国家在金融危机后也认识到经济结构调整和升级的重要性。在这种情况下，我们不能不注意经济结构的调整和升级。

从国内的情况看，我国经济发展已进入了一个新的阶段。这主要表现在三个方面：一是生产力发展水平和市场供求关系发生了重大变化，短缺经济基本结束，买方市场初步形成，经济发展由以资源和供给约束为主转向了以市场需求约束为主；同时，随着人民生活水平提高，一般性产品供过于求，但高加工度、高技术含量、高附加值的产品明显不足。二是随着生产力发展水平的提高，经济增长方式发生了重大变化，过去以增加生产要素投入、着重追求数量增长为主的粗放型增长方式，逐渐转向更加重视提高投入效率和产出质量的集约型增长方式。三是经过二十多年的改革开放，对外经济联系发生了重大变化，全方位、多层次、宽领域的对外开放格局基本形成，随着即将加入WTO，我国经济将更加全面地参与全球化进程，这使我们在积极利用国际市场和资源的同时，越来越直接地面对世界经济科技发展和产业结构的调整，所受到的压力也将更大。因此，21世纪的国际和国内形势，决定了我们要发展，就必须加快经济结构的调整，这就是21世纪初中国把结构调整作为经济发展主线的时代背景。

中国经济结构调整问题

二、我国此次经济调整的特点

　　我国过去曾进行过多次经济结构调整。与过去的结构调整相比，这次调整具有一些新的特点。

　　首先，这次调整是战略性调整，而不是适应性调整。过去的结构调整是在短缺经济背景下进行的，结构问题主要表现为各种短缺问题。因此，结构调整也主要是截长补短，把各种短缺依其重要性逐一补上去，是一种被动的、消极的适应性调整。现在进行的结构调整，是在商品比较富裕的条件下，在新技术革命的带动下，在与世界经济的互动中进行的积极的、主动的调整，是战略性的调整。

其次，这次调整是在发展中调整，而不是停下来调整。过去结构调整大多是在粗放型的增长方式下，由于片面追求增长速度和数量扩张，造成经济过热或比例严重失调时进行的，而经济过热和比例失调主要是由投资规模过大引起的。因此，需要把投资减下来，把速度减下来，就是说停下来进行调整。这次结构调整是要通过技术进步和体制创新，为经济的进一步发展提供动力，是为了更好和更快发展而进行的调整。所以，要正确处理好发展与调整的关系，坚持在发展中推进结构调整，并以结构调整促进经济发展。

再次，这次调整是纵向的提高，而不是平面的扩张。过去在短缺条件下进行的调整，供给不足是主要矛盾，因此，调整的任务主要是增加供给的数量，是一种平面的扩张和低水平的重复，缺乏优胜劣汰的机制。这次调整强调以经济效益为中心，以提高产业层次、技术水平和竞争能力为目标。因此，不仅不能再搞低水平的盲目重复建设，而且还要淘汰落后生产能力，形成新的增长点，造就优胜劣汰机制，实现经济整体素质的纵向提高。

最后，这次调整所处的制度环境、所运用的手段和所遵循的规则也与过去不同。过去是在计划经济占主导地位，又没有国际贸易组织规则约束的环境下进行的，主要靠行政指令和政府行为来进行调整；而这次则是在社会主义市场经济体制初步建立，并将加入世界贸易组织的环境下进行的，结构调整必须主要运用市场手段，遵循世界公认的市场游戏规则。这也是与过去的一项重大不同。

三、我国经济结构调整的成效与问题

改革开放以来，我国经济结构不断得到调整和优化，国民经济比例关系出现了积极的变化。1980—2000年我国三次产业占国内生产总值的比重，由30：49：21转变为16：51：33。供给"瓶颈"制约大大缓解，技术装备水平显著进步，高新技术产业迅速发展，服务行业持续增长，城镇水平有所提高。但目前我国经济结构仍存在许多不合理的问题，成为阻碍我国经济进一步发展的重要因素。目前制约我国经济进一步发展的结构性矛盾，突出的有以下几点。

一是产业结构不协调，产出结构中第二产业比重偏高（1998年第二产业占49%，其中制造业37%，高于世界平均水平17个百分点），第三产业比重过低（1998年第三产业占33%，低于世界平均水平28个百分点）；就业结构中第一产业过高，近一半劳动力（48.67%）仍停留在农业领域。

二是各个产业内部的产品结构层次偏低，农业中优势农产品比重偏小；制造业中低水平产品加工能力过剩而高水平产品加工能力不足，不少关键产品和装备大量依靠进口；第三产业中科技、教育、金融、中介等现代服务业发展不够。

三是技术创新能力不强，研究与开发投入较少，技术进步缓慢。科技进步在中国经济增长中的贡献率还不到30%。

四是产业组织结构落后，存在着低水平过度重复分散和规模小的问题。大企业不强、小企业不专，专业化分工协作水平不高。一些年来引进竞争的同时，出现过度竞争与行政性垄断并存的现象。

五是地区布局不合理，主要是东、中、西部发展不协调，东南沿海地区与中部、西部发展差距持续扩大。1998年，我国东部、中部、西部人均GDP之比为100：55.4：42.6。同时，各地区发展自成体系，工业化结构雷同，地区封锁、市场分割严重。

六是城乡结构失调，城市化过程滞后。2000年城市化率为36.9%，落后于人均GDP相当的国家城市化率10个百分点，与我国工业化率相比低了12个百分点。

四、21世纪结构调整要解决的问题

以上列举的突出的结构性矛盾，是我国21世纪初要解决的问题。结构调整的主要目标，在产业结构上，要达到优化升级、增强国际竞争力；国民经济信息化水平显著提高、基础设施进一步完善；地区间发展差距趋势得到有效控制，城市化水平进一步提高。为了实现这些目标，必须注意解决以下几方面的问题。

第一，改善三次产业的结构状况。按照"十五"计划纲要，2005年第一、第二、第三产业增加值在国内生产总值中的比重，由2000年的16∶51∶33调整到13∶51∶36。加强第一产业、提高第二产业、发展第三产业，是21世纪初经济结构调整的重点。农业方面要以优化品种、提高质量、增加效益为中心，积极调整种植业结构，发展养殖业，推进农业产业化经营，加强农村服务体系建设，推动农村富余劳动力向第二、第三产业转移。工业方面要积极运用高新技术和先进适用技术加快改造和提高包括轻纺、石化、钢铁等传统工业，发展和提高装备制造业，压缩和淘汰落后生产能力，加快工业企业的改组改造。把发展服务业特别是发展信息服务、金融保险、咨询中介等现代服务业放在结构调整的重要位置，力争把第三产业的比重由2000年的33%提高到2005年的36%，这也是应对经济全球化、提高竞争力的重要措施。

第二，推进国民经济和社会的信息化网络化进程，把结构调整与信息化结合起来。一方面，有重点地发展以信息技术为核心的电子信息、生物工程、新材料、新能源以及航天航空、海洋、环保等高新技术产业，使高新技术产业在国民生产总值中所占比重不断提高；另一方面，信息等高新技术产业的发展为整个产业结构调整提供必要的技术支持，使传统产业通过广泛运用信息技术，提升技术水平，推动产业结构的优化升级。我们必须以信息化带动工业化，发挥后发优势，实现社会生产力的跨越式发展。

第三，调整生产力布局，促进地区经济协调发展。针对我国东部沿海地区与中西部地区经济发展差距逐步扩大的状况，我国提出了实施西部大开发战略，加快中西部地区发展，同时继续发挥东部沿海地区在体制创新、科技创新、对外开放和经济发展中的带头作用。当前要集中力量，重点抓好几件关系西部地区发展全局性的工作，包括进一步加快交通、通信、水利等基础设施建设，加强生态环境保护建设，着力发展有市场前景的特色经济和优势产业。目前，我国东西部差距扩大的趋势仍在继续，解决这个问题，实现各地区共同富裕的目标，还需要一个较长时期的过程。21世纪初只能从缓解差距的扩大趋势做起。力争用5~10年时间使中西部地区基础设施和生态保护建设有突破性进展，科技教育有较大发展。

第四，提高城市化水平，优化城乡结构。城市化进程的滞后，不利于解决农村剩余劳动力的转移吸纳，不利于第三产业的发展，不利于扩大内需，已成为现阶段我国许多结构性矛盾的关节点。21世纪初要加快城市化建设，争取向人均GDP相当的国家城市化率水平前进。有重点地发展小城镇，积极发展中小城市，完善区域性中心城市的功能，发挥大城市的辐射带动作用。从我国国情出发，发展小城镇将是推进我国城镇化的重要途径。繁荣小城镇经济，特别是通过乡镇企业的管理集聚，带动第二、第三产业的发展，完善城乡市场体系建设，就能逐步形成合理的城乡人口布局和经济结构。为此，要逐步消除城镇化的体制和政策障碍，改革城镇户籍制度，取消农村劳动力进入城镇的不合理限制，妥善解决城镇建设用地问题。

第五，充分发挥我国劳动力资源优势。众所周知，中国人力资源极为丰富。同时，人口压力和就业问题也使我们的发展面临严峻的挑战。因此，要把结构调整与发挥我们的优势、解决就业问题结合起来，努力搞好劳动密集型产业、资本密集型产业、技术密集型产业和知识密集型产业的合理搭配。一方面把国民经济各部门的技术水平搞上去，提高技术进步对我国经济增长的贡献率；另一方面大力发展服务业、民营中小企业，积极推进城镇化，以提高吸纳就业的能力。"十五"计划已明确要求今后五年在城乡各创造4000万新增就业岗位，共计8000万个岗位。我们要积极采取相当措施，完成此项艰巨任务。

五、结构调整需配套进行

经济结构的战略性调整不是一个局部的、孤立的举措，而是贯彻我国经济发展全局的重大任务，需要方方面面的配合。要以技术创新和体制创新作为经济结构调整和经济发展的强大动力，大力实施科教兴国战略，加快科技进步和人才培养。要坚持国有经济有进有退的战略重组，把结构调整与所有制调整结合起来，在增强国有经济在关系国家安全和经济命脉领域的控制力的同时，发展多种形式的集体经济、个体经济与混合经济。要适应进入WTO并参与全球化进程后与国际规则接轨的要求，进一步扩大对外开放和对内开放。要正确处理政府、企业和市场在结构调整与经济发展中的关系，以企业为主体，以市场为基础，妥善发挥政府的指导、协调和服务职能。政府要加快制定和完善有关法律、法规，为结构调整提供法律保障；制定和完善有关政策，为体制创新营造良好的政策环境；搞好宏观调控并制定必要的规划，保证经济结构调整能够有序进行。凡是应该由市场和企业去做的而且他们能做的事情，政府都不要越俎代庖，让企业和市场去做。政府只做那些不应由市场和企业去做的事。这样我们才能在社会主义市场经济的轨道上，搞好结构调整，保证我国经济能够在新世纪持续较快和健康地发展，保证我国建设小康社会和基本实现社会主义现代化事业获得成功。

俄罗斯《权力》杂志记者访谈*

（2001年9月25日）

记者：教授先生，您在20世纪50年代初期，曾在毕尔曼教授指导下研究苏联经济。可不可以这样说，正是由于他的影响，您才成为市场经济信念的信奉者？

刘国光：我非常尊敬毕尔曼教授，但我成为市场经济的信奉者并不仅仅由于他的影响。事实上，还在中华人民共和国成立前，我曾在中国的西南联合大学学习过经济学。在那里我就认识了美国自由市场经济。后来我去苏联学习，因此对计划经济和市场经济的优点和缺点都很了解。可是我最终还是赞成市场经济。

记者：中国在20世纪70年代末期开始进行市场化的改革。您是接近邓小平思想的人物之一。中国的改革政策是怎样形成的，怎样克服反对者的批判？

刘国光：邓小平对市场经济有深刻的理解。早在1979年，在

---

* 作为中国社会科学院特邀顾问，应俄罗斯科学院的邀请于2001年9月17—27日正式访问了俄罗斯。9月18日在莫斯科召开的俄罗斯科学院主席团会议上，俄科学院院长奥西波夫亲自授予刘国光荣誉博士学位称号，俄科学院副院长西蒙尼亚在会上发言时，对刘国光自改革开放以来为中国的经济改革和建设、为发展和加强中俄两国人民和两个科学院之间合作和友谊作出的贡献，给予了极高的评价。刘国光在答谢时表示，俄罗斯科学院授予他荣誉博士学位，这不仅仅是他个人的荣誉，他把此看成是俄罗斯科学院对中国社会科学院全体科研人员的尊重。

9月20日，俄罗斯《权力》杂志记者安德烈·依万诺夫对刘国光进行了专访，专访稿2001年9月25日发表于该刊。

接见美国"不列颠百科全书"副总编辑的时候，他就说，"市场经济只限于资本主义社会，这肯定是不正确的。社会主义为什么不可以搞市场经济？"那时邓小平的这几句话在中国没有公布。中国经济学者就长期争论中国是否需要市场。开始的时候，我们曾承认有商品生产和商品交换，但拒绝承认商品经济。1992年邓小平到中国南方视察，发表了精辟见解，说市场经济不等于资本主义，社会主义也有市场；计划经济不等于社会主义，资本主义也有计划。中共十四大决议，才把建立社会主义市场经济作为改革目标。

记者：中国改革途中的一个重要问题是设立了经济特区并吸收巨额外资的东南沿海地区与国有成分占主要地位的西部地区的差别。是什么阻碍了将经济特区的试验扩展到中国？是保守派的抵制呢，还是不可能吸收足够的外资？

刘国光：中国有广阔的领土，不可能在全国同时进行同样的改革。最初选择了东南沿海地区。它们早先就比西部地区处于有利的地位。按照邓小平的想法，东部地区成功地发展以后，就要转向发展西部地区。20世纪末中国主席江泽民说，现在我们已经有了条件开发西部地区。

记者：开发西部地区要用哪些资金呢？

刘国光：将利用国家资金，但是还不够，正如东部地区一样，准备吸引外资和国内私人投资。西部开发已经列入第十个五年计划的任务。

记者：中国将走向何处？它会在全国建成"自由经济区"吗？国有成分将怎样变化？

刘国光：在中国领土上建立的将不是"自由经济区"，而是社会主义市场经济体制。至于国有成分，国家还要保留一些重要企业，但多数企业将实行国家参与或者不参与的股份化改造，特别是实行竞争领域的企业。但是即使国有企业也将建立现代企业管理制度。

记者：不久前中国主席江泽民号召吸收"私营企业家"加入中国共产党。这对中国共产党在整体上将产生什么影响？

刘国光：中国现代社会变动很大。在私有成分工作的不仅有企业家，而且有科技人员，有创新者。如果他们守法，又承认党章，接受党的纲领、党的奋斗目标，可以吸收他们入党。但需要考察，他们是怎样富起来的，是不是经过诚实的道路。这将是一个长期的过程。就是在过去，中国共产党吸收党员也不仅限于工人、农民和知识分子，也吸收社会其他阶层的代表人物。

记者：中国与俄罗斯关系的前景如何？

刘国光：中俄之间的政治关系现在是高水平的，但经济关系不适应。目前俄中贸易限于轻工、纺织、原料、武器。我们应当在高科技领域、新技术领域、机械制造领域开展合作。我们要发展多种贸易形式，开展大企业之间的合作。

中国宏观经济形势*

——在中国经济形势分析与预测2001年秋季座谈会等处的讲话

（2001年10月）

一、内需为主与外贸依存度问题

中国经济1997年实现了"软着陆"之后，由于受到东亚金融危机等因素的影响，出现了通货紧缩趋势。1998年开始，中国政府连续四年实施了扩大内需的宏观调控政策，取得了显著的成绩。2000年，中国经济开始出现转机，当年GDP增长率恢复到8.0%，扭转了多年来经济增长持续下滑的趋势。2001年，受世界经济增长总体显著放慢的不利影响，中国经济回升的势头再次受到了抑制，全年增长速度低于2000年的水平。

由于国际经济及国际贸易增长迅速减缓，2001年，中国外贸进出口增长速度将比2000年大幅度降低，降幅将达20个百分点以上。在外需增长受到严重制约的情况下，2001年，中国继续实施的"扩大内需"为主的政策将对拉动全年经济增长起着关键的作用，内需增长在相当程度上弥补了外需的不足。2001年，中国投资增长迅速，特别是由于继续实施积极的财政政策，国有投资

---

* 本文最初是作者在中国经济形势分析与预测2001年秋季座谈会上的讲话，原载《经济蓝皮书·2002年中国经济形势分析与预测》，后经历次讲演、报告修正、补充，于2002年5月在澳门举办的迈进21世纪东亚经济合作论坛会的报告中做了最后的修改。

增长强劲，固定资产投资增长率大大超过2000年；消费增长将与2000年基本持平，这是一个在2000年较高基数上来之不易的较快增长。2001年能够取得这样的成绩是相当可观的，尤其在美国、欧盟、日本等世界主要经济体增速普遍下降且下降幅度超过预期的外部环境中，更显得"一枝独秀"。这是国内外一致的评价。可是，2001年内需的超额增长并没能完全抵消外需增长的猛降，从而使全年的增速仅达7.3%。

从目前看来，今后一段时期国际经济环境仍存在着较大的不确定性，美国遭受恐怖袭击事件加深景气低迷，发达国家内部面临的结构性调整还需时日。在外需不太稳定的情况下，2002年宏观调控的着眼点还必须更多地放在扩大内需上。从长期看，由于中国有12亿多人口，是一个发展中的大国，坚持以内需为主无疑是正确的选择。

坚持以内需为主，意味着一国的需求结构偏重于内需，并要有一个适当的外贸依存度。在人口众多、以内需为主的大国，外贸依存度一般不会过高。经济发达的大国，如美国外贸依存度为20.7%，日本为20.1%（2000年，根据联合国LINK网站资料计算）。这一年，中国外贸依存度为44%左右，高于美国、日本等许多经济大国一倍多。不过考虑到汇率等因素，中国的贸易依存度有被高估的可能；再考虑到中国加工贸易的较大规模，该数值似乎也还可能有合理的成分。但中国人口12.6亿，大大超过美（2.73亿）、日（1.27亿）诸国，其依赖国内市场的份额理应更大。为适应中国这样一个人口特多、国内市场潜力特大的大国特点，实现以内需为主的长期方针，减缓国际经济波动给中国经济带来的影响，有必要慎重考虑适当调整中国需求结构中的国内需求与国外需求的比重。中国要融入经济全球化的潮流，加入WTO以后，中国的对外贸易会有很大的发展，必须坚持对外贸发展的政策支持；但不可一味追求过高的外贸依存度。从中长期看，今后为了稳住不致升高太快、太多或者适当降低中国的外贸依存度，宏观政策的着眼点应在于更积极地扩大内需、促进国内的消费与投资。

二、积极的财政政策淡出时间要推迟

1998年以来，中国政府连续几年实施了积极的财政政策，取得了显著的成效。据测算，积极的财政政策对1998年、1999年、2000年、2001年四年经济增长的贡献基本上都在1.5%~2.0%。利用国债资金进行重点建设，不仅有力地拉动了经济增长，抑制了通货紧缩趋势，而且加快了经济结构调整，增强了经济发展后劲。同时，积极财政政策在扩大消费、促进出口和支持改革等方面，也发挥了重要作用。

不过，积极的财政政策也存在各种各样的消极方面，长期使用国债投资手段，一方面，会增强政府对经济的直接干预作用，与改革的目标相抵触；政府投资一般效率也比较差，随着时间的推移，国债逐步投向低收益或无收益的项目，出现国债投资效用递减的现象；而且政府工程容易产生腐败。另一方面，国债承受能力总是有限的。但是，中国实施积极的财政政策是否存在对民间投资产生"挤出效应"？我在2001年春季形势讨论会上说过，银行存差大，谈不上对民间投资的"挤出效应"。最近，财政部部长项怀诚也说，这种"挤出效应"的观点在中国还没有证据支持。基本原因除了银行存贷差规模一直很大，财政投资在资金上不会挤出民间投资外，财政投资的投向大多数为公路、供水、机场等基础设施，属于公共支出领域，在项目方面也不会挤出民间投资。一般来说，在供大于求的总格局下，有大量闲置生产能力、生产要素可供利用，而民间投资又不能有效吸收、消化这些闲置的经济资源时，政府支出规模包括投资规模的扩大，不但不会导致"挤出效应",不会产生由于供求失衡而诱发的通货膨胀,而且还将对闲置资源的利用、促进和带动民间投资的增长、引导社会资金的流量与流向等,产生积极作用。特别是在中国目前有效需求不足和结构失调同时并存的情况下,扩大政府投资所进行的社会基础设施建设、技术改造和对高新技术产业的支持等,还会为全社会投资环境和经济结构的改善,为产业、技术升级和国民经济后劲的提高与增强创造良好的条件。

目前情况下,中国积极的财政政策的消极作用主要反映在其他方面,而不在"挤出效应"上。当然,随着实施积极财政政策效果的显现、民间投资的扩大,以及闲置资源的消失、"瓶颈"的出现,这种"挤出效应"也会逐渐显露出来,而此时积极财政政策的退出问题也会提到议事日程上来。

积极的财政政策何时淡出?判断是否需要以及是否能够继续实施积极的财政政策,主要看三条:一是看国际经济形势何时能够好转,外需增长势头能否恢复。目前对世界经济走势众说纷纭。比较一致的看法是,世界经济正缓慢恢复增长,但不确定因素颇多。由于我国受世界经济波动影响的滞后期大约有半年,2002年,全年外部的经济环境还是严峻的。我们宁可把困难估计得严重一点,把影响时间预想得长一点,把应对预案准备得充分一点。二是看社会投资何时能够上去,这几年集体与个人投资增长速度低于国有及其他类型投资增长速度,政府投资还没能把民间投资带动起来,社会投资还没有形成自我成长机制。三是看财政指标离警戒线的距离。我国财政赤字占GDP的比重,2001年已达2.7%,接近欧盟规定3%的警戒标准;国债余额占GDP的比重为16.7%,低于欧盟规定的60%的警戒线。但是,把国有商业银行的不良贷款、社会保障资金缺口、欠发工资、粮食企业转账亏损、其他公共部门债务等隐性债务考虑进去,我国实际的债务负担在50%~60%。所以,目前我国的债务规模不能算小,但随着GDP的增长，债务的比重将会下降。目前中国的债务水平总体上还是可以支持的。

在这样的情况下，我国扩张性财政政策的淡出时间要推迟，至少2002年还要继续实施。中央已决定2002年继续发行1500亿元国债，与2001年持平，力度并没有加大。在国债使用方向上有所调整，加大企业设备和技术改造的使用比例，加大国债分配给地方使用的部分，加大对西部的投资。2002年，国债资金的重点安排，一是确保在建国债项目建设收尾，如长江中下游干堤加固、农村电网改造等；二是安排好上年已开工的西部建设项目，如青藏铁路、西气东输、西电东送等；三是适当开工建设列入规划内的重大项目，如南水北调等；四是加快现有企业的技术改造，重点支持能够扩大出口和替代重要商品设备进口的制造企业的技术改造。

诚然，我国能维持7%~8%的增长速度也不算低了，问题在于这个速度在我国现时还难以解决就业问题。劳动与社会保障部最近对62个重点城市劳动力供需状况调查表明，2001年第四季度供职岗位只占求职人数的75%。在中国，就业问题应主要靠结构调整来解决，要靠大力发展民间中小企业、服务行业和劳动密集型产业来解决。而结构调整又不可能在很短的时间内一下子完成。因此，现阶段增长速度还很重要。从这个角度来说，如果全球经济继续放慢的话，积极的财政政策不仅不能淡出，在力度上还应有所加强。

当然，实质上是扩张性财政政策的"积极的财政政策"，一般只能是一项短期宏观调控政策，在我国具体情况下，它已演变为中期性的了，但这项政策毕竟不能长期持续下去。为准备积极的财政政策的淡出，除了以政府投资带动和引导民间投资与消费外，要大力发展自主型的民间投资，促进居民最终消费，形成内需自我成长的机制，以弱化中国经济增长对政府投资的依赖。这也是今后扩大内需政策实施的着力点。

三、在坚持稳健的货币政策框架内适度松动货币信贷供应

这几年实行积极的财政政策的同时，实施了稳健的货币政策。稳健的货币政策在配合财政政策方面发挥了积极的作用。在增加货币供应量方面，央行从1998年开始就采取了一系列措施，取消了对商业银行的货款限额控制，两次下调法定存款准备金率，连续8次下调存贷款利率等。1998—2001年，全部金融机构各项贷款分别增长15.5%、12.5%、13.9%和11.8%，稳健的货币政策有力地支持了积极的财政政策，促进了经济发展。

目前情况表明，货币政策的补充作用有待加强。近年来货币供应量增长速度降低，是值得注意的一个问题。2001年市场现金流通量M_0增长7.1%，增幅比2000年4月高峰时回落14.1个百分点，比2000年年末回落1.8个百分点。2002年3月末，市场现金流通量增幅比上年同期又有所回落。2001年狭义货币M_1增长12.7%，增幅比上年6月高峰时回落11个百分点，比上年年末回落3.3个百分点。2002年3月末狭义货币M_1余额同比增长10.1%，又比上年增幅减低。对货币供应量有明显影响的金融机构贷款余额受需求减少和信用渠道变化的制约，2001年仅增长11.6%，增幅比上年低1.8个百分点。2002年2月末，贷款余额增长进一步降为10.6%。货币供应量增速偏低，特别是贷款增幅下降，对当年经济走势无疑会有相当不利的影响。如果再考虑到货币流通速度下降的因素，加快货币供应量的增长便显得十分必要。

正是因为存在着货币供应量偏紧的问题，央行在宣布2002年继续实行稳健的货币政策时，强调继续保持货币信贷总量的适度增长，进一步加大对经济发展的支持。2002年货币信贷的预期目

标是：M_2增长13%左右，M_1增长13%左右，M_0现金投放在1500亿元以内，全部金融机构贷款预期增加1.3万亿元，基本上维持上年水平。如果考虑到现金总额和贷款余额规模在不断扩大，基数不断加大，2002年现金投放和贷款的增长率，实际是下降的。国债投资也有这个问题。国债2002年发行1500亿元，规模与上年相当，实际力度下降。如果国际经济形势不能迅速改观，以现在财政政策、货币政策的力度，可能不足以维持经济增长。因此，看来2002年货币信贷的目标有点偏紧。考虑到目前通胀率仍处于偏低的状态，货币供应量的目标似应适度放宽，或者在执行中适当放松。

当前积极扩大货币信贷总量，既有可能也有必要。目前银行资金比较充裕，利率水平比较低，市场物价相对稳定，这些都有利于通过增加货币信贷总量来支持经济发展。从客观需要来说，有不少地区、行业、企业对银行信贷的要求仍很大。要适度放宽对贷款的限制，进一步加大对企业技术改造、中小企业及农户的金融支持力度；调动信贷工作人员营销贷款的积极性，处理好防范风险与银行赢利的关系，防止信贷过度萎缩情况的出现。

需要注意的是，金融机构贷款增速减慢，主要集中在国有独资商业银行。股份制商业银行的贷款增速和信贷市场份额都在上升。这与国有独资商业银行信贷管理方式落后、贷款营销观念不强、信贷激励机制不健全等有很大关系。国有独资商业银行的改革深化和民间金融机构的发展，是解决问题的唯一出路。

适度松动货币信贷的供给，在继续坚持稳健货币政策的框架内可以做到。货币当局在坚持稳健的货币政策时，应向宽松方面使劲，解除货币供应量偏紧的情况，以防止经济增势继续下滑，促进经济增长。目前我国的货币供应总量，也不宜过于放松。一是我国银行的不良资产、坏账近几年增长速度虽有下降，但目前四大国有商业银行不良贷款占25.37%。在信用过分集中于银行、企业负债率还较高的情况下，过分扩张货币供应，盲目增加贷款，势必增加新的坏账，加大金融风险的压力。二是尽管目前通胀压力不大，但随着货币信贷投放的加大，易引起物价上涨，故要密切关注物价运行状况，及时采取措施，防止出现严重的通货膨胀。

加强货币政策的作用，也涉及积极的财政政策能否淡出的问题。如果不及早为货币政策作用的正常发挥创造必要的条件，当积极的财政政策的空间越来越小时，有可能货币政策仍然发挥不了作用，陷入日本式的财政货币政策困境。为此，需要积极稳妥地推进金融体制改革，完善货币政策的传导机制，为货币政策发挥作用创造条件。

四、也谈"供给方面"的政策

前几年实施的政策，是以扩张性财政为主的需求方面的政策。我国经济学界最近有人士提出，还应当采取供给方面的政策，主张今后更多地从供给方面着眼，实施一些可能的政策，把需求方面的政策与供给方面的政策结合起来。这个意见是值得注意的。

所谓供给方面的政策，主要包括运用税收杠杆降低税负、企业改制、强化竞争、大力扶持鼓励中小企业等刺激供给积极性的政策，旨在提高和发挥企业的活力。

应当说，降低税负也是扩张性财政政策所包含的内容。这几年我国财政政策中似乎存在支出与收入政策不太协调、政策效应被削弱的问题。政府一方面扩张国债投资与支出，另一方面又不断加大税收增幅。1994年全国税收收入加总不过5070.79亿元，经过5年，1999年增加到1万亿元；又经过两年，2001年跃增到1.5万亿元。近年来，税收增长大大超过GDP的增长速度，如2001年我国税收增长19.8%，大大超过GDP7.3%的增长速度。2001年税收增长速度19.8%中，大概9%与当年经济增长、效益提高有关。再就是政策性因素，也包括一次性因素，如费改税，约占2001年增长的30%。余下来是加强征管性因素。应该说，这几年基本上没有增辟税种（恢复征收利息所得税及开征股票交易印花税是例外），没有增加税率，税收的增长基本上是经济发展、税源扩大和打击走私、加强征管的结果，有其正常合理的一面。税收比GDP适度超前增长（不是过度）也是适当提高我国财政税收收入占GDP比重所必需（目前我国税收占GDP比重仅占15%，发达国家一般在30%左右，发展中国家也在20%~30%）的，因此，普遍的大面积的减税措施目前没有必要也不现实。但是，为了更好地调动企业投资的积极性，降低企业的生产经营成本，提高居民消费倾向，适当减免税收的空间也是相当大的。考虑到普遍税可能遇到的困难，可以实施结构性的减税。如对中小企业实行一定的税收减免，进一步减免农民税费负担，探索增值税由生产型向消费型转变，调节内资外资企业所得税，形成公平合理的税收环境，提高个人所得税的起征点，等等。近几年来税收增幅很大，财政有能力抽出一部分用来支持税制改革。当前调整财政支出结构，压缩财政支出，有很大潜力加强税收征管，控制减免，增加收入仍大有空间。考虑到现在正是需要采用税收作为刺激景气、扩大内需的手段，此时宜积极启用此一手段。有人建议，降低国税造成的财政收入缺口，可由增加发行国债来弥补，即对积极财政政策适当转型，国债资金运作，由目前的直接投资逐步转变为以国债来支持减税和税制改革，从而刺激投资和消费的增长。这也不是不可以考虑的。应该看到，减税措施导致的投资消费增长的效应，等同于国债支出的扩张效应，但更直接启动社会民间需求，为国债支出所不能及。减税措施促进经济增长，最终带来税源的扩大，对国债本息的偿还也是一个保证。

至于国有企业改制与中小企业的政策支持问题，其对经济的持续稳定发展的重要意义是不言而喻的。根据发达市场经济国家的经验，经济不太景气时期往往是企业重组的频发时期，我们亦应抓住时机推进战略性重组和建立现代企业制度的步伐。有着与市场经济相适应的经营机制和富有创新精神的民营中小企业，是中国经济发展中极具活力的因素。民营中小型企业发展的政策支持在我国一些地区已经取得显著的成效，应进一步推广，此外，还应增大政策支持的力度，取消对中小企业的歧视性规定，切实改善中小企业的融资环境，加强对中小企业的服务。

《中国金融创新与发展研究》序*

（2001年12月）

　　何德旭同志的专著《中国金融创新与发展研究》已经完成（该书已由经济科学出版社出版），他盛意邀请我写一篇序言。出于对一位青年学者潜心学术研究的关心和支持，我欣然应允。当然还有一个更为重要的原因，那就是他的这本书中涉及的一些问题，也正是我关心和感兴趣的问题。所以，我也想借此机会，就这样一些问题谈点个人的观点和想法。

　　随着我国经济体制改革的不断深入和对外开放的日益扩大，作为现代市场经济核心的金融，已经成为人们关注的热点和重点。其中，金融创新当然是一个值得研究的重大课题。

　　可以说，运用金融创新的理论，分析中国金融创新的实践，是该书的一大特色。从这一点来说，该书对我国新世纪的金融发展更具有现实指导意义。

　　最近一个时期经济理论界的一个热点问题，就是加入WTO后给我国经济方方面面带来的影响。就发育程度而言，我国的金融业还很幼稚，因此，加入WTO对金融业而言，可谓生死攸关。在该书中，作者认为，加入WTO之后，我国传统的银行业和保险业将受到较大的冲击和面临十分严峻的挑战，唯有加快金融创新和发展的步伐，才能经受这一充满巨大危险的考验。基于此，作者针对我国银行业和保险业当前存在的突出问题，提出了

* 原载《经济学动态》2001年第12期。

抵御各种风险的对策建议。在我看来，作者的态度是客观的、务实的，提出的对策建议也是符合实际、可行的。在加入WTO问题上，目前有两种态度或观点值得警惕：一种是盲目的乐观，另一种是一味的悲观。其实，加入WTO带给我们的既有机会，也有挑战。只要我们正视这一现实，不断发展、壮大我们自己，我们就能够从加入WTO中获得发展的契机，而将加入WTO所带来的负面影响控制在最小的范围内。所以，我主张我们对待加入WTO要采取一种谨慎、积极、乐观的态度，把工作的重点放在增强我们自身的实力和竞争能力上。

自从东南亚金融危机爆发以来，金融风险的防范与化解成了我国金融理论界、金融实际工作部门关注的重大问题，党中央、国务院对此也给予了高度的重视。防范金融风险，维护金融安全事关经济安全和社会安定，意义重大且深远，我们不能掉以轻心。正是基于此，该书作者对我国大金融机构（国有商业银行）和中小金融机构的风险防范问题分别作了分析，并提出了相应的对策。

根据债转股最新的进展情况，作者在对债转股本身的特征进行客观分析的基础上，着重阐述了债转股之后的局势和任务，也就是在债转股"转"的工作完成之后，如何进一步做好资产处置、资本回收、资本退出等工作，如何最大限度地保全国有资产，减少国有资产的损失。毫无疑问，这是债转股经过一年多的摸索、试验之后，所应该进行的工作重心的转移。明确这一点，对于我们更顺利地开展下一阶段的工作，是有好处的。一年多来，尽管人们对成立资产管理公司、对债转股一直有不同的认识和评价，但总体上看，人们还是对其寄予了很大的期望。我的看法是，在减轻国有商业银行的巨额不良资产包袱方面，成立金融资产管理公司、实施债转股，可能不是最好的办法，但至少是一种"次优"的选择。无论从哪一方面说，我们都应该进行这样的探索和试验，为进一步解决国有商业银行和其他金融机构的不良资产问题积累经验，创出一条新路。我也同意该书作者的观点，要客观、辩证地看待债转股，并关注其中的各种风险尤其是财政风险，做好债转股本身风险的防范和化解工作。

我国中小金融机构（包括股份制商业银行、城市商业银行、信托投资公司、证券经营机构、城乡信用社、财务公司、金融租赁公司等）无论是在资本规模、市场份额方面，还是在营业网点、人员数量方面，目前都难以与国有金融机构相提并论。但是，中小金融机构所存在的风险却是不可小视的。该书作者对此给予了高度的关注，我以为这是很及时、也很有价值的。事实上，最近一些年，我国的一些中小金融机构已经暴露出了一些问题，还有相当多的中小金融机构存在较大的风险隐患，这不能不引起我们高度的警惕。

发展投资基金（主要是证券投资基金），培育机构投资者，是我们最近两年才予以重视的问题，称得上是完善资本市场投资者结构的一项创新之举。作者以较大的篇幅对这一问题作了较全面的讨论。其中的一些观点是富有启发性的，比如，投资基金并不天生具有稳定资本市场的功能，在中国目前应该更加注重发展风险投资基金和产业投资基金，要在巩固发展封闭式基金的基础上进行开放式基金的试点，等等。书中作者提出的一些建议也是具有针对性、实实在在的。不过，我在这里想从另外的角度提出两个问题，算是对该书的一个补充。其一是，从本质上讲，或者从投资基金产生的根源上讲，投资基金是一种为大众（我指那些没有足够的时间、没有足够的精力、也没有足够的资金进行投资的"散户"）投资理财的工具，那么，在发展投资基金的指导思想上，我们似乎不能也不应该赋予它许多"额外"的"任务"，也就是说，我们恐怕不能凭主观想象，随意增加投资基金的"负担"，应该还投资基金以本来面目——专家理财、分散风险的大众投资工具。其二是，国外最近有一种所谓"金融功能说"，这种观点认为，从"功能"出发，投资基金会取代传统的商业银行。这种理论至少指出：投资基金会有越来越美好的发展前景，而传统的商业银行的发展空间将越来越小。尽管我们还不能说这种观点完全正确，但它是有合理成分的，它在一定程度上揭示了发达国家金融发展的一种趋势和潮流。对这两个问题，我希望作者和对投资基金问题感兴趣的读者能够引起重视并加以研究。

该书的另一个"亮点"是对资产证券化问题的研究。资产证券化问题，我们以前接触得不多，对许多人来说都还是一个"新生事物"。最近两年，这一问题引起了人们的注意，据说有关部门目前正在制定实施方案，在不久的将来就会在部分金融机构进行试点。在该书中，作者也以较多的笔墨对资产证券化问题作了理论和实证研究，这也是我所看到的到目前为止较全面、深入研究资产证券化问题的论述。

进入新世纪，基于新经济条件下国际金融的发展趋势，作者在该书的最后，探讨了我国金融创新与发展的趋势，为我国金融的未来勾画出了一幅壮丽图景。我相信，这对于新世纪我国金融改革、创新和发展，都是具有一定的参考意义和应用价值的。

刘国光

经济论著全集

第

15

卷

扩大内需战略方针[*]

（2002年1月7日）

　　扩大内需不是我国应对国际经济金融波动的权宜之计，而是一项长期的战略方针。它有利于充分发挥我国国内市场巨大的优势，有利于我国减少对外部经济的依赖，增强抵御国际经济金融风险的能力。因此，必须在千方百计扩大出口、增强外需对经济拉动作用的同时，坚定不移地扩大内需。

　　从长期来看，我国扩大内需方针的内容还需要不断充实和完善。以需求方面的调控为例，要扩大消费需求，有关政策必须多管齐下、形成合力。一要完善就业和社会保障政策，提高居民收入、消除后顾之忧，改善居民的就业和收入预期；二要完善收入分配政策，缩小收入差距，提高居民的平均消费倾向；三要加强基础设施建设，改善城乡消费环境；四要提倡居民转变消费观念，在保持勤俭传统美德的同时，适当鼓励"寅吃卯粮"，鼓励消费信贷；五要清理各种卖方市场条件下出台的抑制消费的政策；六要开辟旅游、电脑等新的消费领域。

　　扩大消费需求，特别要注意提高农民收入，开拓农村市场。除了调整农村经济结构、提高农业产业化水平之外，更重要的是要加快城镇化进程。只有这样，才能将农村的富余劳力吸收到城镇，有效地提升其消费水平。

---

[*] 原载《人民日报》。

在投资需求方面，要特别重视社会投资问题。当前，与政府投资相连带的一部分社会投资开始活跃，但社会自主投资依然增长乏力。今年（2002年）前三季度，我国国有及其他类型经济投资增长18.2%，而集体和个人投资仅增长9.1%。要发展社会投资，首先要让消费持续走强，以使投资获利；其次要深化投融资体制改革，消除制约社会投资的体制性因素；此外，从长远来看，货币政策在防范金融风险和通货膨胀风险的前提下，还应当进一步保持货币供应量的适度快速增长。

我国在调控需求的同时，还可以采取一些供给方面的政策来扩大内需。主要包括运用税收杠杆调整税负、深化国有企业改革、大力扶持中小企业等政策，以提高和发挥企业的活力。

应当说，这几年我国基本上没有增辟税种，没有增加税率，企业的税收负担没有加重。税收的增长基本上是打击走私、加强征管的结果，有其合理的一面。税收比GDP适度超前增长，也是提高我国过低的财政收入占GDP比重所必需的。因此，普遍的大面积的减税既没有必要又是不现实的。但另一方面，为了更好地调动企业投资的积极性，降低企业的生产经营成本，在一定范围之内适当地、结构性地减免税收也是有空间的。比如，可以进一步减免农民税费负担；可以适当降低中小企业的税费负担；可以尝试调节内资企业与外资企业的所得税差距，以创造公平竞争的税收环境；还可以提高个人所得税的起征点；等等。这么做，导致的投资、消费增长的效应等同于国债支出的扩张效应，并且能够更直接地启动社会投资需求，使积极的财政政策效果更好。

国有企业改制与中小企业的政策支持，对经济持续稳定发展的重要意义是不言而喻的。根据发达市场经济国家经验，经济不太景气时期往往是企业重组的频发时期，我们也应当抓住时机推进国有企业的战略性重组，建立现代企业制度。中小企业发展的政策支持在我国一些地区已经取得显著成效，应进一步推广，增大政策支持的力度，取消对中小企业的歧视性规定，切实改善中小企业的融资环境，加强对中小企业的服务。

中国经济学界宽松、稳健流派的代表人物访谈[*]

（2002年3月）

记者：刘老您好！像许多杰出人士一样，您的青少年时期也一定不太平凡，您能取得今天的成就，与儿时的经历一定有关吧？①

刘国光：我1923年11月出生在古城南京市下关区一个普通职员家庭，从小就好动的我经常跑到离外公家不远的一所大学玩耍，有时还静静地站在教室的窗外看大学生们上课。大学生们也很喜欢我这个顽皮的小孩。后来，外公家有几间余房租给了大学师生。这样，我与他们的交往贴得更近了，经常看着他们读书做作业，我渐渐萌发了等长大后做一名学者的愿望。

1937年可恨的日本鬼子侵占了南京，把我家里的房子和学校都炸了，那年我才14岁，读初中三年级。所以不得不辗转迁移内地，进入四川。

在中学时期，虽然我的数理化功课挺好，但慢慢地对社会科学产生了兴趣，尤其喜欢读《资本论》。可以说一部厚重而枯燥的《资本论》伴我度过了高中时代。我认为社会科学比理工科学更令人神往，更有意义，所以后来我报考大学时，违背了父亲让我攻读理工专业的意愿而选择了经济专业，后来我坦陈了其原

---

* 原载《与中国著名经济学家对话（第四辑）》，中国经济出版社2003年版。

因：一是中学时期读了马克思的《资本论》，被其精深的理论所吸引；二是日寇侵略，国破家亡，使我认识到要使国家富强起来，不受人欺负，经济实力的强大与否是一个很重要的方面。

记者：您的大学时期是在著名的西南联大度过的，与陈岱荪教授也有深厚的师生情谊，请回忆一下这段美好而又难忘的经历。

刘国光：1941年，我18岁那年，考入了西南联大经济系，非常有幸地成为著名经济学家陈岱荪先生的学生。我们接触不久，岱老对我那么熟悉《资本论》感到惊讶，把我当做嫡传弟子进行教授，我也对能遇到岱老这样的学术大师，而倍感幸运。没有岱老的精心指教就没有我以后的学术成就。

我的大学毕业论文是《地租理论纵览》，这篇论文在当时被认为是颇具眼光、不可多得的好文章，因而受到包括岱老在内的教授们的好评。

1946年，我大学毕业后，岱老鼓励我继续深造，所以我报考了清华大学研究生，导师是曾经翻译过凯恩斯《经济学通论》的著名教授徐毓彤。可是，由于我那时家境挺困难，所以，只得离开清华到南开大学经济系当助教。

也许教学并不是我这个人的特长，岱老也理解我这个弟子的心愿，于是，两年之后的1948年，经岱老介绍，我回到故乡南京，进入"中央研究院"社会研究所任助理研究员。这样，我总算实现了自己的愿望，专心从事经济研究。

1949年全国解放后，我进入革命大学学习，系统学习了马列主义，继而参加土改。在土改的实践中，写出了经济学处女作《关于土地革命和生产力发展的关系》。

记者：作为新中国成立后首批留学苏联深造的人员，请谈谈这段特殊的时期。

刘国光：1951年，我作为新中国第一批留学生进入苏联莫斯科国立经济学院读研究生。出国考试前，岱老曾问我，在西南联大学的经济学与到苏联去学习马列有何异同。我根据自己的分析、推理谈了二者的异同点，并挺有感受地对当时中国经济的状况谈了自己的看法，令岱老很满意。

到苏联后，我选择了国民经济计划专业，主攻综合平衡问题，我的想法是社会主义国家经济建设中的重要问题是经济计划问题，而经济计划中的重要问题是国民经济综合平衡问题，这个领域的人才正是中国所缺少的。

在苏联四年的学习，我绝大部分时间是在列宁图书馆度过的。

1955年，我的《国民经济中的物资平衡》作为优秀论文，通过答辩，获副博士学位。

学成归来后，我在中国社科院经济研究所工作，20世纪60年代初，担任国民经济平衡组副组长，还担任了孙冶方主编的《社会主义经济论》一书的写作工作。参加过国家计委组织的十年计划总结工作。可是"文化大革命"中，孙冶方受冲击。我和其他几位同志也都受株连，这是一段很不幸、很惨痛的历史。

记者： 早在1985年，您就提出了"为改革创造相对宽松环境"的理论和主张，受到经济学界的欢迎，您因而被称为"宽松学派"的杰出代表，请谈谈宽松派形成的缘由和内涵。

刘国光： "宽松学派"曾是20世纪八九十年代间学术界对我和与我观点相近的一些社会科学院经济学者理论倾向的一种称呼。这些学者认为在总需求大于总供给的紧张环境下，改革与发展步履维艰，他们主张要努力争取创建总供给略大于总需求的宽松环境，按改革与发展、企业—所有制改革与市场—价格改革两个"双向协同"的配套原则，稳步地、渐进式地推进改革。

就改革而言，它更需要一个比较宽裕的经济环境，因为标志着旧体制特征的行政指令管理，集中统一分配之所以必需，归根结底是由于物力、财力、资源紧缺，常处于紧张状态，而重点需要的又必须要保证。所以，一旦下放权力，缩小行政指令管理的范围，必然给经济生活和社会风尚带来不少反常的现象，延续下去，可能造成经济社会的紊乱，从而败坏改革的名誉，影响改革的进程。

由于经济改革在洞察人们利益关系的过程中，要保证多数人得益，而改革带来的效益要经过一段时间才能呈现出来。因此，改革时期要有比较雄厚的物资和资金以备后用，这就需要有一个比较稳定宽裕的经济环境，要有一个总供给略大于总需求的有限的买方市场局面，如果没有这个条件，改革就有可能受挫。

以上这个道理，国内外许多经济学者都讲过，各国改革的经验教训也反复证明过，所以我们千万不能等闲视之。

记者：党的十五届五中全会再次提出推进"两个根本转变"，即经济体制和经济增长方式的根本性转变。我记得20世纪80年代中期您发表文章论述了这两个"模式"的转变，成为这方面理论见解的主要创始人之一。十几年的实践，使这一见解有了共识，并成为党和政府的一个方针，对此，您有什么新见解？

刘国光：我国经济体制和增长方式的两重转换，80年代中期理论界就已提出。"两重转换"概括和反映了改革开放以来我国经济发展中相互并行的两条主线。但这两个根本转变成为大家的共识和作为正式的发展方针，则是到制定"九五"计划时才确定下来的。争论了十多年的计划与市场问题，经过小平南方谈话，到党的十四大和党的十四届三中全会作出建立社会主义市场经济体制的决定，得到了最终明确的解决。这样，1995—1996年制定"九五"计划时提出"两个根本性转变"的方针就顺理成章了。

"九五"期间，我国经济生活中一个最突出的变化就是彻底摆脱了短缺经济的困扰，实现了从卖方市场向买方市场的过渡。这表明我国生产力有了显著提高，但是，从更根本上说，这应该看作是经济体制转变的结果。在前十几年改革开放的基础上，"九五"期间继续推进了以深化国有企业改革为中心的各项改革，市场在资源配置中的基础作用明显增强。市场供求格局的变化和市场竞争作用的增强，迫使企业必须重视提高经济效益，注意推进经济增长方式的转变。各级政府也逐步认识到，为了增强国民经济的竞争力，必须大力调整结构，重视经济增长的质量，把科技创新和体制创新放在重要地位。

在体制转换和科技进步的推动下，着力于经济结构的调整和增长方式的转变。就速度而言，不论与同期发达国家还是与发展中国家相比，我国"九五"期间经济的表现也是突出的。更重要的是，经济增长质量有较明显的提高，经济结构逐步趋于合理，经济效益逐步改善，特别是"九五"后两年，工业企业实现利润大幅度增长，多数行业、地区出现了扭亏增盈的良好态势。这些都是实施"两个根本性转变"取得的初步成果。事实证明，"两个根本性转变"是一项行之有效的方针。

记者：在1998年年底，国内贸易局举办的座谈会上，您阐述了流通领域发生的十个方面的重大变化，这十个方面具体包括哪些内容？

刘国光：经过20年的改革，流通领域发生了十个方面的重大变化。我国经济体制改革从一开始就是市场取向的改革，改革的根本任务就是要实现从传统的计划经济体制向社会主义市场经济体制的转轨，改革始终是以建立市场机制为着力点。因此，流通体制的改革就自然而然成为体制改革一个非常重要的组成部分。经过20年的改革，商品流通体制同我国其他体制一样，都发生了翻天覆地的变化，主要有以下十个方面的重大变化。

一是所有制结构的变化。由改革前单一的公有制转变为多种所有制和混合所有制结构，实现了流通主体的多元化。1997年，在社会商品零售总额中，包括国有经济和集体经济在内的公有制经济成分只占40.8%，包括私营经济、个体经济等非公有制经济占59.2%，所以，商品流通领域已成为民营化比重最大的一个行业领域。

二是商品管理方式的变化。绝大部分商品流通由改革前受国家指令性计划控制变为在市场上自由流通。目前，除粮食、棉花、烟草、盐等少数消费品实行国家定购、国家委托收购、国有公司专营外，其余所有消费品已全部放开。国家计划控制的生产资料商品从1980年的800多种减少到1998年的5种，而且在这5种生产资料商品中，计划控制程度也大大降低。

三是商品价格形成机制的变化。由过去实行的固定销区、固定作价，实行层层倒扣差价、全国统一价格的做法，转变为基本上由市场供求关系决定。在改革过程中，曾经实行双轨价格的商品，基本上都已实现并轨。除极少数关系国计民生的重要商品由国家定价或提供指导价如限定最高价、最低价外，90%~95%的商品价格已经放开。

四是经济渠道的变化。由改革前一、二、三级批发加零售的固定的纵向进销渠道，演化为多渠道、少环节、开放式的营销网络。销售渠道的多元化打破了国有批发行业的垄断局面，现在工业直销份额扩大到70%以上，一种以市场经济内在规律为基础的新型产销关系和购销渠道已经基本形成。

五是经营业态的变化。由过去封闭式、一对一的传统型柜台销售为主要特征的百货单一业态，转变为多种业态并存的新格局。1997年，全国连锁公司1000多个，连锁店铺15000多家，仓储式商场800余家，各种形式超市、便民店、专卖店纷纷涌现，邮购、电视直销也开始有所发展。

六是投资体制的变化。由改革前财政统一拨款兴建商业设施，转变为多渠道融资投资，确立了多元化投资主体。1996年全国批发网点220万个，约20%的网点是国家投资形成的；约25%为集体经济、联营经济和股份制经济的网点，是由混合所有者投资形成的；其余50%以上的网点作为个体经济，外资、港、澳、台经济，以及其他经济，是由私有制经济投资形成的。全国零售贸易业网点共有1396万个。其中，个体经济投资的已占到92.25%，国有经济和集体经济加在一起尚未超过6.25%。

七是市场构成的变化。改革前以商品市场为主，改革后有形商品市场得到长足发展，要素市场和各种无形市场也应运而生，如资本市场、劳动力市场、广告市场、服务中介市场、拍卖市场、网络市场等。期货交易等新的交易形式也已出现，并在发现价格和形成价格中发挥了一定作用。

八是国家宏观调控方式的变化。以行政计划手段为主的直接调控逐步转变为以经济手段、法律手段为主的间接调控。同时也保留了必要的行政调控手段，如对特殊商品的粮食，建立中央储备制度、资金封闭运行，根据市场余缺进行吞吐调节、平抑市价、重要商品建立风险基金、价格调节制度等，保证国计民生的重要商品的市场平衡。当然，国家越来越多地运用税收、利率、货币、财政等经济手段、经济杠杆来调节市场供求关系。

九是企业产权制度的变化。一批企业由过去不可移动、不可分割、不可转让的静态实体转变为可分割、可交易、可转让的动态产权结构，走向了资本市场。目前，沪深二地上市公司中商业企业约占10%。

十是企业经营管理方式的变化。比如，企业由等客上门、坐等成交的传统营销方式转向现代的、动态的营销方式，各种适应顾客个性化要求的经营方式应运而生。

记者：近几年，连续多次降低利率，欲启动经济，但效果不太明显，这是不是意味着货币政策已基本"失灵"？或者在实行更加积极的财政政策时，应该注意一些什么问题？

刘国光：关于货币政策为什么"失灵"，人们多从转轨时期的体制原因来解释。在信贷资源比较宽裕、存大于贷的情况下，银行为什么"惜贷"？这是由于银行商业化改革逐步深化，要更多考虑资产和贷款的质量。在利率下降、信贷资金供应不再那么紧缺的情况下，企业为什么"慎借"？这是由于企业政企分开的改革逐步推行，要更多考虑自负盈亏、自我约束。应该说，这都是改革中的进步。但由于转轨尚在进行，机制尚未完善，相互磨合的过程还未完成，因而产生对利率反应不够灵敏的现象。不仅当前为治理经济偏冷而降低利率时，碰到这个问题，前几年在治理经济过热而提高利率时，也有"不在乎"、"欠反应"的现象。整体来说，这个问题将随着改革的进一步深化，市场、企业、银行等机制的进一步完善，逐步得到解决。

对货币政策"失灵"的另一种解释主要是在学术界小范围内议论的，最近报纸上也有所讨论，就是中国是否也出现了"流动性陷阱"，以致货币政策不起作用了？这是从美国经济学家克鲁格曼对日本经济的分析中引发出来的讨论。

所谓"流动性陷阱"包含这样三层意思：第一，经济处于严重的萧条之中，名义利率已下降为零或接近于零。由于利息收入太低，人们宁愿持有现金，而不愿持有债券、票据进行投资。第二，这时扩张性货币政策对名义利率的进一步下降已失去作用，因为名义利率不能为负。第三，由此，利率对刺激投资和消费的回升也失去了杠杆作用。按照传统凯恩斯主义观点，经济处于"流动性陷阱"时，货币政策不起作用，只有靠财政政策来启动。克鲁格曼认为：日本经济已经陷入这种"流动性陷阱"，名义利率如隔夜货币市场利率已降低到0.37%，接近于零利率。他不同意凯恩斯的观点，而认为在这种情况下，无论是靠传统的货币政策（短期的货币扩张），还是靠传统的财政政策（扩大政府支出、减税），都不能使日本经济摆脱困境。他主张采用非传统的货币政策，即大量印制钞票，造成一个长达15年之久的4%的通货膨胀预期，使实际利率为负，来刺激投资需求与消费需求。他认为这是日本摆脱当前萧条的唯一出路。

克鲁格曼的文章在国际上、在日本均引起了关注，同时，也引起了我国学术界和有关方面的关注。目前，我国经济中也存在某些对利率下降反应"不灵"的现象，我国是不是也陷入了"流动性陷阱"呢？我们认为还不能这样说。这是因为：

其一，在"流动性陷阱"状态下，利率的杠杆作用失灵；但是不能反过来说，凡是利率杠杆没有充分发挥作用的情况都是"流动性陷阱"。目前，我国市场化取向的改革虽然已经取得了很大进展，利率的市场化已开始起步，利率对储蓄、投资和消费的调节作用也已开始有所发挥，但从整个金融市场的发育以及决定投资与消费变动的主要因素来说，利率的杠杆作用还没有像发达市场经济下那样灵敏，也没有像计划经济下的行政手段那样有力。也就是说，利率对投资和消费的灵敏调节作用还没有充分形成。在我国目前条件下，利率没有充分发挥其灵敏的杠杆作用，主要是因为体制转轨尚未完成，利率变动对投资和消费变动的市场传导机制尚未充分确立，而不是因为我国经济已经陷入了"流动性陷阱"。

其二，我国经济并没有像日本那样处于严重的萧条之中。日本经济自1992年以来，基本处于零增长状态；特别是1997年，GDP为其战后以来最严重的负增长（-0.7%）。而我国经济增长率自1993年下半年以来虽然逐年平稳回落，但在国内外经济形势十分严峻的1998年，仍保持着比其他国家较高的增长水平。

其三，当时我国的名义利率并没有处于接近零利率的水平。以一年期存款利率来说，为4.77%。虽然1997年10月以来出现物价总水平的负增长而使实际利率高于名义利率，从而在一定程度上不利于投资和消费需求的扩张，但目前也存在着多种促使物价转降为升的契机，名义利率也不是没有下调的空间。当然，这种下调有无必要，需从多方面综合考虑。

其四，目前居民缺乏购买意愿，并不是因为名义利率低而宁愿手持现金，也不是因为实际利率高而去储蓄存款，而是因为居民的即期收入增长与预期收入增长的下降，因为居民即期与未来预期的其他支出（包括购买住房、社会保险支出、教育支出等）的上升。

其五，目前企业缺乏投资意愿，主要也不在于借款的成本太高，而在于：由于过去盲目投资、重复建设所造成的一些生产能力的过剩；同时存在着市场有效需求的不足；并且企业虽然开始有了一定的风险意识、责任意识，但还缺乏应有的激励机制。

这样看来，中国的情况还不能说已经陷入了像日本那样的"流动性陷阱"，因而克鲁格曼为日本经济复苏所开的"非传统货币政策"药方，在我国显然是不适用的。也就是说，通过通货膨胀来形成负实际利率或低实际利率，从而通过降低借贷成本来刺激投资需求和消费需求，这在我国目前的条件下是行不通的。当货币政策启动经济的效应一时受到某些限制的情况下，采取某些扩张性的财政措施来扩大国内需求，还是有必要的。但是在实行扩张性财政政策时，不能忽视这一政策本身的局限性和实行这一政策可能带来的消极后果。

记者：在1998年9月国务院研究室经济形势分析会上，您的观点曾得到朱镕基总理的赞美，认为您的文章"观点明确、说理透彻、逻辑性强，是一篇好文章"。请简要回顾一下您当时的观点。

刘国光：我当时主要强调了两个观点，一是要客观地认识经济形势。对当年（1998年）形势变化，我曾在社科院的经济形势分析会上对增长速度下降分析过几点原因。其中一点是：虽然宏观调控的松动措施已出台不少，但还有个力度和时滞的问题。随着各项措施逐步到位，速度下降的趋势将会逐步稳下来，1998年下半年和1999年上半年会出现回升。几个月来国务院又采取了一系列措施，加强刺激需求的力度，现在看来已初见成效。一些预示经济周期运行的先行指标，如固定资产投资、企业存款、银行贷款和一些投资性产品，如钢材、水泥等都在回升，加上目前财政1000亿元和银行的1000亿元投入，对四季度和明年经济肯定会有推进。我认为，党中央、国务院采取的这些措施都是正确的，也符合矛盾暴露和认识的过程。对问题，总有一个认识的过程。党的十五大报告时就没有讲东南亚危机对我国的影响。因为那时影响尚未显现。物价总水平的负增长也是从1997年10月以后才出现的。后来有人说，我们早就提出需求不足，现在才认识一致；指责抓晚了两年，即1996年年初就应抓扩大内需。我认为1997年第四季度需求不足的问题才开始比较突出，此前还不能说是需求不足。如果两年前就需求不足，就不要搞什么"软着陆"了。这次"软着陆"成功，就是因为没有听这些"先见之明"。我认为，整个政策制定和实施，大体上是符合矛盾发展暴露过程和认识过程的规律的。

二是要科学地看待8%增长目标，跳出8%看8%，是手段而不是目的。1998年经济增长速度肯定要回升，但能否达到确保8%的目标？年初提出确保8%，有鼓舞信心和士气的重要政治含义，是很必要的。并且有个8%，各方面的安排都好办一些。但没料到1998年世界经济形势进一步恶化和内地洪灾这么严重。1~8月，工业增长7.8%，由此推算GDP增长约为6.9%；三季度要达到8%，这不是完全不可能，但难度很大。当时我认为到了这个时候，不必过于追求8%。否则，一会助长虚假风气，促使下面虚报成绩。二会助长"大干快上"，出现过于集中的投资热。三会引发后年、大后年的过热。如果四季度达到10%，下一年起点很高，后续影响怎么办？四是1998年如有7.5%~8%的速度，在全世界范围内也是很体面的。海外人士怀疑我们的8%有水分。美国《时代周刊》预测我们只有3%，这当然是瞎猜。但是今年以来一些实物量指标（如发电量、能源、货运量等），与经济增长速度相比明显偏低，各省报的数字综合起来高于8%，这些情况也要研究核实。当时我主张在保8%上要注意灵活性。即使达不到，也没有关系，应强调两个因素：东亚金融危机和水灾。还要强调，中国当前经济问题主要还是结构、效率和环境问题，而不是速度问题。

记者： 1998—1999年度前后，我国出现了通货紧缩的趋势，经济学界对此十分关注，经济管理部门也研究并出台了有关对策。刘老，请您谈谈"通缩"的原因及其治理方法。

刘国光： 我想从这样三个方面来谈。

一是物价持续下降说明出现了通货紧缩趋势。我国那时的确存在通货紧缩或通货紧缩的趋势。从1997年开始到现在，物价已连续两年多（28个月）的下降，从时间上看通货紧缩是出现了。当然，有些同志认为，我们并没有紧缩通货，货币政策并没有什么问题，经济也没有衰退，目前只是有一点困难。

通货紧缩与通货膨胀是一个相对应的概念。通货膨胀是指物价的持续上升，早在1947年，吴大业先生在其《物价继涨的经济学》一书中就把inflation换译成"物价继涨"。与此相对应的就是deflation，即物价继落或物价的持续走低。

需要指出的是，1993—1997年，经济增长速度的下降和物价下降没有联系。那时是"软着陆"：速度下降，但物价还是上升的，只不过上升的幅度减缓了。

因此，不能把这种情况说成是通货紧缩。但是，最近两年多的物价下降和经济增长率下降是联系在一起的。物价二十七八个月持续下降，这本身就是一种趋势，也可以称为物价下降的趋势。

这里要搞清楚，是不是由于货币紧缩引起了物价下降，而且还带动了经济的衰退。实际情况并不一定是这样，因为历史上的通货紧缩并不一定跟经济衰退联系在一起。

二是不要回避货币方面的原因，但要分析货币后面的背景。通货膨胀也好，通货紧缩也好，都是一种货币现象。人们首先想从货币上找原因，这是很自然的。货币过多了就引起物价上涨；货币供应不足，商品和劳务很多，物价就下降。这是很自然的逻辑推理。

有一些同志认为通货紧缩的主要原因就在这里。对此，我不赞成这一说法。当然我们不能说通货紧缩不是货币现象，物价是商品价值的货币表现，说跟货币没有关系，这个话也不能这么说。从货币政策上看，这两三年我们的货币政策的确是放松的。

从"软着陆"成功前后开始就逐步放松，总是想多投放一点货币，多放一点贷款。实际情况是，货币供应量（M_1、M_2、M_3）现在年增长在15%左右，比经济增长率与物价变动率之和要高，因此票子没有少发，信贷没有少供应。但是，这么多票子并没有能够支撑我们潜在的增长力量（这包括我们的人力、物力、财力，包括储蓄、资金的力量，包括生产开工能力、物资库存的力量，等等），也就是说没有能够支撑我们的经济资源所能允许的增长。增长没有到达潜在的速度，物价又还在走低，客观地说货币供应量还是不够，当然这不一定是政策上要这么做的。因此，不要回避货币方面的原因，但要分析货币后面的背景。

大的背景是这几年货币流通速度减缓。货币流通速度是个很复杂的问题，需要研究。经济景气下降时期，交易不活跃，加上长期改革后经济的货币化程度加深，这些都使流通速度下降。这是货币因素，可货币因素背后实体经济的力量更强大。货币当局即使想松动一点银根、多投放一点信贷，但是大家不想要，不愿意借钱，投资的欲望不大，这就是实体经济的原因。

总之，通货紧缩有货币的原因，投放得够不够，还可以继续研究，从政策上看没有收缩而是放松。更重要的是，要分析实体经济的因素。

三是扩张性政策要有一定时间的持续，还要有一定的强度。从世界上看，货币政策对通货膨胀时的刹车比较灵，对通货紧缩时的启动却不太灵。凯恩斯主义首先是财政政策，实行赤字财政，创造需求，其道理是很深刻的。社会投资或居民投资低迷的时候，政府就要出来。我们这两年积极的财政政策的路子走得是对的。扩大内需是一个长期的方针，尤其像我们这样的大国，经济发展要靠内需。积极的财政政策作为扩大内需的手段，不是长期的政策，而是短期的应对经济周期的政策。但是，即使这样，也并不是说这种政策用一下就得马上丢掉，而是要持续地搞一段时间，并且要有一定的力度。没有时间、没有力度，政策效应就上不去，就得重来，来一次，再来一次。日本就是这么搞的，我们要吸取日本的教训。1998年我们就遇到这种事，投资出现断层。1998年积极财政的1000亿元投资，到1999年实际上用完了，1998年投资一路下滑，下半年再追加有些来不及了。1999年有的同志提出应该再多一点，我看也应该。我们现在并没有到达有些人担心的警戒线，还有相当的空间。

1999年积极的财政政策要继续，并且年初就开始了，不像1998年，1998年到下半年才行动。还要进一步发挥货币政策的作用，多增加货币的供应。所以，总体来说，就是要实行扩张性的宏观调控政策。当然，力度怎么样，持续到什么程度，这还要看其他的因素。比如，国际经济情况现在好转得较快，再加上WTO，我们进来的钱可能多些，出去的货物也多些，我们的经济可能恢复得就快，经济增长速度就会上升，那么扩张性的政策就可以慢慢地缓下来。

记者： 在当前我国面临通货紧缩的严峻威胁的时候，您主张将"积极的财政政策"和"稳健的货币政策"等宏观政策措施的提法正名为"适度从松"的财政、货币政策。请问这种改变的积极意义是什么？

刘国光：积极的财政政策和稳健的货币政策仍需继续，但需要为其正名。1998年从过去"适度从紧"的政策开始实现宏观政策的转变时，所谓"积极的财政政策"和"稳健的货币政策"都是中国条件下"扩张性"政策或"松动性"政策的一种变换的提法。"积极财政政策"的扩张性实质是无疑问的。货币政策只是因为考虑防范金融风险和稳定币值，才赋予"稳健的货币政策"以复杂的内涵，它既包含了反通货紧缩的内容，又包含反对通货膨胀的内容。这样可以操作自如，但是人们的印象是缺乏方向感。现在实行的积极财政政策（就其扩张性实质而言）和稳健的货币政策（就其松动的一面或防止通货紧缩的一面而言），实际上是一种"适度从松"的政策，因此，这两个政策目前还没有改弦更张的必要。今后一段时间还要继续实施，但其内容需要适应形势变动加以调整。在调整内容之际，正名也是必要的。类似前几年实行"适度从紧"的财政与货币政策，我们也可以称现在的宏观调控政策为"适度从松"或"适度扩张性"的政策，这样称呼可以明确政策的取向，还其政策的本来面目，与世界各国财政货币政策通行用法一致起来，避免究竟是从紧还是从松的猜测与争论。我认为现行提法的不便之处，拿积极财政政策来说，"积极"二字，从紧从松时都可使用，不能说从紧时我们的财政政策就不积极或没有积极的一面。拿货币政策来说，现在把"稳健"二字界定为既防止通胀又防止通缩，这是货币政策的主要任务，什么时候都可以用，不能拿它作为政策取向。即使作为政策取向，也只能缩小到总供求大体平衡，无明显通胀或通缩迹象的时机。

记者：刘老，您参加了"十五"计划建议的起草工作。首先想请您谈谈"十五"计划面临着什么样的条件和环境？

刘国光：我认为面临三个新的条件。第一，是生产力方面发生了很大变化。"十五"不是孤立的，它从"九五"走来。"九五"是我国改革开放20年来的一个重要的"五年计划"。这5年中我们实现了8%的增长速度，发展得比较平稳，使得我们的生产力上了一个很大的台阶。工农业产品短缺的现象基本结束，出现了买方市场，这是个很大的变化。

第二，社会主义市场经济体制的初步建立，体制环境有了很大的变化。

第三，国际环境也发生了很大变化。国际经济联系比原来更加密切了。经过近20年，特别是"九五"，我国目前基本建立了全方位、多层次、宽领域的对外开放格局，目前更面临加入WTO，即更深地加入世界经济全球化浪潮的形势。

记者：如何理解"十五"计划的重要性？

刘国光："十五"计划面临的是一个重要的时期，既是我国经济和社会发展的重要时期，又是进行经济结构战略性调整的重要时期，也是完善社会主义市场经济体制和扩大对外开放的重要时期。"十五"计划之所以重要，是因为它就是重要时期的重要计划。"十五"计划是我们跨入21世纪的第一个"五年计划"，是我们实现温饱和小康两个战略目标后，迈向第三个战略目标起步的第一个"五年"计划，也是我国社会主义市场经济初步建立以后的第一个"五年计划"。

记者：既然是社会主义市场经济，搞"计划"是否还有存在的必要？

刘国光：这个问题要从两方面看。我国社会主义市场经济的建立并不是否定政府的作用。市场在资源配置中起主导性作用，但是政府要对我国的经济生活进行宏观调控和指导。没有政府的作用市场就会乱，所以定计划是必要的。

但是，在市场经济条件下的计划，跟过去在计划经济条件下的计划是不同的。区别在哪里？现在的计划，不是政府什么都要管，而是管大政策、大方向、大战略。在中央的"十五"计划建议里，你看不到大量的指标和数字，只有一个指标，就是我们打算在10年之内，即在2010年比2000年国内生产总值要翻一番。翻一番，我们算下来就是每年增长7.2%，就这么个指标。其他都是一些重要的方针、政策，重要的方向，重要的战略。

记者："十五"计划的主要思路是什么？

记国光：主要思路是4个方面。第一，发展是主题；第二，结构的战略性调整，这个叫主线；第三，两个动力，一是改革开放，一个是科技进步；第四，编制计划的出发点和归宿是提高人民生活水平。

这次"十五"计划建议共有16个部分，或者说16个方面。4个方面的思路，就在这16个部分中体现出来了。

一个总的序言，把这4个方面的思路都讲了，然后整篇都讲发展。从农业、工业、服务业、信息产业，依次往下讲，这讲的是4个产业。再往后讲基础设施建设、西部开发、城镇化等，到此讲的是结构调整，这些就是主线。然后，围绕发展和结构调整，讲两个动力：科技进步创新和人才培养、体制改革和对外开放。再往后，就是就业和改善人民生活，这是编制计划的出发点和归宿点。最后，是精神文明建设和民主法制建设，因为我们"十五"计划不仅是经济发展计划，也是社会发展计划。这个思路非常清晰。

记者：发展是硬道理，这已成了我们每个人的共识。"十五"计划为什么把它作为主题专门提出来？

刘国光：中国的一切问题，都靠发展来解决。第一，从国内来讲，我们还存在很多的矛盾和问题，不靠发展解决不了。人民生活水平要不断提高，不发展更解决不了。

第二，从世界形势看，现在科技迅猛发展、经济全球化的趋势以及我国面临的国际经济竞争，特别是加入WTO以后的压力，世界经济一有风吹草动，就会直接影响到我们。有的国家，靠他们科技的强势、经济的强势压我们，我们要不发展，不赶上去的话，面临的压力就更大。另外，强权政治的威胁也很大，我们要不把经济力量、国防力量搞上去，根本不行。

第三，我国资金的积累也是有潜力的，居民的储蓄率很高，在国民收入中占40%。

第四，体制在改革，而且余地还很大。结构还要改善。

第五，我们和国际上有差距，差距就是潜力。差距克服了，就有后发优势。

但现在我们提出的发展和过去也不完全一样，"持续快速健康发展"这是原来的提法，现在又提出"较快发展"。发展是硬道理，但发展不是片面地追求速度。发展要有市场销路，不是为了生产存货，发展要有效益、有质量，要有高档次。因此，更多地依靠科技进步，靠体制改革，使经济增长的质量上去。

记者：2000年4月，您在中国城市经济学会的研讨会上作了"充分发挥中心城市作用带动西部大开发"的深刻发言。西部大开发现在也是热门话题之一，读者对这一话题很感兴趣，能否请您谈谈具体内容？

刘国光：西部大开发是我国在进入21世纪之际作出的重大战略选择，它的实施完全可以同二十多年前实施沿海地区发展战略相比拟。西部大开发意义重大，需要研究的课题很多，在那次研讨会上，我仅就西部大开发中如何认识中心城市的作用，如何在大开发中充分发挥中心城市的作用等问题发表两点看法。

第一，为什么在西部大开发中要发挥中心城市的作用？

西部大开发是在占我国国土面积60%的广阔地域内展开的，且自然条件差，经济文化落后。在此环境下展开大开发，不可能平面推进，平均使用力量。同时，区域发展的理论告诉我们，区域的发展是以城市为中心实施的，中心城市在区域发展中具有关键作用。西部大开发是大范围的区域发展过程，这个过程离开中心城市是不行的。其一，西部大开发必须具有各种生产和经济要素的供给基地，大开发中所需要的一系列生产条件、技术条件、人才条件等，要由供给基地源源不断地提供，才能保证大开发的需要。这个供给基地也只能是中心城市。其二，西部大开发必须有区域性经济活动运转的轴心，没有轴心的区域经济活动无法运转。开发中经济决策的实施、经济活动的组织联系、经济工作的领导指挥都要有依托和展开的轴心。这个轴心只能是中心城市。其三，西部大开发必须具有区域性各种网络的枢纽，大开发中要形成很多经济网络，如交通运输网络、邮电信息网络、科技教育网络、财金服务网络、市场贸易网络、城乡联系网络等。这么多网络运转离不开枢纽，这个枢纽还只能是中心城市。没有中心城市作依托，西部大开发无法进行。我们还必须看到，现在的西部大开发同过去的三线建设、开发西部有很大不同，过去是国家决策、国家投资、计划经济，现在的西部大开发是全社会的行动，要构建西部的市场经济体制，借助这一体制促进大开发。而西部市场经济体制的形成和完善，西部各类市场的形成和发展，离开中心城市就是纸上谈兵。城市是市场的依托基地，城市经济在很大程度上就是市场经济，从这一点看，发挥中心城市的作用显得更突出、更重要。

第二，在西部大开发中如何发挥中心城市的作用？

西部大开发可以看作是西部地区社会生产力的运动发展和整个社会经济循环的进步。中心城市在此运动循环过程中，承担着重大使命。过去我们在讨论中心城市作用的时候，曾把中心城市的作用概括为若干"中心"，如工业生产中心、商品流通中心、交通运输中心、金融服务中心、信息流转中心、科教文化中心等。这些都是看得见的中心，中心城市的作用都是通过各种各样的中心来对区域发展起作用。如果概括一下，我认为在西部大开发中，中心城市的作用主要表现为4点：（1）提供开发要素。大开发就是生产力的大运动，在这种往复无穷的生产、再生产中，需要不断地补充和供给开发和生产需要的各种要素，如生产设备、能源产品、技术条件、各类人才等。中心城市作为供应的主要基地，其作用无可替代。（2）组织开发过程。中心城市作为组织的中心，要对开发进行规划、决策、指挥和调度。整个开发过程中的社会经济活动也要通过中心城市进行组织和协调，这个作用也是无可替代的。（3）调控开发中的经济循环。开发中的生产、经营、流通、消费都是社会性的动态过程，构成复杂的时序循环和结构循环，为保障其各部门、各地区、各环节协调运转，中心城市就要承担调节作用。开发中各种网络的运转也要通过中心城市进行。特别是市场经济在大开发中将有大的发展，要进行大范围的区域性市场经济宏观调节，使用各种经济手段，如价格、税收、管理、信息等，就必须通过中心城市来进行。（4）带动经济发展。大开发中要发挥中心城市增长核心的作用，通过中心城市的经济发展，带动周边区域经济的发展。

　　我国的西部已经有相当一批中心城市，如重庆、成都、西安、昆明、兰州、乌鲁木齐等，已成为西南、西北地区最重要的中心城市，是西部大开发的主要前沿基地。在这些中心城市以下，还有为数不少的次中心城市。发挥这些中心城市在西部大开发中的作用，需要作系统深入的研究。一是要强化其枢纽。就是要大大加强中心城市自身的建设，把中心城市建设成具备很强实力、具备很强扩张力、基础设施先进、科教文化发达、各项功能健全的先进城市，这是发挥中心城市作用的前提。二是要增强吸引力。要增强中心城市的吸引力，把东部地区的人才、资金、技术、项目吸引过来。这需要若干政策配套，西部的中心城市应在有的方面继续解放思想，大胆探索。三是要编好网络。中心城市可以自身为龙头，支持各种网络性的建设，从交通通信到电子信息，形成各种经济科技、社会服务网络，就能对周边广大地区发挥网络联系功能。四是要搞好带动。就是说依托中心城市，带动周边的开发进展，带动周边的生产发展，带动周边的小城镇建设，带动周边的社会进步。五是要搞好辐射。要把中心城市的经济技术开发辐射范围放大到整个西部地区，各个中心城市都应从大区域的发展考虑中心城市的规划和发展。

记者：您作为我国著名的经济学家，著作、论文十分丰富，主要学术观点也早已为人们所熟知，您的思想始终面向丰富、生动的经济改革和发展实践，那么您走过了怎样的思想历程呢？

刘国光：我这个人不聪明，也就是靠勤奋吧，靠多思考问题。我有着年轻同志没有的一些经历，这些经历一些年老的同志也不完全有。在经济学方面，我既受到了市场经济的教育，也学习了计划经济。解放以前，我在昆明国立西南联合大学经济系学习，西南联大的教育是美国式的，陈岱荪是我的老师，讲的课本都是美国的课本，这些都要老老实实地去学习的。当时也有马列主义，是作为一种新思潮来接触的。新中国成立以后，党又送我到苏联去学习计划经济，我属于第一批。所以，计划经济那一套东西，我脑子里也是有的。

我没有将计划经济和市场经济绝对化。计划经济就是一钱不值？不是那么回事。苏联在20世纪20年代甚至以后，在那样一个受包围、受威胁、战争的环境下，只能那么做，实行计划经济，集中力量，解决生存问题，保卫社会主义，也是取得了巨大成绩的。1929年大危机之后，全世界一片萧条，只有苏联是一枝独秀。但是，在和平时期，在共处和交往时期，就不能再搞那一套了。长期用指令、用政治调动人们的积极性，而没有物质的力量，没有物质的利益，也是不大容易的，这些列宁都讲了。市场的办法，长期看来还是很好的，当然，市场经济也有许多无能为力的事情，被称为市场缺陷。

我在这两方面的学术训练都有。计划经济和市场经济各有其优缺点，所以，综合起来，还是要走我们的道路——社会主义市场经济，这就是改革开放以来我们所要努力走的那条道路。历史上这是没有前例的，我们中国人有信心也有能力走出一条新的道路来，按照邓小平提出的三个阶段战略部署，一步步实现现代化。到2050年，中国就会达到中等发达国家的水平，而且可能还会提前。当然，中国的基本情况就是人口多，中国要赶上发达国家的水平，恐怕2100年也不行。所以，还有很艰巨的任务在我们前面。

为此，我们既要从经济体制上来进行根本性的改造，还要有一个明智的发展战略。在20世纪80年代中期，我提出双重模式转化，从计划经济高度集中的管理体制转变为市场取向的体制，后来称为市场经济体制，而另一方面，我是从发展战略上讲的，不仅涉及外延、内涵、粗放、集约的问题，而且包括生产目的的转变、结构的转变、发展策略的转变、增长方式的转变等。

记者：您一直在中国社会科学院工作，至今还担任特邀顾问，可以说，您的一生与中国社会科学院紧紧地联系在一起。在20世纪80年代初，有人说，中国社会科学院是邓小平同志的脑库。这种说法有根据吗？能否请您谈谈您的感受呢？

刘国光：中国社会科学院是多学科的人文社会科学研究机构，我的研究领域是经济学。我在经济研究所这么多年，孙冶方对我的影响很大，他是老一辈的经济学家，是我的老所长。孙冶方将自己的一生都献给了经济学，鞠躬尽瘁，不考虑个人的得失，不怕压力，坚持实践，坚持真理，这种精神能够代表中国社会科学院的一种精神。

中国社会科学院是一个学术研究机构，但与政府机构及高等院校的研究机构又有不同。政府机构的研究机构，政策性研究比较强，侧重于政策制定和操作；高等院校的研究所，由于条件限制，还要从事教学工作，研究的主要是基础理论。中国社会科学院兼具两方面的优势，既有理论的探索，又有政策性研究，因此可以更好地把理论和实践结合起来，为我们党和政府的政策方针提供理论依据和理论支持。

中国社会科学院研究力量很强，可以说是人才济济，经济研究就有6个所。但是现在，由于物质条件不好，人才留不住。在20世纪80年代初期，外国讲，邓小平的脑库就是中国社会科学院，当时也只有这一个，现在可就多了。随着时间的推移，各方面的研究机构都发展起来了，而且许多方面的人力资源都是从中国社会科学院转过去的，像国务院发展研究中心的孙尚清、马洪、吴敬琏。当然，人大、北大也都输送了一批，而他们也有来到中国社会科学院的，这也是双方的交流。

记者：您作为我国老一代卓有成就、德高望重的经济学家，对现今在校学习经济学各专业的莘莘学子，以及在工作岗位进行经济学研究的广大中青年经济学者们，能否有所寄语？

刘国光：经济学是致用之学，学习经济学是为了我们祖国的繁荣富强和人民生活的提高，所以，研究经济学一定要站在大多数人的立场上，而不能替少数人讲话。这是第一点。

第二，一定要理论联系实际，不能是空中楼阁和虚无缥缈的，应当从中国的实际出发，来解决中国的问题，解决中国在实际中产生的问题，不能为理论而理论。

第三，应当学习、吸收国外经济学说的知识和精华，特别是市场经济国家的先进经济理论，但是这些只能作为我们的参考。现在有一个现象，即只有符合外国经济学的标准才算是真正的经济学，这包括论文中有多少数学公式，在国外什么杂志上发表等。我们不能太迷信外国的东西，诺贝尔和平奖给了达赖喇嘛，给了戈尔巴乔夫，上次送给了今年在国际金融市场摔了大跟头的美国经济学家，这不是很能说明问题吗？经济学不能搞纯数学。搞纯理论化是不行的，必须要结合中国的实际，解决中国的问题。

记者：刘国光教授，我们注意到在"十五"计划《建议》中提出的一项战略性调整的重要任务就是关于城镇化战略和小城镇建设问题，且专门有一章论述这个问题。可见其已引起决策者的充分重视。对此，您有何见解？

刘国光：《建议》中是专门有一章（第7章）阐述这个问题，题目叫作积极稳妥地推进城镇化。可见中央对此问题是很重视的，在计划文件里单独把城镇化突出出来还是第一次。

《建议》第7章的大体意思是：提高城镇化水平，转移农村人口，可以为经济发展提供广阔的市场和持久的动力，是优化城乡经济结构、促进国民经济良性循环和社会发展的重大措施。随着农业生产力水平的提高，工业化进程的加快，现在我国推进城镇化的条件已经成熟，要不失时机地实施城镇化战略。因为总体来说我们城镇化的步伐要落后于工业化的步伐，在我国城镇化水平是比较低的，现在也就是30%多一点的人口在城镇，将近70%的人口在农村；而我们工业化的水平在GDP中的比重将近一半，达到百分之四十八九，而城镇化的水平是落后的，跟世界上的先进国家就不用比了，情况也不一样，人家城镇人口要占到百分之八九十（美国的农村人口只有5%），发展中国家的城镇人口也有百分之四五十。所以说，中央也说了，发展城镇化的条件已经成熟了。

那么，在中国城镇化要走一个什么样的道路呢？多年来，各方面的议论也很多，理论界存在着不同的看法，主要有两种观点：一种观点认为，我国现阶段的城镇化主要的目标是尽快地向城镇转移农业的富余劳动力和农村人口，因为我们现在土地少，而农村人口多，农民收入在农业内部搞不大容易搞上去，一方面农业内部结构要调整，技术要提高，生产力要发展；另一方面，相当一部分农业人口要转移，转移到非农（产业）。而我国农村人口现在数量庞大，占2/3以上，如果靠现有的大中城市，显然难以大规模地、比较快地吸纳农村人口，而且光靠大中城市，会给大中城市带来巨大的压力，就业的压力，社会的压力，还会带来一些发展中国家盲目搞城市化造成的城市病，一方面是高楼大厦豪富的区域，另一方面是贫民窟，当然我们社会主义国家不会出现这样两极分化的现象，但是这种城市病还是要警惕的。这种观点认为，发展小城镇应该是我们国家现阶段推进城镇化的一个重点。另一种观点认为，提高我国城镇、城市化水平，不仅要考虑转移农村人口的需要，而且还应当考虑扩大城市自身的经济规模（因为我们的城市规模现在还不够）、提高城市的经济效益、完善城市功能。所以，我国现阶段推进城市化，不应该把重点放在再增加城镇数量上，而应该把重点放在现有的大中城市，着力加强对现有城市的建设，使它们当中的大多数能够达到必要的经济规模，充分发挥城市的经济、社会功能。国际经验也表明，大城市的规模大，门类多，所以吸纳就业的路子也广，从经济起飞到人均5000美元这一阶段，农村剩余人口转移的主要方向还是大中城市。所以，这种意见的着重点还是放在大中城市，而且他们提出来就是要城市化，不要提城镇化。

上述两种观点看来是对立的，实际上也是可以结合起来的。就是说，推进我国的城镇化或者城市化过程，应该是一个建设小城镇同发展大中小城市相结合的过程。所以"十五"计划建议当中有这么一段话，就是我国不同地区的经济发展水平和市场发育程度差异很大，要从各地的实际情况出发推进城镇化，逐步形成合理的城镇体系；要注意发展城市间的经济联系，在着重发展小城镇的同时，积极发展中小城市，完善区域性中心城市功能，发挥大城市的辐射带动作用，提高各类城市的规划、建设和综合管理水平，走出一条符合我国国情、大中小城市和小城镇协调发展的城镇化道路。按照建议里讲的城镇化战略的精神，建设小城镇同发展大中小城市、特别是大中城市并不是对立的，问题是要从实际出发，因地制宜地推进城镇化，并形成大中小城市和小城镇协调发展的这样一个合理的城镇体系。大中小城市和小城镇协调发展这样一条城镇化道路，是我国城镇化战略的一个长期的方针，但在近期，特别是"十五"期间，发展的重点是什么呢？发展重点看来依然是小城镇。因为《建议》里面在阐述建设合理的城镇体系的时候，就有着重发展小城镇的表述，并且强调指出，发展小城镇就是推进我国城镇化的一条重要途径。之所以要着重发展小城镇，并把它作为近期推进城镇化的重要途径，这个道理在1998年10月党的十五届三中全会关于农业和农村工作问题的决议当中，有过一段明确的阐述，这个决议指出，发展小城镇是带动农村经济和社会发展的一个大战略。小城镇、大战略过去是由费孝通先生提出来的，我们文件正式纳入这句话是在十五届三中全会的决定当中。发展小城镇的意义，当时决定中讲了这样几条：就是有利于乡镇企业的相对集中，更大规模地转移农村剩余劳动力，避免向大中城市盲目流动造成压力，有利于提高农民素质，改善生活质量，有利于扩大内需，推动国民经济更快地增长。

2000年夏天，中央和国务院发出了《关于促进小城镇健康发展的通知》，进一步明确了要把发展小城镇作为一个大战略来实施，这就使我国的城镇化进入了一个新的发展阶段。所以，我体会"十五"计划《建议》的主要精神是：对于城镇化的道路，一方面，我们要提大中小城市及小城镇要综合发展、合理布局，这是一个长期的方针；另一方面，我们近期的方针还是主要抓小城镇建设。

记者：刘老，近几年来，众所周知，无论是国际社会还是国内各界都对"可持续发展"这一话题，表示很关注、很重视。尤其是现在已进入21世纪，更是时常被学界提及。

请您阐述一下对中国可持续发展的政策建议。

刘国光：关于实施可持续发展战略的政策建议，我是这样看的：中国人口多，自然资源和环境容量相对紧缺，经济又较落后，目前尚有5000万人口温饱问题尚未解决，虽然总体上2000年可以达到小康水平，21世纪将向中等发达国家迈进，但必须有较高的发展速度，由于历史和自然的原因，造成有些地方生态环境尚在恶化的局面，又进一步增加压力，实现生态经济协调发展，达到可持续发展，任务十分艰巨。为了避免再走弯路，减少损失，更稳定地达到三步发展目标，我提出如下一些政策建议。

1. 提高觉悟、更新观念，普及对可持续发展战略的认识。1998年在战胜长江、嫩江和松花江所遭受的特大洪灾之后，朱镕基同志说："今年我国南北部都发生了特大洪水。造成这一灾害的主要原因是气候异常，普降暴雨。但是，洪水长期居高不下，造成严重损失，也与森林过度采伐，植被破坏，水土流失，泥沙淤积，行洪不畅有关。我们党和政府历来十分重视植树造林、水土保持工作，但是这些政策落实得还不够好。"讲得很全面，很深刻。为什么中央的政策落实不了呢，问题在于我们的各个经济管理部门和地方各级政府的各级干部多数还是旧观念，单一地抓经济发展，不重视保护和改善生态环境，没有将生态与经济协调发展落在实处。1984年我们中国生态经济学会成立时，万里同志代表党中央、国务院在学会成立大会上讲话指出：总的来讲，我们国家对生态经济问题的认识是不够的。新中国成立以来，社会主义建设取得了很大成就，这是毋庸置疑的。但是，也有不少失误。失误之一，就是对生态平衡和改善我国的生态环境注意得不够，缺乏相应的措施，自然资源破坏、生态环境恶化的情况一直没有得到有效的制止。有些地方的生态条件不是好了，而是差了。近几年，我们国家已经加强了这方面的工作。从行政机构和学术团体两个方面来加强领导。这些都是我们国家在这个方面开始觉醒的表现。我们的干部也要早觉醒一点。过去存在这样那样的问题，一个重要的原因，就是我们干部对这个问题认识迟了一步，往往既不按经济规律办事，又不按自然规律办事，办了一些生态环境遭到破坏、经济又受到损失的蠢事。这种蠢事今后千万不要再干了。万里同志的讲话在今天仍然有现实意义。最近江泽民同志又提示大家要学习恩格斯在《自然辩证法》中的《劳动在从猿到人转变过程中的作用》一文，告诫大家，如果违背自然规律，就要加倍地受到大自然的惩罚。那次会议同江苏省委党校联合举办很好。我建议党校对各级领导干部进行培训，一定要将恩格斯的《自然辩证法》和《中国21世纪议程》、党中央所确立的可持续发展战略，作为必修的一课，向干部教授，使我们的干部能更新观念、提高认识，及早觉醒。

2. 加强生态经济综合决策。可持续发展是生态经济协调发展，从广义来说是人口、社会、经济同资源、环境协调发展。所以综合决策是个关键。无论是区域开发、土地开发，还是城乡建设、工程项目，都不能仅仅只求单一的经济目标，必须兼顾资源与环境，进行综合决策。实践已经证明，凡是经济开发同生态环境治理综合实施的，其经济效益、社会效益和生态效益都得到同步发挥，效果最好。例如，生态林业、农业的综合开发建设、小流域综合治理开发、生态经济兼顾的城市规划与实施等。珠海市由于以生态经济协调发展的原则进行城市规划实施，经济不仅发展快，而且生态环境也良好。"苏南模式"的昆山市在20世纪80年代乡镇企业遍地开花，由于分散、粗放型的经济增长方式，使经济快速发展与资源环境的矛盾日益突出，20世纪90年代在"二次创业"中，以可持续发展为指导思想，坚持环境与经济协调发展，不仅使社会经济发展提高了一个档次，而且使环境不断改善，达到优化、美化，实现了社会经济发展与环境保护良性循环的目的。良好的生态环境又能够进一步促进经济的发展。我国行政管理体制由部门分散管理，部门之间往往矛盾很多，一个部门的效益，可能造成另一个部门的损害，或者一个生态经济目标任务，由于权与利之事，往往不能发展所长，互补协同，而是互相争夺抵消，结果不利于生态经济的发展。因此必须加强各级政府综合决策。统一规划，统一指挥，部门之间协作才能取得成效。

记者：要形成农业的可持续发展，困难是很大的。农业的可持续发展并不会自然而然地出现。要真正形成农业可持续发展的基础，逐步提高农业可持续发展的能力，有没有切实可行的措施？

刘国光：农业的可持续发展难度确实很大，但措施也是有的，加强生态建设就可以提高持续发展的能力。可持续发展的核心是追求代内公平和代际公平。所谓代内公平，是指同时代的所有人之间的公平，应采取的主要措施是增加贫困人口的福利，制止各种以牺牲他人利益为代价的行为；所谓代际公平，则是不同时代的所有人之间的公平，主要措施是保护资源与环境，制止各种以牺牲后人利益为代价的行动。这个目标显然是同我们追求的共产主义理想相一致的。具体措施是：

1. 以基本农田建设为切入点，实现可耕地面积扩大到可耕地质量提高的转变。农产品的总需求会随着人口的增长而增长，后备耕地资源却会随着不断的开垦越来越稀缺，因此，将可耕地面积扩大作为增加农产品总供给的途径是难以持续的。尤其对我们这种后备耕地资源几乎不存在的国家来说，农产品供给增加的潜力在现有耕地质量的改善上，而不可能在后备耕地资源开拓上。基本农田建设是提高现有耕地质量的基本手段，它的主要内容是修建灌溉设施和改造坡耕地。第一，要从农田水利设施建设入手，改善农业灌溉条件。第二，积极开展基本农田建设，扩大耕地中的有效灌溉面积。目前，我国耕地面积按19.8亿亩计算，水田和灌溉面积分别占耕地总面积的19%和39%。扩大灌溉面积尚有较大的潜力。第三，增加物质投入，改进灌溉方式。迄今为止，我国许多地方仍采用漫灌方式，不仅造成水资源的巨大浪费，还会造成耕地的盐渍化，进而造成生产的不可持续性。所以，改进灌溉方式，也是保护耕地生产能力可持续性的重要举措。

我国目前有5.28亿亩坡耕地，约占耕地总面积的1/3。这些耕地大多位于降水量大的长江中上游地区和降水量虽小但很集中且土壤黏性极差的黄河中上游地区，加之耕作制度不合理，水土流失极为严重，土层越来越薄，肥力趋于下降。如果不扭转这种趋势，这类耕地上的生产显然是不可持续的。这类地区基本农田建设的主要内容是"坡地改梯田"。

2. 以技术升级为切入点，完成传统生态农业到现代生态农业的跃迁。我们将生态农业技术划分为两类。一类是旨在保护资源生产潜力的技术，属于现代农业范畴，这类生态技术会随着经济的发展应用得越来越广泛；另一类是旨在挖掘资源生产潜力的技术，仍属于传统农业范畴，这类生态农业技术会随着经济的发展逐渐被扬弃。我国现实中应用的生态农业技术大多属于传统农业范畴，这是生态农业技术在贫困地区应用得更为普遍的原因。鉴于此，我们必须通过生态技术升级。使它们具有现代生态农业的特征，从而使我国农业具有可持续发展的基础。

3. 以天然林保护工程为切入点，提高生物多样性的可持续性。我国的林业建设经历了3个阶段。首先是始于20世纪50年代的一般荒山荒地绿化阶段和少数地区防护林建设，该阶段的活动对生态环境改善的贡献是很有限的。从20世纪70年代末开始，进入了防护林体系建设阶段，十大防护林体系建设工程相继启动，这些活动对特定区域生态环境的改善必将随着时间推移作出越来越大的贡献。20世纪90年代末，又进入了天然林保护阶段。天然林是生物多样性最丰富的生态系统，所以保护天然林的作用绝不是荒山荒地绿化和防护林体系建设可以比拟的。

但是，对于天然林保护工程，国家和林业企业的认识和目标均不相同。国家把天然林保护工程视为保护和改善生态环境的重大举措；企业则认为是它休养生息的机遇。与这种认识相对应，国家把天然林作为生态性资源来保护，企业则把它作为生产性资源来保护。国家的目标是在准确界定所需保护的天然林的前提下使保护的代价最小化，企业的目标则是解除其面临的经济危困的效应最大化。天然林保护工程的实施，为深化国有林管理体制改革提供了一个机会。国家应抓住这一机会，使国有林管理机构与国有林业企业脱钩，从而使天然林保护工程的投入与履行政府职责统一起来，而不扭曲为花钱养企业。

在现有的天然林保护工程中，各林业局均实行一局两策，即一部分森林纳入天然林保护工程，一部分森林划为商品林，差别仅仅表现为二者的比例有所不同。每个企业同时承担两类职责，政府主管部门就难以区分保护的成本和经营的亏损，也无法控制企业在纳入保护的天然林内进行木材生产。为了降低监督成本，应通过施业区的调整，采用一局一策的做法，即在调整施业区的基础上保留一部分企业进行木材生产，另一部分企业专门从事保护工作。企业改为事业单位后，采伐工具必须入库，运材道路必须封住。

天然林保护工程属于公共品，由此发生的费用理应由各级政府承担，不宜把部分责任转嫁到企业身上。针对目前存在的问题，天然林保护工程的资金投入必须达到足额、到位和有效三个标准。所谓足额，是指中央政府的资金与地方政府的配套资金，都必须按规划中确定的额度及时地调拨到企业；所谓到位，是指拨付到企业的专项资金必须按规划确定的项目使用，不允许挪作他用；所谓有效，是指资金在使用效果上必须达到预期目标。

刘国光

经济论著全集

第
15
卷

4. 以植树种草、育林育草为切入点，增强自然生态环境的可持续性。最近20年，我国的自然生态环境建设取得了一定的成绩，但是到目前为止，我国仍有许多荒山荒地，所以必须进一步搞好荒山荒地的植树种草工作。荒山荒地绿化是自然生态环境建设的第一阶段，它是为受到破坏的生态系统转入顺向演替提供最基本的条件，所以，完成荒山荒地绿化以后，必须把重点转移到育林育草上来，不断提高森林和草地的质量，增强自然生态环境的可持续性。

5. 以节水和转换治水策略为切入点，提高水资源利用的可持续性。我国是一个严重缺水的国家。干旱是困扰我国农业稳定发展的主要因素。近10年，中等干旱年份缺水四百多亿立方米，干旱受灾面积三亿多亩。但是，由于输水过程中的严重渗漏与蒸发和落后的漫灌方式造成的巨大浪费，我国农业用水的有效利用率只有30%~40%，仅为发达国家的一半（70%~80%）。要提高水资源利用的可持续性，必须采用渠道防渗和管道输水以及喷灌、滴灌、微灌和蓄水保墒技术，提高水资源的利用率。

治水策略转换也是提高水资源利用效率的重要途径。历史上治水措施确有疏堵之分，但疏堵只有疏水于门外与堵水于门外的不同，实际上都是拒水于门外的策略。在淡水资源已经十分稀缺，今后将日益稀缺的当代和未来，采取拒一时过剩的淡水资源于门外之策略的机会成本将会越来越高，要扭转这种局面，就必须改拒洪水于门外的治水策略为蓄洪水于适宜之处的治水策略。利用科学的方法、工程水库和生物水库有机结合的方式，尽可能地把这些淡水资源截留下来，为合理利用淡水资源创造条件。实施蓄洪水于适宜之处的治水策略，必须做到生物措施、工程措施和农艺措施相结合。其中，生物措施主要消除水土流失问题，工程措施主要解决降水调蓄能力不足问题，农艺措施主要解决目前的农业资源配置适宜性不强的问题。

促进消费需求提高消费率是
扩大内需的必由之路*

（2002年4月）

　　坚持把提高人民生活水平作为根本出发点，不断改善城乡居民的物质文化生活，是我国第十个五年计划纲要提出要突出贯彻的重要方针之一。这既是我们发展经济的根本目的，也是目前扩大国内需求、促进经济增长的迫切要求。居民生活消费问题真正受到重视，是我国经过市场化改革，供求关系发生了根本性的变化，短缺经济消除，经济生活中市场需求约束日益明显的结果。1998年提出了扩大内需的方针，起初从国债投资着手，但启动民间投资乏力，障碍在于消费需求上不去，投资收益前景不佳。所以提高与鼓励消费需求的问题提上了议事日程，我国经济工作中根深蒂固的重积累、轻消费，重生产、轻生活的倾向开始扭转，居民消费的地位开始变化，从经济工作的末梢转变为经济增长的动力和结构调整的先导。提出把提高人民生活水平作为第十个五年经济发展的根本出发点，可以说就是这一思路的反映。

　　我国目前消费问题的焦点是什么呢？首先是消费率过低，而且呈长期下降趋势。我国消费率在1952—2000年这49年中，平均为65%，最近10年平均为59.5%。1998年采取增加居民收入措施

---

　　* 原载《财贸经济》2002年第18期。

以前，为58.1%，1999年以后略有上升，1999年、2000年也只达到60.3%、60.8%，仍然很低。据国际货币基金组织和世界银行估计，20世纪90年代以来，世界平均消费率水平为78%~79%。就具体国家来说，美国、英国的消费率都在80%以上，印度、巴西为80%，西班牙、意大利为78%。由此可见，我国消费率水平明显低于这些国家。发达国家长期经验表明，最终消费总额的增长，大体上保持与国内生产总值相近的增长率。但我国最终消费总额年均增长速度长期低于国内生产总值的增长速度。1952—2000年，按1952年不变价格计算，最终消费额增长了25.5倍，年均增长为7.1%；同期GDP增长了33.4倍，年均增长为7.7%。这个差距长期累积下来，使得我国原来很低的消费水平与发达国家相比的差距越来越大。

当然，在新中国成立初期，由于基础薄弱，为了集中较多的资金搞建设，消费率低一些是必要的。但是，随着时间的推移和经济发展，消费率长期偏低，对经济发展带来许多消极后果。长期过低的消费率，难以形成合理的投资与消费的关系，使投资增长失去最终消费需求的支持，使大量的社会产品价值得不到实现，使投资形成的大量生产能力得不到充分利用，使大量人员失去就业岗位，并且影响企业经济效益。据第三次全国工业普查资料，900多种主要工业品生产能力利用率有半数不足50%，其中加工工业尤为突出。这只能制约投资规模的进一步扩大，阻碍国民经济的进一步快速发展。我国人口众多，居民消费水平本来较低，解决就业问题和提高人民生活水平的任务非常迫切。消费率长期偏低，特别是在许多产品生产能力闲置浪费的情况下消费率持续偏低，这非常不利于提高城乡居民的生活水平，也非常不利于调动和发挥人民群众的生产建设积极性。

我国消费率持续偏低，主要有以下原因。

过去经济工作中长期存在重积累轻消费、重建设轻生活的影响。改革开放以前将近30年，传统计划经济时期，实行的是"勒紧裤带"搞建设的方针，在"生产资料优先发展"的理论影响下，以各种政策手段，最大限度地动员国内资源发展工业，特别是加快重工业建设，城乡居民的收入和消费需求都受到限制。1958—1978年的21年间，我国国民收入使用中的投资平均为30.3%（最高为"大跃进"期间1959年的43.8%）。重工业的优先发展使农业、轻工业的发展受到投资不足的限制，更不用说发展服务业。工业化进程中重工业自我循环的问题十分突出，大量社会产品沉淀在中间环节不能进入最终消费，农业、轻工业发展不足，使消费品可供量与有限的居民购买力不相适应，居民的低收入中仍有一部分被通货膨胀强迫蒸发，有一部分不能实现。所以，投资过高是导致改革开放前我国消费率偏低的直接原因，这对改革开放后的消费率偏低也有一定的影响。

改革开放后的初期，经过对过去片面发展重工业与片面强调积累的方针进行批判性的反思，采取加强农业、轻工业和改善人民生活的一些措施，1978—1984年投资率逐步回落（由1978年的38%下降到1984年的34.4%），消费率逐步上升（由62%上升为65.6%）。但上述反思很不彻底，1985年以后，又发生消费率下降，投资率上升的趋势（投资率由1978—1984年平均为34.8%，上升到1985—1992年平均为36.7%，再上升到1993—1999年平均为39.7%；消费率由1978—1984年平均为65.6%，下降到1985—1992年平均为63.3%，再下降到1993—1999年平均为60.3%）。消费率在20世纪90年代跌破历史低点下落到59%以下，最低为1994年的57.3%。1996年以后发生的供给能力大大超过市场有效需求的矛盾，除了国际经济形势的影响，从根本上说还是由于十几年来投资率过高、消费率下降所引致的。虽然以后政府部门出台了一系列措施刺激消费，如减轻农民负担，增加职工收入，提高低收入人员收入，降低存款利率，征收利息所得税，等等，但由于消费率依然过低，城乡居民有效需求仍然难以提高，国内市场有效需求不足的现象仍然存在。在消费需求不足的情况下为了保持经济的快速增长，不能不加大投资规模，加剧供大于求的矛盾，形不成良性循环。总之，长时期内的过高投资已成为居民收入和消费需求不足的根本症结所在。

消费需求作为有支付能力的需求，在既定时期里取决于：（1）收入水平；（2）消费倾向。所谓消费倾向，即收入用于消费支出的比例，由多种不同因素共同决定，其中包括收入分配因素和非收入分配因素。这里先分析收入和收入分配因素对消费率的影响。

长期以来，除个别年份外，居民收入水平较低，其增长速度也低于国内生产总值的增长速度。现将改革开放以来GDP、城镇居民实际可支配收入、农民人均纯收入的增长速度，分三段时期比较如下：

单位：%

类别	1978—1984年	1985—1992年	1993—1999年
GDP平均增速	9.6	9.6	10.0
城镇人均可支配收入增速	6.6	4.9	6.5
农村人均纯收入增速	16.0	3.7	5.0

除第一段时期农民人均纯收入因农村制度急剧变迁（由公社制变为家庭承包）增长快于GDP外，城乡居民收入增长在各个时期都低于GDP的增长。农民人均纯收入实际增长自1985年以后徘徊于4%左右，城镇居民人均可支配收入在1999年7月提高工资前，10年间年均增长4.5%左右。再拿20世纪末最后几年逐年的数字来比较：

类别	1997年	1998年	1999年	2000年
GDP平均增速	8.6	7.8	7.3	8.0
城镇居民人均可支配收入增速	6.6	5.1	7.9	7.3
农村居民人均纯收入增速	8.3	3.4	2.2	1.9

除1999年大力提高工资补贴，使城镇居民人均收入增长高于GDP增长外，城乡居民人均收入在各个年份都低于GDP的增长。居民收入与消费支出和消费率密切相关，收入增长缓慢并低于GDP增长，是我国消费率偏低并呈下降趋势的最重要原因之一。

从以上资料可看出，在城乡居民收入增长速度都低于经济增长速度的同时，除个别时期外，农村居民收入增长呈现比城镇居民收入增长缓慢的趋势，因而城乡居民收入差距拉大。改革开放以后，我国城乡居民收入差距在开头一段是缩小的，随后长时期增大。从1978年到1984年，城镇居民收入为农村居民收入的倍数，由2.57倍缩小到1.86倍，但1996年扩大到2.51倍，1999年扩大到2.63倍，2000年城镇人均可支配收入6280元，农村人均纯收入2253元，差距扩大到2.80倍；如果考虑城市居民的隐性收入和社会福利，差距更大。2000年我国人口中，农村人口占64%，城镇人口占36%，而在消费市场中，农村居民只占38.9%，城镇居民占了60%多。农村居民在消费市场所占份额一路下降，从"六五"期间（1981—1985年）的64%，"七五"期间（1986—1990年）的58.7%，"八五"期间（1991—1995年）的50.6%，降到"九五"期间（1996—2000年）的47.8%。占人口绝大多数的农民占消费市场份额日益萎缩，与近几年农民收入增长幅度逐年下降有直接的关系。

地区之间的收入差距也在扩大。1987年东、中、西部地区人均GDP分别为434元、313元和264元，三者之比为1.7∶1.2∶1。到2000年东、中、西部三地区人均GDP分别为18426元、5922元和4588元，三者之比扩大到2.3∶1.3∶1。省际农民收入高低倍数从1978年的2.88倍扩大到2000年的4.20倍。2000年东部收入最高城市和西部收入最低城市人均收入之比为4.88∶1。地区发展水平和收入水平的绝对差距，目前还是继续扩大的趋势。随着西部大开发，相对差距可能缩小，但绝对差距缩小还需时日。

再就不同群体之间的收入差距来观察，据住户调查资料显示，占城镇居民10%的最高收入户年均收入13311元，占城镇居民10%的最低收入户年均收入只有2653元。其差距已由1992年的3.26倍扩大为2000年的5.02倍。不同收入阶层收入增长呈阶梯式递增格局，收入越高的组收入增长越快。如1997年调查，占10%的最高收入户实际收入增长8%，而占10%的最低收入户实际收入只增3%。收入不同阶层居民家庭的消费倾向呈反比变化，最高收入组消费倾向0.659，最低收入组消费倾向0.957，两者相差0.262，由于收入差距扩大，居民边际消费倾向呈下降趋势。

总之，改革开放以来，我国城乡居民收入相对于GDP增长缓慢以及不同社会阶层之间、城乡之间、地区之间收入差距不断扩大，基尼系数已经超出了许多发达国家，这导致了全社会平均消费倾向的减弱，是造成当前消费需求不足和消费率偏低的重要原因。

除了收入水平与收入分配方面的原因外，还有非收入水平和收入分配方面的原因。首先是收入预期和支出预期的变化。企业改革强调效率引致减员增效，结构调整带来摩擦性失业，以及农村剩余劳动力向非农产业转移的就业压力，使城乡居民就业稳定性减弱，再就业困难加大。同时社会各阶层收入中工资性收入比重减少，其他收入比重增加，这些情况不能形成可靠的收入预期，尽管收入总额增加，居民也不能大胆消费，严重影响即期的消费支出。

在支出预期方面，目前社会保障体制新旧交替，消费者对养老医疗等新的保障制度的保障程度心存疑虑。住房商品化、教育产业化的改革，也增加了个人支出的预期。同时住房支出、孩子上学费用的增加也因货币工资改革滞后而增加居民负担。减收增支的预期，加上我国人民习惯于收支有余而不习惯于"寅吃卯粮"即超前消费，使得居民储蓄倾向增强。据七城市居民储蓄目的调查显示，居民对前四项选择几乎相同：（1）"防备急用"列首位；（2）"为孩子上学"居第二位；（3）"攒钱防老"第三位；（4）"安居乐业"（购房）第四位。未实现的购买力占居民收入的比重20世纪70年代为2%，80年代提高为15%，2000年提高到20.6%，居民储蓄存款2000年比1996年增长1.2倍，平均每年增长16.7%，大大高于居民消费的增长和经济增长速度。目前储蓄率高达40%以上，远高于发达国家水平。相当一部分现期消费转化为储蓄，这不能不制约消费需求的扩大和消费率的提高。

在非收入因素中，消费政策和消费环境的不完善是很重要的。我国在计划经济时期和物资匮乏时期的消费政策总体上是抑制性的，这包括对总的收入消费水平的抑制，也包括具体的消费政策。改革开放以来，这种政策取向有所调整，但没有实质性的突破。当前，城镇居民消费热点开始向住房、轿车、信息、旅游、教育、服务等方面集中，这些方面的消费环境和政策都欠完善。如汽车消费问题，国家汽车消费政策迟迟未能出台，一些地方限制汽车消费的政策不断出现，2001年7月1日国家有关部门发布取消200多种有关汽车收费后，在汽车购置和使用方面，我国仍然是世界上汽车税费水平最高的国家。再如住房，目前主要的制约因素仍然是商品住宅价格过高，税费在房价构成中比重甚高，房地产二级市场手续繁杂。在电信、信息领域，价格体制的限制因素，行业垄断对网络和信息服务的限制因素，都构成对消费需求的制约。在农村，农民消费需求的限制因素除了收入水平外，主要是消费环境，由于用水、供电、交通、通信等基础设施薄弱，阻碍了农村市场的扩张，使潜在的需求难以得到实现。

此外，生产和销售商在提供商品和劳务时，利用"信息不对称"欺骗消费者现象严重，假冒伪劣商品充斥市场，虚假广告、欺行霸市更是俯拾即是，市场秩序混乱，使有消费能力的消费者不敢消费，这在一定程度上也影响了消费需求的扩大和消费率的提高。

如前所述，我国消费率偏低并趋降势，是投资率偏高并上升有关。因此提高消费率要从调整消费与投资关系着手。改革开放以后，开始扭转过去长期重投资轻消费的倾向，但并不稳固。近几年提出扩大内需方针、采取刺激消费增长的政策措施以来，情况虽有所好转，但消费率偏低的问题没有从根本上得到解决。考虑到消费率偏低产生的种种消极后果和提高消费率对扩大内需、促进经济发展的积极意义，有必要明确提出把适当提高消费率作为经济发展的一项重要任务。要处理好经济建设与人民生活的关系，在保持投资适当增长的同时，促使消费需求增长快于投资需求的增长，以此作为一定时期内的准绳，调控投资与消费的关系，逐步改变我国高投资、低消费的经济发展格局。要采取扩大居民消费的各项政策措施，促进居民消费的快速增长。

第一，增加城乡居民收入，调整分配格局，是促进消费需求、提高消费率的重要手段。收入水平和消费倾向是决定消费需求的两个决定因素，而消费倾向又在很大程度上与收入分配的状况有关。在不断增加各类人员的收入水平的同时，要注意调节他们之间的收入差距。不仅要考虑公平与效率的问题，也要着眼于促进消费需求，提高消费倾向。

（1）首先要增加城乡低收入者的收入。低收入群体收入的增加无论从平均消费倾向还是从边际消费倾向看，其对于消费需求所起作用远远超过全社会范围收入普遍增加。要通过加快城市化进程，使农民剩余劳动力加快转入城镇非农产业就业，完善城镇最低生活保障制度。要落实最低工资制度，切实保障城镇困难人员的基本生活。

（2）其次要提高中等收入群体的收入，同时扩大中等收入层的人口群体。中等收入群体包括各种类型企事业单位科技人员、经济管理人员及技术工人等。机关单位在机构改革和精简人员基础上，也要提高工作人员的工资水平。努力增加新型农业、规模农业从业人员的收入水平。拓宽消费领域，挖掘中等收入群体的潜在消费需求，积极培育新的消费热点，释放他们的消费购买力。

（3）对于高收入群体，要保护他们的合法收入，通过供给结构调整创造新的消费需求，增加高档商品、创新商品和投资品的供应，使这部分人的剩余购买力尽快地转化为消费需求或投资需求。同时，要整顿依靠垄断地位等手段获取的不合理收入，加大个人所得税等税收手段对过高收入的调节力度，取缔非法收入。

农民是我国最大的消费群体。改变农民收入水平偏低，对促进消费需求提高我国消费率关系重大。提高农民收入水平的途径，一是调整农业结构，发展优质、高效、高附加值农业；二是发展农业的产业化经营，通过"公司加农户"的方式，使农民分享产业环节的利益；三是减少农村税费负担，增加财政、信贷等对农业各项事业的支持；四是最重要的，还是加速城镇化、农转非的过程。进入城市的人口，可以提高收入、消费水平，农村减少了剩余劳动力和人口，也可以提高留在农村人口的劳动生产率和收入消费水平。为此必须加快城乡一体化户籍制度建设和相应的改革。

第二，稳定收支预期，建立信心，是促进消费需求和提高消费率的又一重要条件。首先是就业的前景，如果就业不稳定，即使是在业人员也要谨慎消费，何况待业、失业人员。所以要尽量广开就业门路。就我国国情来说，发展民间中小企业、发展第三产业服务行业、发展劳动密集型产业、发展新兴产业、加快城镇建设、加强农田水利建设，都是增加就业的重要门路。目前新增就业大部分是民营中小企业提供，但许多领域民营企业受到市场准入的限制，即使开放领域，民营企业也难以享受公平待遇，因而失去了许多发展机会，使潜在就业机会无从变为现实的就业岗位。所以，国内民营企业享受"国民待遇"的问题，也是改善就业前景所必须采取的措施之一。其次，要加快养老、医疗、失业等社会保障制度建设，使之规范化，以降低人们对未来收入和支出预期的不确定性，增加即期消费。最后是对涉及居民利益的各项改革措施，如住房、教育、养老、医疗、保险等，要分轻重缓急，错开实行时间，尽快制定和适时公布改革方案，提高改革措施的透明度，加大宣传力度，使居民增强对未来的信心，做到心中有数，合理安排收支，增加当前商品劳务的购买数额。

第三，破除陈旧消费观念，积极发展消费信贷，促进消费结构升级。进入20世纪90年代以来，我国城乡居民消费结构不断升级，如由原来主要满足人们最基本的吃穿用消费，逐渐拓展到购买住房、汽车、通信工具等方面的消费，由简单的商品消费逐渐扩大到包括各种服务在内的消费，如旅游、教育、文化、保健等。实现消费升级，一种做法是传统的先攒钱，攒够了钱再实现消费升级；另一种做法是消费信贷。我国传统不习惯于预支未来的收入进行消费，直到实行扩大内需刺激消费政策时，才提出推广消费信贷。然而开始时推动较难，一是受传统消费观念的影响；二是缺乏完善的个人信用制度，消费信贷短期内风险大收益小，商业银行积极性不高；三是消费者对未来收入不稳定的预期，延缓了接受消费信贷的进程。实践证明，这些难题可以逐渐克服，现在信贷消费逐渐成为人们重视的一种消费方式。利用信贷拓展消费，目前是从购车、买房和教育消费起步，要进一步扩大消费信贷规模，拓宽消费信贷领域，确定合理的消费信贷利率，延长贷款年限，简化贷款手续，使更多的消费者利用信贷消费方式，实现消费升级。

第四，加快调整具体的消费政策，建立良好的市场秩序，让消费者乐于消费。过去短缺经济时期制定的一系列政策法规，如居民购房、购车、用电、通信等各方面抑制消费的税费政策，应尽快清理，消除政策性障碍，抓紧制订鼓励消费的政策措施。要严厉打击生产销售假冒伪劣商品、制造虚假广告、欺行霸市行为，改善服务质量，为购买商品服务创造良好氛围，使消费者乐于消费。

第五，投资改善消费环境，完善消费品供给。居民消费结构升级不仅涉及消费资金来源问题（消费信贷），也涉及基础设施的投资问题，为住、行消费升级，需要增加住宅建设和交通建设的投资；又如教育培训、旅游观光、文化娱乐、体育健身、卫生保健等服务消费，无不需要基础设施的条件。因此，解决当前消费率偏低的问题，并不意味要压缩投资，而是要促进投资与消费的协调配合。农村消费上不去，固然与收入水平有关，但也与农村电网、通信线路、道路设施等整体不足有关。近年来农村电网改造对扩大农村消费发挥了重要作用，今后要继续加强农村水、电、路、通信等基础设施建设，为扩大农村消费创造条件。此外，为了从供给方面创造促进消费需求的条件，要根据市场需求的现实结构及其变化方向，增加对经济效益好、市场前景广阔的行业和企业的技术改造投资，不断创新开发适合不同消费群体需要的不同档次适销对路的消费品，使供给结构适应需求结构升级换代的要求，解决供需结构不匹配引致的抑制居民消费需求增长的问题。

刘国光
经济论著全集
第
15
卷

略论货币政策、减税和民间投资[*]

——在中国经济形势分析与预测春季讨论会上的讲话

（2002年4月）

一、略论货币政策

这几年在实行积极的财政政策的同时，实施了稳健的货币政策。稳健的货币政策在配合财政政策方面发挥了积极的作用。按照人民银行的总结，稳健的货币政策的内容是：适当增加货币供应量，加大对经济发展的支持力度；通过央行的政策法规和窗口指导，引导商业银行的贷款投向，提高信贷资金的使用效益；加强对银行的监管，促进商业银行的制度更新，为有效传导央行货币政策创造条件。

在增加货币供应量方面，央行从1998年开始就采取了一系列措施，取消了对商业银行的贷款限额控制，两次下调法定存款准备金率，连续8次下调存贷款利率等。从1998年到2001年全部金融机构各项贷款分别增长15.5%、12.5%、13.9%和11.8%，稳健的货币政策有力地支持了积极的财政政策，促进了经济的发展。

受国际经济环境及内需不稳定的影响，2001年，我国经济增长率逐步下滑，居民消费品价格指数2000年5月开始由负转正，

* 原载《经济蓝皮书：中国经济前景分析2002年春季报告》，社会科学文献出版社2002年版。

2001年9月持续16个月保持正增长的局面被打破，同比指数出现负增长，11月、12月连续下降。2002年1~2月全国居民消费品价格总水平比上年同期又下降了0.5%。工业品价格指数和商业零售价格指数下降时间更长。前几年随需求的不足和经济下滑出现的通货紧缩趋势，现在又加重了，需引起人们的关注。有人认为，货币政策的"紧缩"是造成这种情况的重要原因之一。他们认为，要彻底改变这种状态，有必要改变当前的货币政策取向，对实行实质性的"紧缩政策"进行调整，迅速实行"积极的"、"宽松的"，也就是扩张性的货币政策。

先看近年来货币供应量是不是偏紧。从货币供应量M_1、M_0和金融机构贷款指标看，不能不承认有这个情况。2001年市场现金流通量M_0增长7.1%，增幅比2000年4月高峰时回落14.1个百分点，比2000年年末回落1.8个百分点，比1997年到2000年年均增长13.6%低了6.5个百分点。2002年1月末，市场现金流通量比上年同期又下降1.7%。2001年狭义货币M_1增长12.7%，增幅比上年6月高峰时回落11个百分点，比上年年末回落3.3个百分点，比1997—2000年年均增长15.5%低了2.8个百分点。2002年2月末狭义货币M_1余额同比增长10.6%，又比上年增幅减低。对货币供应量有明显影响的金融机构贷款余额受需求减少和信用渠道变化的制约，2001年仅增长11.6%，增幅比上年低1.8个百分点。2002年2月末，贷款余额增长进一步降为10.6%。货币供应量增速偏低，特别是贷款增幅下降，对当年经济走势无疑会有相当不利的影响。

对于货币供应量是否偏紧，也有从其他角度（从M_2的角度）来分析的意见。他们认为，我国货币供应存量和增量已经很多，从1978年到2000年，国内生产总值年均增长9.5%，零售物价指数年均增长5.92%，而广义货币供应量M_2年均增幅为23%，高于经济增长和物价上涨率之和。广义货币量与国内生产总值比值呈上升趋势。M_2与GDP之比，1998年为1.31，1999年为1.46，2000年为

1.52，其比例之高居世界各国前列。2001年M_2增长14.4%，增幅也比上年提高了2.1个百分点。所以，不存在货币供应偏紧的问题。但广义货币中的准货币在我国大量是居民暂时不用的储蓄存款。我国居民储蓄率甚高，储蓄存款余额不断上升，2001年增长了14.7%，增速比上年年末高了6.8个百分点。2002年2月末，储蓄存款余额同比增长16%，增幅比上年同期高7.8个百分点。储蓄存款余额对GDP比例的升高导致M_2对GDP比例的升高。但储蓄存款在我国一般不作为商品劳务交换的媒介，因而其增长也不能确切衡量货币供应量的增长。这一观点也没有考虑我国货币流通速度长期下降的趋势。事实上，高的且上升的M_2对GDP的比率，既包括了通货膨胀的年代，也包括了通货紧缩的年代，不能确切反映货币供应的短期变动是否合适。

对于目前物价走低的原因，也有论者认为不是货币量供应不足，而是经济结构低水平重复建设，致使大部商品供过于求。但经过几年的努力调整，经济结构问题已有所改善。而且同样的结构，既支持了2000—2001年将近16个月消费价格指数的正增长，现在又与物价水平的下落相伴随，这就难以解释。恐怕是既有结构问题，也有总量问题，即货币供应量偏紧的因素。

正是因为存在着货币供应量偏紧的问题，央行在宣布2002年继续实行稳健的货币政策时，强调继续保持货币信贷总量的适度增长，进一步加大对经济发展的支持。保持货币信贷总量的适度增长，这是稳健的货币政策中本来应有之意。当然，货币信贷总量的"适度增长"是一个弹性很大的概念，因为决定货币供应量"适度增长率"的因素很多，是很难测算的，只能依靠实物经济的运行状况进行分析，主要是依靠物价走势来判断。2002年货币信贷的预期目标，M_2增长13%左右，M_1增长13%左右，M_0现金投放在1500亿元以内，全部金融机构贷款预期增加1.3万亿元。与此相对应，2001年货币信贷的预期目标是：M_2增长13%~14%，M_1

增长15%~16%，M_0现金投放限制在1500亿元以内，全部金融机构贷款预期增加1.3万亿元左右。2002年与2001年这几项指标对比，可以看出2002年M_2增幅是2001年目标的下限，同时又低于2001年的实际增长水平（14.4%）。2002年M_1的增幅比2001年目标下调了2~3个百分点，接近2001年年末实际增长水平（12.7%）。现金净投放和贷款预期规模不变，分别为1500亿元和1.3万亿元。但是，如果考虑到现金总额和贷款余额规模在不断扩大、基数不断加大，2002年现金投放和贷款的增长率，实际是下降的。国债投资也有这个问题。国债2002年发行1500亿元，规模与去年（2001年）持平，实际力度下降。如果国际经济形势不能迅速改观，以现在财政政策货币政策的力度，可能不足以维持经济增长。因此看来，2002年货币信贷的目标有点偏紧。考虑到目前通胀率仍处于偏低的状态，货币供应量的目标似应适度放宽，或者在执行中适当放松。

当前积极扩大货币信贷总量，既有可能也有必要。目前银行资金比较充裕，利率水平比较低，市场物价相对稳定，这些都有利于通过增加货币信贷总量来支持经济发展。从客观需要来说，有不少地区、不少行业、不少企业，对银行信贷的需求仍很大。要适度放宽对贷款的限制，进一步加大对企业技术改造、中小企业及农户的金融支持力度；调动信贷工作人员营销贷款的积极性，处理好防范风险与银行赢利的关系，防止信贷过度萎缩情况的出现。

值得注意的是，近年来，银行信贷资金向大企业、大项目、大行业等"大户"集中趋势不断加强。信贷资金向"大户"集中，一定程度上满足了大企业、大项目、大行业的资金需要，但过分集中到"大户"的信贷资金，产生的效益并不一定高，造成了资源浪费；助长"大户"冒险经营超常投资，使信贷资金面临不小的风险。同时，信贷资金大量集中到"大户"，使中小企业贷款难的问题更加突出。商业银行应转变观念，主动深入企业，在防范风险的基础上，搞好信贷资金的合理分配，促进各种类型企业业务的平衡发展。还应注意的是，金融机构贷款增速减慢，主要集中在国有独资商业银行。股份制商业银行的贷款增速和信贷市场份额都在上升。这与国有独资商业银行信贷管理方式落后、贷款营销观念不强、信贷激励机制不健全等有很大关系。国有独资商业银行的改革深化和民间金融机构的发展，是解决问题的唯一出路。

本文认为，适度松动货币信贷的供给，在继续坚持稳健货币政策的框架内可以做到，无须改变货币政策的取向，实施扩张性的（或"积极的"）货币政策。货币当局在坚持稳健的货币政策时，应向宽松方面努力，解除货币供应量偏紧的情况，以防止经济增势继续下滑，促进经济增长。本文认为，目前我国的货币供应总量，不宜过于放松。一是我国银行的不良资产，坏账近几年增长速度虽有下降，四家国有独资商业银行的不良贷款率2002年年初比2001年年初下降3.81个百分点，但目前仍有一万多亿元人民币的坏账。在信用过分集中于银行，企业负债率还较高的情况下，过分扩张货币供应，盲目增加贷款，势必增加新的坏账，加大金融风险的压力。二是尽管目前通胀压力不大，但随着货币信贷投放的加大，易引起物价上涨，要密切关注物价运行状况，及时采取措施，防止出现严重的通货膨胀，特别要防范在严重的通货膨胀情况下M_2中储蓄存款变现的冲击。本文作者过去在一篇文章中说，通货膨胀率在-2%~3%，都是可以允许的，稳健的货币政策也要把货币供应量掌握在这个相应的范围，只要通胀率向低限移动，就应加大货币信贷扩张的力度。随着通胀率接近上限，就应抑制货币信贷的投放力度以保持人民币币值的基本稳定，支持经济持续健康发展。这也就是货币政策的本来目的。

二、再谈减税

扩张性财政政策，一般包括增加支出和减轻税负两个方面。增加支出即通过增发国债，增加政府有购买能力的支出，以促进投资需求和消费需求。减轻税负则通过运用税费杠杆，将购买力留于民间，以促进民间的投资需求和消费需求。增支和减税，对促进需求、刺激经济发展的效果是相似的，都可以说是增加需求方面的政策。但减税措施更直接启动民间需求，为增发国债所不能及。同时减税能使企业降低成本、增强竞争力与提高供给的积极性，所以，"供给学派"又把它算作"供给"政策，即向供给方面倾斜的政策。意思实质上是一样的，不失为治理通货紧缩或通货紧缩趋势的一种手段。

我国实施积极的财政政策，实质上就是扩张性的财政政策。但迄今我国政府只从增支方面，采取了增发国债增加政府支出的措施，而不强调减税方面的措施。相反，税收总量这几年在大幅度增加。虽然，我们实际上也采取了一些减免税费的措施，如出口退税、停征固定资产投资方向调节税、用国产设备进行技改的税收抵付、房地产二级市场减免税、支持西部大开发、支持农业的优惠政策等，但没有形成系统的减税政策，也没有讲减税政策。事实上，税收总量又在大幅度增加，因此，我国财政政策中似乎存在支出与收入政策不太协调的矛盾，政策效应有被削弱的问题。政府一方面扩张国债投资与支出，另一方面又不断加大税收增幅，1994年，全国税收收入加总不过5070.79亿元，经过5年，到1999年增加到1万亿元；又经过两年，到2001年跃增到1.5万亿元。税收增长速度又大大超过GDP增长速度，如2001年，我国税收增长19.8%，比GDP增长7.3%超过近两倍。

据国税总局提供的数据，2001年税收增长19.8%中，大约有

9%与当年经济增长、效益提高直接有关，约占总增收额的50%。还有是费改税等政策性、一次性因素增加了大量收入，约占总增收额的35%，余下来的是加强税收征管因素，大约占总增收额的15%。应该说，1994年确立现行税制以来，税制格局并未做什么调整，税收政策亦没有什么重大变化，既没有增设税种（恢复征收利息所得税及开征股票交易印花税是例外），也没有扩大税基，也没有提高税率。税收的增长基本上是经济发展、效益提高、税源增大、某些一次性的政策性因素，以及打击走私、加强征管的结果。税收的这种高速增长有其正常合理的一面。目前我国总体税收收入只占GDP的15.8%，而发达国家一般在30%左右，发展中国家也在20%~30%，我国税收比GDP适度超前增长（不是过度超前），也是适当提高我国财政收入占GDP比重所必需。因此，普遍的大面积的减税目前没有必要，也不现实。

　　进一步扩大内需，要运用多种手段。为了更好地调动企业经营与投资的积极性、降低企业成本、提高居民消费倾向，进一步减轻税费负担的手段还有用武的余地。在全面普遍减税没有必要而且有实际困难的情况下，可以实施结构性的减轻税费负担的措施。我们已经事实上采取了若干减税措施，进一步减税的空间还是存在的。例如，内资企业所得税税率是33%，高于一些发达国家税率水平，与美国累进税制最高档次税率相同，但美国税前扣除项目多，而我国由于企业赢利水平很低，相对而言企业所得税税率偏高。同时外资企业所得税税率因享受超国民待遇只有15%，差距甚大，有必要降低内资企业所得税税率，统一内外资企业税收待遇，形成公平合理的税收环境。又如，我国现行增值税税率为17%，若折算成消费型增值税，则税率高过23%，而大部分国家低于20%。我国要探索增值税由生产型向消费型转变，以刺激企业投资的积极性。个人所得税起征点800元，已明显不符合现时居民收入与消费状况，应适当提高起征点。要加快税费改革步伐，特别是结合农村税费改革，切实减轻农民负担，增强农民购买力。对中小企业实行一定的税收减免，也有潜力可挖。

有一种意见认为，中国税收以间接税为主，而不是企业所得税与个人所得税，减税不能直接给企业带来减税的效益，无非是导致物价下降，不利于经济增长。首先，我们要实行的是结构性减税，可先选择直接为企业和个人带来减税利益的税种实行减税。其次，间接税也不是不能带给纳税人以减税利益，物价下降使企业进货成本下降，消费者获取增加的购买力。最后，物价受供求关系决定，不一定随税率下降而下降，不排除税率降、需求升而导致物价的反向变动。另外，在全球化格局下，资本会向税率低的地方流动，这里既包括直接税也包括间接税。如果其他国家税率一减再减，而我国税率保持不动，无疑会削弱我国的国际竞争力。

再一类问题是财政负担方面的。一是政府每年发行国债总是要还的，要依靠税收收入来归还。二是减税导致经常性开支难以保证。三是减税必然降低财政收入占GDP的份额，增大赤字规模和政府债务负担。对此我们要说的是：第一，减税措施刺激需求促进经济增长，最终带来税源的扩大，对国债本息的支付也是一个保证；第二，减税通常指降低法定税率，而税收多少，还受税基宽窄、征管强弱等因素的影响，减税不一定意味减收，从西方国家20世纪80年代税制改革的经验来看，由于实行"低税率、宽税基、少减免、严征管"，税收总额不一定减少，甚至有可能增加。由于我们的减轻税负是结构性的、有选择的，税收总额一般随着经济的发展而增加，不至于下降。近年来，我国税收增幅很大，财政有能力抽出一部分用来支持税制改革。当前调整财政支出结构，压缩财政支出仍有很大潜力。加强税收征管，控制减免、增加收入的空间仍然很大。考虑到现在正是需要采用减轻税收负担作为刺激景气、扩大内需的手段，此时不用，更待何时？

如果降低国税造成财政收入缺口，有人建议可由增发国债来弥补，即对积极的财政政策适当转型，国债资金的运作由目前的直接投资转向部分用以支持减税和税制改革，从而刺激投资和消费的增长，这也不是不可以考虑的。现在还没有到这一步，目前财政政策转圜的余地还是存在的。

三、也谈民间投资

1998年以来，我国提出了扩大内需的方针和积极财政政策。扩大内需是适应我国人口众多大国国情的长期方针。积极财政政策是以国债投资为主要内容的短期政策。这项政策的持续时间，要看国际需求变动、民间投资启动和债务承担能力来定。目前世界经济持续不振，民间投资启动乏力，加上债务赤字负担能力还有余地，积极财政政策退出时间一再推迟，有变为中期政策的可能。几年来实施积极的财政政策的确发挥了巨大作用，国债投资既在短期内促进了国内需求，又为国民经济的长期发展打下了良好的物质基础。但持续使用国债投资，会增强政府对经济的直接干预，与市场取向的改革目标相抵触；政府投资一般效率较差，随着时间的推移，国债项目逐步转向低效益或无效益，出现国债投资效益递减现象；政府工程质量一般难以保证，而且容易产生腐败。因此，积极的财政政策不能老用下去。考虑国家财力紧张，政府能用于投资建设的预算内资金和能发放的政策贷款数量有限，所以，以政府投资引导民间投资，并逐步弱化中国投资增长对国债投资的依赖，十分必要。

中国在改革开放前实行计划经济，国家投资占了极大的比重。改革开放20年来，我国民间投资迅速增长，年均增长26.7%，比国有经济投资高出近10个百分点。1980年，我国民间投资仅有165亿元，占全社会固定资产投资的18%。至2000年民间投资高达1.5万亿元，占全社会固定资产投资的45%，是1980年的91倍。1996年以前，除1989年、1990年两年压缩投资外，民间投资速度一直保持在20%以上，1996年为19.6%，从1997年投资增速开始减慢，当年增长8.6%，1998年增长10%，1999年增长6.7%，2000年有所回升，增长了18.0%。

2001年，民间投资再次降速，集体与个人投资分别增长了8.1%与12.7%，仍低于国有及其他类型投资增长的12.8%。这样看来，指望政府投资强劲地拉动民间投资，或者指望民间投资能弥补积极的财政政策一旦退出、国有投资增速下降留下的增长空间，存在相当的难度。

民间投资不振，不是说民间没有资金。统计显示，目前我国民间储蓄已逾7万亿元，如果加上居民持有的现金、外汇、债券等，实际民间金融资金存量已超过10万亿元，大部分没有进入投资领域。即使是民间投资相对比较活跃的浙江省，目前仍有3500亿元民间资金闲置，占到其总量的2/3。民间投资出现较大的下滑，既有与国有经济相似的市场环境等制约因素影响，也受到思想观念、体制、法规、政策等方面的影响。社会上对民间投资存在偏见，有些地方和部门对民间投资仍有歧视，使其难以享受与国有投资同等的待遇，如在投资领域、融资、税收、用地、用电等方面不能一视同仁，特别是市场准入限制和融资渠道不畅，是导致民间投资乏力的主要原因。

市场准入的限制。据了解，国家法律除必须垄断的少数行业（如武器制造等）明显禁止民间资本进入和对一部分行业有100多项管制审批限制规定外，对民间资本没有特殊歧视性的规定。但在实际经济生活中，由于存在着行业垄断和部门与地方保护主义，对民间投资的市场准入设置了许多限制。民营经济在进入基础设施行业、新型服务业、大型制造业等领域受到不同程度的限制。广泛援引的例子是广东省东莞市80个行业中，允许外资企业进入的62个，而允许民营企业进入的只有42个。在许多领域，审批民营企业的进入，比国有企业和外商投资要复杂和困难得多。

资金筹措方面的制约。资金短缺一直是民间投资能力的限制因素，当前民间投资资金来源主要还是靠自我积累、滚动发展，金融机构的信贷支持很有限，民间企业间接融资困难。国有银行商业化以后，在强化贷款风险防范的同时，没有建立起相应的资产运营的激励机制，银行"惜贷"心理严重。1998年以来，为刺激民间投资增长，政府陆续出台了一系列政策，要求银行"增加向中小企业贷款"，但由于经济运行过程中矛盾重重及民营企业本身素质的缺陷，使银行对其贷款存在抵押担保难、跟踪监督难和债权维护难等问题，实施效果不明显。由于存在所有制歧视，2001年年底央行的一份调查显示，在所有企业中，私营企业的贷款满足率最低，只有60.4%，比国有企业低10.4个百分点，低于平均水平8.1个百分点。直接融资渠道也很狭窄，市场进入门槛高，量大面广的中小企业大部分规模小、层次低、上市难。由于体制内渠道解决不了融资问题，在浙江、福建、广东等私营企业发达地区，以民间融资为特征的地下金融市场颇见规模，甚至成为中小企业融资的主渠道。

为了提高民间投资的增长速度，逐步替代政府国债投资，要为民间投资创造一个平等的投资环境。在制定投资准入政策、投资融资政策、税收优惠政策、土地政策、出口政策、简化审批手续、加强民间投资的法律保护，项目建设过程中各种待遇等方面，要与国有投资一视同仁，为其在舆论、政策、法制等方面提供一个公平竞争的环境。

要拓宽民间投资领域，实行开放式的行业准入政策，除关系国民经济命脉的重要行业与关键领域外，其余行业都应放开，让民间资金投资或控股经营，凡是允许外商投资的产业，应允许国内民间资本进入。

要拓宽融资渠道，建立和完善为民间投资服务的金融组织体系，成立专门为中小企业提供金融服务的银行，在规范经营和加强监管的基础上，发展民营金融机构，在"入世"后按时间表开放外商金融机构的同时或之先，就应真正实现金融机构的对内开放。利用资本市场为民营投资服务，允许具备必要条件的民营企业运用发行债券和股票上市的手段进行直接融资。

以民间投资逐步代替国债投资的重要途径之一，是鼓励引导民间投资参与国债投资的基础设施和社会公共工程项目的建设，有重点地使用部分财政资金或财政贴息来带动进行。同时鼓励民间资本以兼并、收购、控股、参股、租赁、承包与托管等方式参与国有企业的改制和重组。

民间投资的启动与发展不仅关系积极的财政政策未来的淡出，要为之预备；也关系我国"入世"后市场向国内的开放。有关方面已感到启动民间投资的紧迫性，2001年12月11日我国正式"入世"时，当天国家计委就下发一项文件《关于促进和引导民间投资的一号意见》，这一文件从进一步转变思想观念、逐步放宽投资领域、积极拓宽融资渠道、实行公平合理的税费政策、建立社会化服务体系和改进政府的管理工作六个方面，提出了促进和引导民间投资的意见，并要求根据各地区、各部门民间投资现况和特点，制定和实施符合本地区、本部门的政策措施。差不多该涉及的问题都谈到了，思路比较完整，问题在于落实。本文以为，最重要的问题在如何消除制约民间投资的所有制歧视，打破怕民间经济冲击国有行业和部门的垄断利益的思想束缚。一些部门和实际操作人员在国资进退、银行贷款、项目审批等许多具体问题上存在"宁国勿民"的观念，宁可对成问题的国资项目放行，也不愿对条件更优越的民资项目开绿灯，这完全不符合市场经济的哲学。这个障碍不消除，在领域准入和融资渠道等方面的设限问题，不可能得到解决。

民间投资增速上不去，还与市场形势不振、市场行情不确定因素有关，投资哪些行业、哪些项目可以赚钱，没有把握。本文认为，目前，某些有赢利空间或赢利有把握的竞争性行业，为国有资本所垄断，不妨适时逐步让出给民间企业经营，国有经济不宜在此领域与民争利。更重要的是，为民间投资者创造一个持续向上、长期增长的市场前景和赢利预期，这要从多方面努力，特别要从扩大居民最终消费着手。不断增加居民收入，改善收入分配，扩大居民最终消费，这不仅直接有益于增进消费需求，而且间接拉动投资需求，带动市场需求全盘皆活。只有市场前景好了，赢利预期好了，民间投资才能活跃起来，一旦国债投资不得不淡出舞台，民间投资就能跟进，发挥作用。

略论货币政策、减税和民间投资

当前经济形势几个问题*

——在原国家计委经济研究所国宏论坛上的讲话
（2002年5月17日）

一、2002年经济形势看法

2002年年初以来，总的经济形势好于预期，工业生产、投资、消费和外贸都呈现较快增长局面，国民经济保持良好的发展势头。上半年工业增加值同比增长11.7%，7月同比增长12.8%。国内生产总值上半年增长7.8%。原来预计GDP增长7%左右是建立在外部形势趋势之上的。2001年，中央经济工作会议召开时，外需增长正在下降。2002年头几个月，外部形势明显改善，1~6月出口同比增长14.1%，同比上升5.3个百分点。贸易顺差134.1亿美元，比上年同期增加53.9亿美元，实际外商投资增长18.5%，超出了我们的预料。7月出口增长28.1%，实际吸收外商投资增长18.7%，发展的好势头仍在继续。外需回暖，稳定了总需求增长。世界经济波动所及于我国的影响，滞后期大约半年。从各种迹象看，2002年后几个月虽然有些不稳定因素，但世界经济将比上年有所回升，总的来看，我国经济发展的外部环境可能比2001年后几个月会要好一些。

---

* 原载《宏观经济研究》2002年第25期，8月29日在经济形势与江苏发展研讨会上发言时做了补充。

在国内需求中，全社会固定资产投资上半年增长21.5%，比上年同期加快6.4个百分点。1~7月国有及其他类型固定资产投资增长24.1%，高于上年同期5.7个百分点，是一个比较高的速度。按历来做法，对这样的投资增长率是应采取调控措施的，但由于总的需求不足问题没有根本解决，投资增长还在较高速区间运行。这主要有三个原因：一是国债项目收尾工程加快建设，推动公共投资加速增长；二是"入世"第一年外商抢滩开放中的中国市场，外资增长强劲；三是民间投资增长虽然离理想增长水平还有较大差距，但也在缓慢回升之中。上半年集体和个体经济固定资产投资分别增长15.8%、19.4%，比第一季度加快3.2个百分点和10.3个百分点。民间投资的加快是否能持续，还需要观察。总的来看，全年的投资增长将比上半年下降，但有可能好于上年。

在消费需求方面，社会消费品零售额的增长比较平稳，上半年名义值增长8.6%，增幅比上年同期回落1.7个百分点；7月消费品零售额同比仍增长8.6%，低于上年同期1.2个百分点。但如果将物价因素考虑进来，实际增速下降不多。扣除物价因素，上半年消费零售额实际增速10.40%，与前两年平均10%左右的增长速度差不多。目前消费需求的突出问题是结构矛盾。主要表现在：一是占全国人口比重60%左右的农民消费严重不足，他们的生活数量和质量明显低于城市。农村消费贸易份额占社会消费品零售总额的比重由1996年的56.3%下降到2001年的45.2%。二是全国城镇低收入群体消费不足。长此以往，会影响社会消费需求的持续增长。

2002年第二季度经济增长8%，比第一季度的增长7.6%提高了0.4个百分点。全年实现预定的增长目标7%应该是没有问题的。下半年的经济走势，看来固定资产投资由于国债项目资金投放力度可能减弱，再加上2001年下半年基数较高，2002年下半年的增长将比上半年速度有所下降，出口和消费将会成为经济增长的主要力量。但出口有很大的不确定性，原因是我国外贸依存度与出口依存度过高（外贸依存度40%以上，出口依存度20%以上），如果外部环境发生一些意想不到的变化，整个外向型经济都会受到影响，对GDP的增长影响较大。7月出口增长速度已很高，全年不可能达到这样的速度。消费增长受到一些长期因素的影响，一下子也不容易上去。综合各方面情况看，2002年，全年经济增长的速度估计比上半年要低一些，但要比全年预计高一些，如果政策调整及时、操作得当，有可能实现7.5%左右的增长速度，略好于上年。

二、关于通货紧缩趋势

说经济形势比预期要好，不等于说没有问题了，实际上问题不少。问题主要有：通货紧缩趋势抬头、下岗失业压力增大、收入分配不公、农村增收乏力等。其中大多是老问题，但有一些新变化，程度有所加深，要引起足够重视，处理不当会影响社会稳定，因此应强调处理好改革、发展与稳定的关系。这里简单谈谈通货紧缩问题。

通货紧缩是个老问题。从1998年4月开始到2000年4月出现了长达24个月的居民消费价格总水平连续负增长。由于采取正确的应对政策，2000年经济形势出现转机，2000年5月~2001年10月间，有16个月消费物价指数恢复正增长和3个月的零增长，通货紧缩势头有所遏制。但因美国经济和世界经济形势逆转，我国国内需求不足问题重新显现，2001年9月以来，消费物价指数又由正变负，这期间除2001年10月、2002年2月因节日长假消费，使价格指数未出现负数外，其他月份都显下降态势。2002年上半年消费价格指数下降0.8%，7月再现跌势，同比下降0.9%。8月稍缓，同比下降0.7%。1~8月消费价格总水平下降0.8%，下降时间已连续超过9个月。社会商品零售价格指数和工业品出厂价格指数下降时间更长，幅度更大。现在的问题是，2002年上半年宏观经济指数如投资、出口、工业生产等，明显比上年下半年和比2002年预期加速，但物价却出现相反走势，是不是通货紧缩趋势又重新抬头，经济学界多数人持这种看法，但银行里有的同志承认物价下降是事实，但回避通货紧缩的提法。我个人的看法是，如果物价下降持续超过半年，就可初步认定是出现通货紧缩趋势。要解释为何物价又重新持续下降，原因很复杂，解释很多：一是供大于求，国内有效需求不足，投资增长主要是靠政府投资带动，没有发挥带动市场全面扩张的效应，消费需求缺乏内生性增长动力，民间投资难以启动；二是居民消费价格指数在经济指标中属于滞后指标，目前消费价格指数的走低是2001年经济逐步下滑和生产资料价格指数跌幅加深的滞后影响；三是技术进步成本下降，如家庭设备用品、交通、通信等；四是加入世界贸易组织的影响，进口关税降低，国际通缩影响增强。还有一个有争议的原因，即物价下降是由货币供应量偏紧造成的。通货紧缩和通货膨胀一样，都是一种货币现象，按经济常识，货币供应量不足，造成需求不足，物价就会下降。但央行称广义货币M_2、狭义货币M_1供应量都不低，1998—2001年平均达14%~15%，高于经济增长率和物价上涨率7个百分点。M_2/GDP是世界各国最高的，再高有危险。据央行另一研究，我国广义货币供应M_2的运用结构中，用于海外增值的外汇储备在持续增长，国内信用中用于支持政府支出部分迅速增长，同时银行贷款存量中一部分已被不良贷款所抵消，有相当一部分资金游离于实体经济之外，以致实体经济企业部门能运用的资金相对偏紧，而投入实体经济的信贷资金又过分向具有优势的大行业大企业倾斜，中小企业、县域经济、农村贷款难的问题十分突出。这是当前造成国内需求不足的主要原因。所以，我在计委经济所中国宏观经济论坛上说，导致目前总需求不足的主要原因，不是外需，不是消费，也不是公共投资，而是竞争性领域的投资，特别是民间投资需求不足。而造成竞争性民间投资不足的直接原因，主要是偏紧的货币和信贷政策的操作。所以，我们必须解决货币信贷政策操作偏紧的问题，通盘考虑对M_2、M_1的总量和布局作相应的调整，增加实体经济资金供应，促进国内需求的增长，防止通货紧缩趋势的蔓延和加深。

物价下降不都是坏事，像上面所说的，由于技术进步、正常竞争发展等原因引起的物价下降，是我们所欢迎的。但是，由于总需求不足，总供给过剩而导致的物价下降，负面作用很大。这种物价下降会引起经济下降的预期、引起债务负担的增加，影响企业的利润经营，由于买涨卖跌，引起消费者推迟消费，投资者推迟投资，这些负面作用我们要正视，要加以防范。当然，对于目前通货紧缩形势也不宜过于夸大，0.8%的CPI下降影响仍然是有限的，而且物价下降幅度有趋缓之势，如4月居民消费价格同比下降1.3%，5月下降1.1%，6月下降0.8%，7月下降0.9%，8月下降0.7%。目前物价总水平应该说基本上是稳定的。我过去在一篇文章中说，通胀率在−2~3，都不要大惊小怪，都是可以允许的。稳健的货币政策，要把货币供应量掌握在这个相应的范围。通胀率向低限移动时，就应加大货币供应量扩张的力度。随着通胀率接近上限，就要抑制货币供应量的投放力度，以保持人民币的基本稳定，支持经济的持续健康发展。

三、再谈财政货币政策的一些问题

目前经济生活中的许多问题，特别是一些影响长期发展的问题，包括总需求不足，很大程度上在于体制性障碍。比如，货币传导机制不畅，金融体系不适应市场发展的需要，储蓄转化为投资的机制不顺，金融资源配置过度集中于国有银行和国有企业，等等。这些与制度缺陷紧密相关的问题如果不从现在起就开始逐步加以解决，单靠短期政策操作是力不从心的。因此，在研究下一步政策取向时，更根本的应从改革（主要包括财税、投融资、国企和商业银行体制改革）上多加以考虑。

当然，制度改革是一个慢变量，其效应只能慢慢显示出来，有些短期矛盾和问题的解决，还是要看短期政策的取向和操作。关于影响总量变化的短期政策取向和操作，最近的讨论不少，比较集中的是"积极的财政政策是否淡出、如何淡出"，"货币信贷政策操作要不要放松、如何放松"这样两个问题。关于这两个问题的意见，我在一年多前就提出过。今天，我想利用这个讲坛，再谈点个人想法。

我们在研究宏观政策取向和操作时，要明确扩大内需是一个长期方针，积极财政政策是短期政策。在全面短缺问题解决后，经济整体上面临的是需求不足的挑战，尽管不排除短期供求平衡甚至需求旺盛和通货膨胀，但长期趋势是需求不足。不过财政政策不能长期"积极"，我们实行积极的财政政策已有5年，共发行建设国债4600亿元，成绩显著。可这不能无限制地扩张下去，因为这样做会给未来财政赤字危机和通货膨胀埋下隐患，这个可能的长期风险不能不防范。一旦短期目标达到，经济环境明显改善，就要考虑"逐步淡出"。据我看，决定"是否淡出"的条件主要有三个：一个是国际形势明显好转，外需增长稳定；二是民间投资出现机制性复苏繁荣，国内投资和消费需求形成自我成长机制；三是财政赤字率接近或达到警戒线（3%）。从实际情况看，目前赤字率可能接近3%这个警戒线了，但国债余额占GDP比重的警戒线尚有空间；国际形势短期趋好，但不确定；民间投资机制性复苏繁荣还未出现，仍不能替代国债投资拉动的需求增长。所以，目前还不能放松积极的财政政策的操作，国债建设项目不能半途而废，等到民间投资增长真正上来了，是否增发长期建设国债再视情况而定。

除了增发国债外，在积极的财政政策操作中还有两个问题争议较多，一个是是否给公务员再增加工资，另一个是是否实施减税方案。从目前农民和低收入群体的收入、消费增长缓慢，由收入差距扩大引起社会不稳定因素增加的情况看，如果决定2002年继续增加公务员工资，应及时、优先考虑农民和低收入群体收入状况的改善问题，以缓解社会矛盾。因此，关于加工资问题，最近国家计委"考虑到当前要集中解决广大困难群众的基本生活问题，可等第三季度形势大体明朗后，第四季度再作决定"，这是正确的。关于"是否减税"，从财政高速增长后出现减速、支出刚性导致赤字规模可能扩大的现实看，近期提出和实施全面减税方案也不合时宜，但不排除采取结构性减税和调税措施。比如，目前农民、工薪者税费负担过重，高收入者特别是一些富人的税负相对较轻；生产环节的税负较重，中介（包括媒介）环节的税负较轻；相对短缺型投资品关税较重，相对过剩型消费品关税较轻；等等。对这些不合理的课税结构作一些适当调整是必要的，既有利于经济的长期健康发展，又利于相对公平的社会稳定。

关于货币、信贷政策的取向和操作，我的基本看法是："稳健"的货币政策的框架内实行短期性适当放松，货币供应量应当"积极适应"而不是"被动适应"经济增长，信贷发放不能过分集中于大城市、大企业，特别是国有大企业，要对农民、民间、中小型企业给予更多的信贷支持，建立适应竞争和均衡发展的信贷结构。目前存在通货紧缩且经济实际增长明显低于潜在增长，我国经济仍有较大的潜在增长能力还没有发挥出来，资金和人力不能充分利用。如7月末，全国金融机构存贷差已达3.7万亿元。在这样的背景下，依然用通货膨胀且经济实际增长明显高于潜在增长时的指导思想来安排货币供应，只能是"被动适应"。不久前，人民银行一位负责人解释，"所谓稳健的货币政策，也就是从数量上，要保持货币数量和经济发展速度相适应。比如，今年的M_1、M_2将保持13%的速度，比前两年有所降低，就是因为我们的发展速度这两年降低了一些"。计划中M_2的13%是与GDP7%对应的，这种以低于潜在增长率且又低估了实际增长速度为准绳的"适应"，显然是一种"被动适应"。上半年14.7%的M_2实际增长则支持了7.8%的GDP增长。7月狭义货币增长17%，M_2同比增长14.4%；货币流动性M_1/M_2为37.2%；8月末M_1同比增长6%，M_2同比增长15.5%，货币流动性M_1/M_2为37.5%，继续维持5月以来稳步上升的状况。这一势头能否保持还要观察。我们需要"积极适应"的货币政策，就是要使货币供应量能够拉动经济增长，使之向潜在增长率靠拢的政策，还有，随着利用外资快速增长和外汇储备快速增加，新的货币供应量中有较大部分被外汇占款吃掉了，不能推动实际的生产。政府占款、不良贷款占款、游离于实体经济之外的占款都不能用于实体经济。加上货币流动速度下降，同一个百分点的货币供应量增长带来的"有效供应"是下降的。这些都是货币政策操作中要注意的新情况、新问题。

如何适当放松信贷也是一个需要认真研究的问题。近几年，银行加强风险防范与控制是正确的，控制呆账、坏账规模是市场经济条件下银行风险管理的必修课。但是，应当正确处理风险控制与支持增长的关系，不能为了怕担风险而将银行工作积极性主要放在购买财政债券而不愿给竞争性民营企业贷款。这只是一个保守的、维持现状的做法，不是一个积极进取的、促进经济发展的做法。不久前有一个说法，就是从中央银行讲，不希望积极财政政策退出，这样可以给银行减少一些压力，因为国债资金绝大部分还是直接或间接来自商业银行。这种说法反映了这种思想。当然，除了加快转变金融管理的指导思想，转变相对比较保守的信贷观念外，重要的是加快金融特别是商业银行制度的改革。总的要求应当强调两个方面：一方面是国有商业银行本身要逐步实行股份制改造、改组，要通过制度创新途径变目前国有银行的软预算约束为硬预算约束，形成风险控制和激励进取相结合的新机制；另一方面是要逐步发展非国有银行和金融机构，包括发展股份制私人银行和金融机构，可以考虑先在市场发育特别是金融市场发育比较充分的地方（比如，江浙、珠江三角洲和部分中部地区）先搞一些发展民间金融的试验。比如，建立社区银行金融机构的实验，逐步形成多种所有制形式竞争的新金融机制。只有通过制度创新建立硬预算约束的新金融机制，才能从根本上改变目前金融资源配置和金融风险过度集中的状况，改变一边是存贷差大幅度增长，金融过剩；另一边是农民、民间企业贷不到款，金融短缺并存的格局。在发展民间金融过程中，政府要发挥的作用不是直接以参、控股形式介入，而是加强金融与银行的立法和监管。这些措施具有长期意义，但对短期信贷增长和扩大内需也会有明显的效果。

最后我想讲的是，在改革和宏观调控过程中，要注意防止部门利益化倾向，本来计划、财政、银行以及经贸、证监、保监等都是国家综合的宏观调控部门，代表国家的整体利益，如果在改革和调控中存在部门倾向，将会对国家利益造成不可估量的损失。在改革和宏观调控过程中，保持各宏观部门的综合协调、步调一致，也是处理好改革、发展和稳定关系重要的组织保证，是实现国民经济持续、快速、健康增长的基本条件。

谈通货紧缩[*]

——《中国改革报》记者专访
（2002年8月）

一、从发展中找出路

记者： 通货紧缩是近几年来大家议论得比较多的话题。应该如何正确认识通货紧缩以及近些年来我国出现的一些经济现象？

刘国光： 首先谈一下我国通货紧缩的情况。1996年我国的经济增长和通货膨胀指数都降到了一位数，实现了"软着陆"。1997年7月，北京国民经济研究所根据1996年下半年到1997年上半年，我国"银行信贷增长偏低，国家商业银行信贷额度用不完，商业银行归还中央银行再贷款的情况越来越普遍"的现象，在《中国宏观经济分析》中，首次提出了"货币紧缩"的预警。之后，也有一些经济学家提出了"通货紧缩"的概念。从1998年开始，我国开始实行积极的财政政策。以后对于我国是否出现了经济紧缩，经济学界出现了较激烈的争论。但是，由于1997年和1998年经济增长保持了一个较好的态势，我国又比较好地应对了亚洲金融危机，所以，"通货紧缩"并没有被经济界、理论界认同。1999年6月，著名经济学家吴敬琏提出："过去18个月物价指数持续走低的情况说明，通货紧缩是一个客观事实。"

---

* 原载《中国改革报》2002年8月27~29日。

到2000年年初，国家统计局公布了"从1997年10月到1998年4月，我国商品零售物价和居民消费物价出现了27个月和22个月的持续下降"，通货紧缩的判断，才基本上被大多数经济学家接受。但是，2000年2~3月，居民消费价格指数又出现了小幅度上升（2000年2月同比指数比上年同期上涨0.7%），这时候争论又起。我国政府这才比较明确地提出实行稳健的货币政策。

2000年4月，物价又开始走低。但是，5月开始，居民价格消费指数出现了连续16个月的正增长，一直持续到2001年9月。美国"9·11"事件后，同比指数变为负增长。可以说通货紧缩的现象又明显加重。

面对这种情况，通货紧缩的出现已成为国人的共识。国家从1997年就提出了扩大内需，并且8次调低银行利息。从1998年开始实行积极的财政政策，此后又提出了稳健的货币政策。

对此，有的学者提出，积极的财政政策还应当加上减税。有的学者提出，现在在稳健的货币政策的框架内，应当适当松动货币信贷的供给。实际上，这都不能解决根本问题。

记者：我国许多学者称"通货紧缩"的经济现象具有中国特色，不具有普遍性。他们认为1997年下半年开始的通货紧缩，实际上是发展中的问题，是我国经济改革过程中各方面矛盾不断暴露造成的。因此，解决这个问题，不单单是经济学课题，而是社会发展的系统工程。您对这个问题怎么看，有什么比较好的"处方"？

刘国光：他们的一些观点和看法有一定的道理，解决办法我认为有以下几点。

首先，解决计划体制和市场体制的矛盾。货币供应量偏低另一方面就是需要实现的产品过多。原因是产业结构不合理。产业结构不合理是怎么造成的？是计划经济条件下重复建设造成的。就现在来说，如果重复建设不解决好（包括那种"五小"的私开滥采），减税和宽松的信贷量刺激了投资又有什么用？重复建设能不能解决好，在于市场机制的进一步完善和政府职能的转变。

其次，解决先富和后富的矛盾。产业结构只是产品积压的一方面问题。我国有13亿人口，成千上万的贫困线以下的人们有着最迫切的基本需求。这些人不富起来，不仅通货紧缩要继续下去，而且，经济增长也要停滞。能不能让另一些人也富起来，这是我们社会主义市场经济改革的基本价值观问题。

最后，解决封闭和开放的矛盾。为什么邓小平提出改革开放，把改革和开放搁在一起？因为，改革离不开开放，离开开放就没有改革。我们为什么要加入"世贸"？因为，改革进行到这一步，不进一步开放，就无法再改革了。现在，改革开放已经二十多年，但还带有一定的封闭性。拿市场来说，从2000年5月到2001年9月物价指数已经连续16个月正增长，为什么10月美国的市场一冷，我们的物价指数就掉了下来？经济全球化，是坏事也是好事。比如，现在一些国家对我们的农产品实行"反倾销"（实际上是我们的产品科技含量低，他们可以找到替代品）、"禁入""退货"，这很有好处。起码，它让我们也懂得，食品生产标准还有个安全问题，让我们不断提高产品的科技含量，增长一些这方面的管理知识。

总而言之，不解决好目前存在的这三方面的矛盾，解决通货紧缩就是一句空话。

二、存在包含合理性

记者：我们谈到通货紧缩，都是说它的负面性。的确，许多人都已经感到了这种负面性。但是，它有没有正面性，它合理的一面表现在什么地方？

刘国光：这几年，有两个问题值得人们深思：为什么在大量银行坏账的情况下，我国却没有出现信用危机？如果通货紧缩只有负面影响，为什么在通货紧缩的情况下，我国产业的科技水平还能不断提高？为什么我国经济还能够以较高的速度连续增长（6年中GDP翻了一番）？

西方经济学认为，通货膨胀和通货紧缩都是货币现象。所以他们主张用短期的货币政策和财政政策来调节供给和需求。

而我国的通货紧缩却不仅仅是货币现象。我们之所以把目前的经济现象称为通货紧缩，只是因为物价总水平持续下降。这有些类似美国1866—1896年持续30年的通货紧缩。而这期间，正是美国经济高速发展，从一个弱国发展到经济总量超过英、法、德总和的强国时期。

从这个角度看，我国出现的通货紧缩是生产力发展的结果。上文所说的体制原因、重复建设造成产业结构、产品结构不合理等问题，说到底是生产力发展的结果。

在过去长时期的卖方市场的情况下，生产力发展水平很低，不会有通货紧缩。改革开放前十年，特别是农村，生产力的解放比较明显，但是，一直到1992年党的十四大，还基本上是卖方市场。1988年、1989年，彩电票还能够货币化。后来经过邓小平南方谈话、党的十四大提出"社会主义经济体制改革的目标是建立社会主义市场经济体制"之后，生产力进一步大发展，才有了买方市场的出现。

首先，物价总水平持续下降，对广大的消费者来说是好事。因为，消费者追求的是商品效用的最大化。同样的货币，能够买到的东西越来越多，越来越好，这正是消费者需要的。

另外，这个物价总水平下降的基础是我国各方面的产品供应充足，在抵御亚洲金融危机中起了重要作用。

除了国家对金融的控制外，在我国，各种生活必需品供应充足、物美价廉，这是社会秩序、金融秩序稳定的基本物质保障。

而当时的东南亚许多国家，人民生活必需品紧缺而价高，因而出现挤兑和抢购，并且出现了社会秩序混乱，老百姓对危机的感受是实实在在的。

在我国，银行也存在着坏账，国内外一些经济学家也不断呼吁"人民币贬值"，央行又先后8次降低存款利率。但是，没有出现挤兑和社会不稳定现象，这表明老百姓对现实经济状况的满意和对银行的信任。

其次，在一定的时期内，物价持续走低，对于促进市场竞争，也是一个必要的条件。

人们看到，改革开放初期一些有名的企业垮了，还有许多企业破产倒闭，这是坏事还是好事？这是市场竞争的结果。1988年第四季度的抢购人们还记忆犹新。当时，不制冷的冰箱，不摇头的摇头电扇，都被人们抢光了！如果没有产品价格的一路走低，那些质次价高的产品，那些生产这些产品的企业能够被淘汰出局吗？

最后，产品价格走低，实际上也增加了我国产品在国际上的竞争力。比如，彩电，国产品牌逐渐占据市场主流，除了我国产品质量提高以外，国产电视的低价格是一个重要原因。

这些年，我们不断遭遇反倾销以及"绿色壁垒"等，但是那些被退回来的产品，在国内还能销出去。这说明，国内的竞争还不够充分。

那么，多一点竞争，使那些生产质次价高产品的企业或者是凭借着行政权力、垄断地位发展起来的企业被淘汰出局，不是好事吗？

三、长线支撑仍不可少

记者：最近，许多经济学家提到了积极的财政政策应该淡出，理由是经济发展不能由国家独自支撑。他们认为，积极的财政政策只能是政府的短期政策，而不应该是长期行为。特别是在出现了通货紧缩的情况下，积极的财政政策难以支撑国民经济的长期运行。您对这种理论如何看待？

刘国光：这些经济学家们忘记了，我们是公有制为主体的国家。新中国成立以来，国家财政政策，不仅直接调控着国民经济的发展方向、速度和总体结构，而且发挥着主导作用，支撑着国民经济健康发展。

很难设想，如果积极的财政政策只能是短期的，那么，新中国成立后的重工业基地的建设怎样来进行？因此，讨论这个问题，应该首先明确：在我国的国情下，什么是积极的财政政策？

经济学家们说的积极的财政政策是西方经济学的概念，是指市场失灵的条件下，国家发挥的作用。但是，西方主流经济学关于市场失灵的理论主要是微观概念，指的是在私有制的情况下市场出现的垄断、信息失灵等市场局部性功能障碍。把这种意义上的市场失灵，作为我国积极的财政政策实行的基础是不恰当的。

市场机制无法保障国民经济长期的动态平衡，实现国民经济长期的动态平衡需要国家在经济发展中发挥主导作用，直接调控国民经济的发展方向、速度和总体结构。同样是市场经济情况下，我们国家的积极的财政政策，同西方国家的积极的财政政策就不能一样，这应该是一个不争的事实。我国近年来实行的积极的财政政策，是公有制国家发挥主导作用，直接调控国民经济的发展方向、速度和总体结构。比如，西部大开发，基础设施建设先行，这是建设一个投资环境问题。如果国家财政不先期投入，那么谁会来干？没有这些先期投入，产业、地区、城乡的结构调整也就是一句空话。当然，卖国债筹集了一部分钱。卖国债，实际上是国家向老百姓借钱花。发行了多少国债，也就是银行少了多少储蓄。只要这些项目有效益和回报，老百姓就能得到比银行高的利息。

实际上，这就是利用了民间资本。怎么能说积极的财政政策只是国家财政独自支撑的呢？实际上，这是不了解中国国情。因为同样是资金，国外主要表现为大的资本形态，当然主要是项目资本。而我国的8万亿元储蓄，绝大多数是小额储蓄，购买国债是社会资金参与积极的财政政策的最适宜的方式。

所以，这里的关键就是，对于我国来说，积极的财政政策的含义是什么？如果是像西方发达国家那样为了扭转经济偏冷和失业率上升的问题，靠税收政策来搞公共工程，当然，只能是短期的。但是，作为社会主义公有制企业，除了税收，还应当有利润。在这种情况下，发挥国民经济的主导作用，则是应该长期起作用。因为大型的国有企业从一建立起，就担负着国民经济发展、稳定的职能。只要国家的社会主义性质不变，国有经济配合国家调控国民经济的这个职能就不能退出。当然，就是基础设施，也可以用市场经济的办法，如上海1991—2000年投入市政基础设施建设的3100亿元中，政府财政投入只占1/5。对于较大的国内外资本，可以采取上海那种建设、经营、监管分离的运作方式，地方政府和企业也可以发行债券，直接融资。在这方面，资本市场尚有很大的空间。

适合我国国情的积极的财政政策模式，现在还在探索中。就目前我国所处的经济发展阶段，完成城乡、地区、产业经济结构调整任务，建立比较完善的社会主义市场经济体制来说，积极的财政政策还有许多必须完成的事。从中国的国情出发，在社会主义市场经济体制框架内，我们一定会创造出具有中国特色的积极的财政政策模式。

中国经济的一些情况和问题*

（2002年8月）

一、现阶段中国经济的特征

中国自1978年以来，经过二十多年的经济改革和对外开放，在经济发展和经济体制等方面，发生了明显的变化，呈现出阶段性特征。

1. 经济实力显著增强，人民生活实现了由贫困到温饱、由温饱到小康的两个跨越。1978—2000年，中国GDP年均增长9.52%，2000年达到8.94亿元人民币，比1978年增长6.4倍，按汇率计算首次突破1万亿美元，居世界第6位。

与此同时，中国人均收入水平大幅度提高，2000年人均GDP达到7220元人民币（848美元），比1978年增长4.6倍。据世界银行资料，1999年中国人均GDP达到780美元，高于中等收入国家的起点水平（756美元），中国已进入下中等收入国家行列。城乡居民生活总体上实现了由贫困到温饱，再由温饱到小康的两个跨越。

中国在经济总量方面已相当可观，具备了比较强大的经济实力，但是，人均收入水平还比较低，还是一个发展中国家。

2. 经济结构实现了重大调整，供求格局和增长方式实现重大转变。中国已经由工业化初期阶段进入中期阶段。1978—2000

＊ 作为波兰科学院外籍院士2002年9月访问波兰时准备的介绍材料。

年，第一产业增加值比重由28.1%下降为15.9%，农业劳动力比重由70.5%下降为50%；第二产业增加值比重由48%上升到50.9%；第三产业增加值比重由23.7%上升为33.2%，已经建立起比较完整的工业体系。制造业能力比较强大，交通运输通信设施日益发达，高新技术产业成为拉动工业乃至整个经济增长的主要力量。在出口商品构成中，农产品等初级产品所占比重由1980年的50.3%下降到2000年的10.2%，工业制成品比重由49.7%提高到89.8%。中国经济结构的变动，呈现出满足基本需求为主转向逐步适应消费升级和市场需求多样化的趋势。

市场供求格局显著变化，一般性消费品和生产资料普遍供不应求的短缺时代基本结束，基础产业"瓶颈"制约的状况明显缓解，卖方市场逐步过渡为买方市场。制约经济发展的因素从资源、供给约束转为市场需求约束，经济增长方式从以数量扩张为特征的粗放增长向以质量效益为特征的集约增长转变。

3. 经济体制已由计划经济体制初步转变为社会主义市场经济体制。所有制结构由越大、越公、越纯、越好的公有制向多元化的所有制过渡，公有制为主体、多种所有制经济共同发展的格局日渐形成。指令性计划和行政手段配置资源的作用大幅减少，市场配置资源的范围日益扩大。国民经济市场化程度，目前缺乏精确估计，学者测算表明20世纪90年代末期我国经济的市场化程度已超过50%。随着政企分开的逐步实施，间接调控手段和宏观调控体系的逐步完善，政府管理经济的职能发生积极的转变。收入分配方面，从打破"大锅饭"的平均主义分配制度向按劳和按其他生产要素相结合进行分配过渡，实行效率优先、兼顾公平的分配制度，刺激了经济效率，但也扩大了收入差距。

4. 对外经济关系已从封闭、半封闭经济初步转变为开放型经济。对外贸易增长迅速，1978—2000年进出口总额由206.4亿美元增加到4742.9亿美元，由世界第三十二位上升到第八位。外贸依存度由1980年的14.4%提高到43.9%。引进外商投资金额迅猛增加，1993年以来连续8年保持发展中国家第一、全球第二（仅次于美国）。加入WTO后，我国将在更广泛的领域和更高的层次参与国际经济分工，主动参加全球化进程。加入WTO也意味着世界经济波动对我国经济发展的影响和冲击将越来越直接，某些领域和行业将面对国际先进水平越来越紧迫的挑战。

二、中国经济发展的有利条件和目前面临的突出问题

1. 主要有利条件有：一是市场容量大。中国有12多亿人口，目前人均消费水平不到400美元，消费市场增长潜力非常巨大。中国产业规模的扩大和结构升级，加上西部大开发和城市化的推进，将创造出旺盛的投资需求，带动中国经济的增长。

二是从劳动力资源来看，目前劳动力供给资源约7000万人，劳动力成本低廉，是近期中国经济增长的一个比较大的优势。

三是较高的储蓄率，预计21世纪初将保持GDP的35%以上。中国将持续积极引进外资，但社会投资资金80%以上来源于国内储蓄，不会像那些过度依赖外资的国家那样，一旦国际资本流入发生问题就会陷入危机。

2. 中国经济目前面临的突出问题：一是人口和就业的压力很大。中国虽然实行了有效的计划生育，但是，人口基数大，人口和劳动力每年增长的绝对额很大。在21世纪头10年内，全国每年新增的适龄劳动人口不下于1000万人。国有经济改革、产业结构调整和技术进步带来了资本替代劳力将增加失业。农村剩余劳动力数量巨大，估计在2亿~2.5亿人，向非农产业转移绝非易事，就业压力也成为制约技术进步和结构升级的一个因素。中国另一个人口问题是提前来临的老龄化问题。2000年60岁以上老年人口比

重已超过10%，中国已进入老年化国家行列。但中国目前人均收入尚低。老年化社会提前来临而且数量巨大，将使中国只能用较低收入国家的经济资源解决工业化水平高的国家才遇到的老年人口负担问题。

二是技术落后和国际竞争的压力。中国与发达国家的经济和科技存在很大差距，有不少方面差距还在扩大。中国许多尖端技术和重大核心技术的自主研发能力不强，国民经济和社会信息化程度低于世界平均水平，更远远落后于发达国家。人力资源中熟练劳动力、技术工人和中高级人员不及美国、日本等发达国家的1/10。中国工业尤其是制造业在成本和技术装备水平上存在较大差距，劳动密集型产品方面可保持较大的竞争优势，但在资本技术型产品方面明显处于劣势。我们将在不具备竞争优势的领域面对更加开放环境下的国际竞争。加入WTO后，我们既要遵循国际通行规则，履行我国加入世贸组织的承诺，也要根据我国经济发展的实际情况，适度保护高加工度产业，并且尚处于幼年期，这就使我国政府面临着复杂的政策选择。

三是资源和环境的压力。中国拥有世界22%的人口，却只有世界7%的耕地和7%的淡水，人均自然资源占有量只相当于世界平均水平的1/3，经济发展越来越受到资源供给不足的制约。同时我国资源消耗增长速度是国民经济增长速度的两倍多，单位产值能耗是国外的2~4倍。中国是世界上水土流失、土地荒漠化和环境污染最严重的国家之一。水土流失面积占国土面积约36.8%，荒漠化土地占国土面积27.3%，荒漠化速度在加快，治理赶不上沙化。世界银行估计，中国每年环境污染所造成的损失大约相当于GDP的5%~10%。中国自20世纪80年代以来陆续采取了一系列措施，对环境污染进行治理，但由于中国的工业化进程仍在迅速推进，人口在增加，而可用于治理生态环境的资源有限。资源和生态问题对经济社会可持续发展构成长期严重制约。

四是体制性矛盾阻碍经济发展。现在，与建立成熟的社会主义市场经济体制的要求还有很大的距离。体制缺陷的主要表现是：市场发育不足，生产要素市场尚未完全建立；国有经济战线仍然过长，国有企业经营机制尚未根本转变；政府职能落后于经济体制转换的进程，政府的公共管理职能和国有资产所有者职能混淆不清的状况未有根本改变；政府对非公有制经济限制依然过多，一些政府部门出现集团利益化和公共职能弱化倾向，地方保护主义和部门分割影响全国统一市场的形成，行政性垄断妨碍市场经济体制的确定；市场秩序混乱与社会主义市场经济相适应的社会、企业和个人信用体系尚未建立起来；等等。这些体制性矛盾和障碍如不能得到解决，中国经济难以产生更大的活力。

中国已经有两个10年以接近10%的速度增长。今后能否继续保持这一速度，颇多争论。一种意见以日本、韩国经验为例，认为随着发展水平提高和增长方式从粗放转向集约，中国经济不可能保持高速增长的势头，而转向低速增长。另一种意见从中国作为一个幅员广阔、人口众多的发展中大国这一基本现实着眼，从中国人力资源开发潜力、市场容量拓宽潜力、高储蓄资金潜力、技术差距的后发优势潜力等方面进行考察，并考虑到工业化、城市化、市场化和国际化进程将为中国经济注入持久不衰的发展动力，中国仍有可能保持相对高速的增长。但考虑到上述制约性突出问题，期望最近中长期中国能继续保持前20年那样平均接近10%的高速增长是不现实的。如果能在7%~8%平均增长的基础上创造出比过去在10%左右时更好的效益，提供更多的就业岗位，那将是近期中国经济发展有吸引力的一个前景。中国中长期发展规划预计，21世纪头10年GDP将再翻一番，即每年平均增长7.2%，这是一个比较实事求是的考虑，已为最近几年的实绩所证实。

刘国光
经济论著全集

第
15
卷

结构性松动货币　抑制通货紧缩趋势*

（2002年10月）

一、通缩趋势重新抬头及其有关的几种观点

近年来，我国实行的是稳健的货币政策。按照人民银行的总结，所谓稳健的货币政策，其主要内容是：以币值稳定为目标，正确处理防范金融风险与支持经济增长的关系，在提高贷款质量的前提下，保持货币供应量适度增长，支持国民经济持续快速健康发展。与稳定币值相联系，稳健的货币政策同时包括防止通货紧缩和防止通货膨胀两个方面的要求。从1998年开始，央行采取了一系列旨在启动内需的货币政策，取消了对商业银行的贷款限额控制，先后6次下调法定准备金利率，连续8次下调存贷款利率等，特别是今年（2002年）2月的第8次下调利率中，贷款利率下调的幅度更大一些。最近央行还陆续出台了其他一些改善货币供给的政策措施。这些政策措施对于增加货币供给、抑制通货紧缩趋势、支持经济增长，发挥了积极作用。但是，自1998年4月以来长达24个月的消费价格持续负增长，到2000年5月由负转正并实现16个月正增长以后，从2001年9月开始又重新陷入持续负增长状态（此间只有2001年10月和今年2月因节日长假消费的影响而出现了短暂的消费价格正增长），至今已有十多个月。工业品出厂价格指数和社会商品零售价格指数不仅一直处于负增长状

---

* 　与刘迎秋合写，原载《经济研究》2002年第10期。　　　　　　　　　　*285*

态，而且负增长的幅度远大于消费价格指数。今年上半年消费价格指数同比下降0.8%，7月同比下降0.9%，8月虽有所回升但短期内其负增长趋势还难以刹住。在这种情况下，对前几年曾出现的通货紧缩趋势重新抬头，社会各界不仅给予普遍关注，甚至形成了完全不同的理论观点和政策主张。

一种观点认为，货币政策的"紧缩"效应，是造成经济增长速度持续下滑和通货紧缩趋势挥之不去的主要原因之一。因此，应对这种"紧缩政策"进行调整，以切实实行"积极的"、"宽松的"货币政策，也就是扩张性货币政策（这方面的论述很多，可参见王松奇，2002）。

另一种观点则认为，当前我国货币政策并无"紧缩"效应，目前发生的通缩态势与其无关。近年来，我国广义货币供给年均增长率比经济增长率加物价上涨率之和平均高出6~7个百分点。因此，不能说这一时期的货币供给是紧缩性的（这种观点一直占主流，可参见戴根有，2002）。

还有一种观点认为，目前我国货币供给增长率虽然明显高于实际经济增长率加通货膨胀率，但要看到这几年货币运用结构上所存在的问题：一是投向实体经济的份额相对缩小，二是投入实体经济的资金又大都集中在大中城市和大型企业，真正投到农村和民营企业以及中小企业的份额较小。因此，难免产生实体经济活动中货币偏紧的结果（这种分析更强调货币供给的具体结构，可参见夏斌，2002）。

显然，学术界在这个问题上的争论很大，争论的焦点是如何把握当前我国货币供给增长与通货紧缩趋势重新抬头之间的关系，关键是如何理解当前我国通货紧缩趋势重新抬头的原因与机制，要害是采取哪些对策尽快克服重新抬头的通货紧缩趋势、保持国民经济的持续健康快速增长。

二、通缩趋势重新抬头的原因和机制分析

毫无疑问，物价持续下降和通货紧缩趋势重新抬头，既可能是短期性货币政策操作带来的，同时也可能是长期性体制问题（包括货币政策传导机制）造成的。体制问题是个慢变量，改革的效应有时滞。这里，着重从短期政策角度分析和阐述当前我国通货紧缩重新抬头的原因和机制。

第一，从直接表现市场流动性及其效率的银行资产运用结构看，企业部门出现的"货币供给"偏紧，背后可能还是一个货币政策导向问题。根据有关部门统计，从1998年以来，银行体系的国外净债权年均增长17.9%（累计增长了93.4%），对政府部门的净债权年均增长61.6%（累计增长581.4%），而对非金融部门债权年均仅增长10.4%（累计仅增长48.6%）。[①]其中，实际上还隐含着一块不产生直接经济效益但需要逐年核销的呆坏账。[②]如果从信贷投向角度看，则企业信贷量占全社会信贷总量的比例也已从1997年年底的84.69%下降到了2001年年底的72.35%，下降了12个百分点（夏斌，2002）。上述情况表明，目前我国企业部门的"货币供给"的确偏紧。毋庸置疑，在实施以启动内需为重点的扩张性财政政策以后，银行资产的运用结构向政府部门倾斜是必需的，但这并不意味着要抑制对实体经济部门的货币投放。然而，近两年的政策实践却产生了一种相反的结果，表现为企业部

---

① 据中国人民银行统计司：《中国人民银行统计季报》2002年第2期第22页提供的数据计算。

② 据有关资料，国家从1996年开始核销商业银行呆坏账，到1998年已经核销900亿元，1999年和2000年分别核销800多亿元（参见"我国6大行业兼并破产成效明显"，《上海证券报》2000年8月3日）。目前，我国商业银行呆坏账率仍很高。如果按计划于2005年将其降至15%，每年需要核销的数量相当大。这就是说，银行系统的呆坏账核销实际上已经成了一个不产生任何直接经济效益的资产运用项目。

门从银行系统得到的货币支持相对下降。2001年，银行总资产中的国外净资产占款、对政府净债权占款和对非金融企业部门债权占款等分别年均增长31.3%、87.5%和28.5%，增幅虽然高于1998年以来的平均值，但增长幅度最低的还是对非金融企业部门债权占款。当然，不能否认国外净资产占款中有相当部分是投向海外中资企业、用于实体经济营运的，政府净债权占款也要通过建设性债券投资投向实体经济。但要看到，迅速增加的国外净资产占款中有很大一部分是用于购买国外政府债券等非实体经济的。另外，尽管政府净债权占款中很多属于公共投资，这类投资主要是为企业部门发展创造外部条件，并带动民间投资和消费，但近几年实践的结果表明，其带动民间投资和消费的乘数效应相当有限。经过四年多的启动，至今民间投资仍未活跃起来，国民经济增长还主要依赖于政府的建设性国债投资，也充分说明了这一点。

第二，从广义货币供给增长与狭义货币供给增长的对比变化及其与消费价格变动的关系看，货币供给方面存在的问题，似乎也与短期性货币政策操作有关。众所周知，近年来，特别是自去年9月以来，消费价格重新出现负增长是由多重因素决定的（包括总供给大于总需求、民间投资和消费需求尚未形成内生动力、技术进步带动成本下降、加入世贸后进口关税降低以及国际范围的通货紧缩影响，等等），不能只用货币供给这样一个因素来解释，也不能忽略经济体制和货币政策传导机制方面存在的问题。但是，物价下降不可能脱离货币供给而独立存在。在正常条件下，较高的货币供给增长速度，最终必然表现为较多的货币被注入实体经济活动之中，因而必然带来一个较为活跃的投资市场和消费市场，这时的物价往往处于较为亢奋的状态，甚至表现为较高的通货膨胀率。而从近几年我国经济实践来看，M_2增长快于M_1增长的年份，往往是通货紧缩趋势较为明显的年份。例如，

1998年，M_2和M_1的增长率分别为14.8%和11.9%，M_2增长比M_1快了近3个百分点，这一年的通货紧缩趋势也较明显；此后，随着启动内需政策的实施，M_1增长开始快于M_2增长，1999—2000年M_2的增长率分别为14.7%、12.3%，M_1的增长率分别为17.7%、15.9%，于是通货紧缩趋势也随之趋于收敛；2001年再次出现M_2增长快于M_1的现象，M_2增长率为17.6%，M_1为12.7%，前者比后者快了5个百分点，[①]结果通货紧缩趋势又一次重新抬头。[②]今年7月M_1同比增长虽然大幅度上升，达到了17%，明显高于M_2的增长（14.4%），但8月又回落到了14.6%的水平，比M_2增长（15.5%）低了0.9个百分点。尽管上述时段发生的M_1与M_2的对比及其与消费价格变动的关系是否具有规律性还有待观察，但由此所反映出来的问题却从一个特定角度表明，近两年货币供给结构可能存在不尽合理的问题，主要表现为高流动性货币供给相对放慢，一定时期内不被直接动用的准货币过多。准货币不能及时转化成为可被实体经济部门灵活运用的货币资产，货币流动性及其活跃程度就会相对下降，物价水平必然因此而出现下降。与市场流动性直接相关的货币供给能否有一个较快增长，直接影响甚至决定着宏观经济运行状况和物价的走势。

第三，从存贷差持续扩大这个现实来看，货币当局也有必要根据资金运用的社会效率原则对货币政策做出新的调整。1995年之前，我国金融机构的资产运营状况是贷款大于存款。1995年后出现存差，表现为贷款需求小于存款需求。存差的明显扩大发生于1998年及其以后。1998年比1997年增加1697.6亿元，从1999年

---

① 当然，2001年6月以来M_2的较快增长可能与证券公司存放在金融机构的客户保证金计入准货币有关。但是，其影响很有限。例如，即使将6月增加的"其他存款"全都视为证券公司存放的客户保证金，它也仅占同期准货币的1.04%，比重很小（根据中国人民银行统计司提供的资料计算）。

② 以上指标均据中国人民银行统计司提供的统计数据计算。

到2001年进一步迅速增加，分别比上年增加5870.8亿元、9338.7亿元和6869.2亿元。1998年存差总额接近1万亿元，以后则是在此基础上每年净增近万亿元，到今年6月底为止，我国存差余额已经达3.7万亿元，相当于同期存款余额的23.4%。显然，如果不对政策进行调整，存差还有可能进一步扩大。当然，对于存差要具体分析，不能无条件地说存差大就一定不好。从历史上看，美国商业银行的存差也是相当高的，其中，最高的1945年曾达到过83%的水平，其他多数年份也都在28%以上，高于我国目前的存差水平（保罗·M.霍维慈，1980，第176页）。问题是，在美国，其商业银行的资产运用结构是高度市场依赖的，贷款只是商业银行业务的一个基本组成部分，而不是其全部（米尔顿·弗里德曼和安娜·J.斯夸茨，1963，第450页表17）。除了贷款外，各种基金、各类企业债及其股票和各种保险，均是其投资的重要对象。因此，在美国，存差比例高一点并不构成制约其金融健康运行的一个问题。而在我国现行市场经济体制下，存差较高就成了一个问题。特别是在银行投资渠道有限的情况下，问题就更大一些。目前我国商业银行在企业债方面的投资很少，还不能投向各种基金和进入股市，其资产运用的主要对象是企业流动性贷款和一部分城乡居民消费贷款，还有一块就是购买政府债券和在中央银行存款。这种资产运用结构，源于我国现行金融管理体制和客观条件。在市场风险约束不断加大和民间投资不振的情况下，商业银行尽可能持有更多的政府债券和在央行的存款，是其行为理性的一种正常表现形式，并不违背银行的商业经营原则。问题是，商业银行的这种投资选择，对于整个社会来说，是不经济的。因为，这等于把过多的货币（银行存款）投到了不能直接推动实体经济增长的领域（包括旨在获得央行利息收入的准备金和超额准备金存款领域、旨在获取政府债券利息收入的政府债券购买领域等）。因此，对货币政策做出新的调整，着力引导商业银行增加对实体经济的货币投放，可能是目前的一个非常紧要而现实的选择。

三、抑制通缩趋势的对策

综合上述分析，我们认为，在通货紧缩趋势重新抬头和实际经济增长明显低于潜在经济增长的情况下，以低于潜在经济增长率的实际经济增长率作为货币供应政策的"准绳"和依据，这种"适应"性政策操作，是一种被动的"适应"，不能充分利用我国富余的人力、物力、财力资源。[1]因此，有必要采取措施（包括深化改革和完善货币政策传导机制），尽快使货币政策从被动"适应"转向积极"适应"，[2]形成符合市场竞争与国民经济均衡发展要求的银行资产运用结构，使货币政策更好地拉动实际经济增长率向潜在经济增长率靠拢，实现国民经济的持续快速增长。

第一，可考虑进一步降低贷款利率，以降低实体经济部门的融资成本，刺激企业和个人有效需求。现行贷款利率仍然偏高。虽然经过8次降息，贷款利率已经从1996年降息前的（一年期）12.06%降为5.31%，但还是偏高。一是相对于存款利率而言，现行贷款利率仍偏高。现行存款利率（一年期）是1.98%，贷款与存款利率相差3.33个百分点。如果扣除20%个人利息所得税，实际上一年期存款名义利率仅为1.6%。贷款与存款利差几乎是存款

---

[1] 例如，前不久中国人民银行一位负责人曾明确指出："所谓稳健的货币政策，也就是从数量上，要保持货币数量和经济发展速度相适应。比如，今年的M_1、M_2将保持13%的速度，比前两年有所降低，就是因为我们的发展速度比前两年降低了一些。"不难理解，这里的所谓"保持货币数量与经济发展速度相适应"实际上就是指与"实际经济增长速度"相适应，也就是13%的M_2增长与7%左右的实际经济增长相适应。

[2] 应当指出，在这方面，最近央行确已采取了一些改进措施。

利率的两倍。二是相对于其他行业平均利润率而言，现行银行贷款利率也是过高的。目前我国规模以上工业企业（销售额达500万元以上）年均利润率约为1.96%，要比现行商业银行资本金利润率低得多。例如，如果按2001年我国四大国有商业银行年总利润266亿元和同期四大商业银行资本金6000亿元估算，则四大国有商业银行的资本金利润率约为4.43%。①支撑商业银行较高资本金利润率的因素很多，如银行非信贷业务收入等，但最重要的是存贷款利差。现行工业利润率大约要比现行商业银行存贷款利差低近1.5个百分点。三是相对于其他国家，特别相对于美国、英国、日本、加拿大和韩国等发达市场经济国家的经济实践，我国现行商业银行贷款利率也是过高的。根据美国联邦储备系统公布的利率统计数据，1959—2000年，美国联邦储备系统银行商业贷款优惠利率与美国一年期政府债券利率的差额和美国联邦基金利率的差额分别平均为2.06个百分点和1.72个百分点。②与此相对照，我国现行存贷款利差比上述两项指标分别高1.27和1.61个百分点。而根据国际货币基金组织《国际金融统计》提供的资料，1996—2000年，美国一年期存贷款利差平均为2.8个百分点，英国为2.19个百分点，日本为2.13个百分点，加拿大为1.7个百分点，韩国为1.29个百分点。除了墨西哥、巴西、阿根廷等金融动荡国家和地区外，欧盟是最高的，为3.77个百分点。我国现行存贷款利差明显高于上述五个发达市场经济国家。上述五个发达市场经济国家一年期存贷款利差平均为2.0个百分点，依此计算，我国现行存贷款利差则比之高出了1.33个百分点，大体接近于欧盟的水平。但欧盟的货币政策总体上是紧缩性的，我们不能向他们的利

---

① 四大国有商业银行2001年利润额资料源于中评网：《如何消化国有商业银行的不良贷款？》，载http://qiye.news.sohu.com/48/81new: 202038148.html.四大国有商业银行资本金是笔者根据有关资料估计的。

② 根据美国联邦储备系统公布的有关数据计算。

益水平靠拢。另外，即使按同期平均计算，我国（1996—2000年平均为3.08个百分点）也高于上述5个国家这几年的均值1.08个百分点，而我国商业银行的资产运营效率要比这些国家和地区低得多。这说明，我国银行资本运营的效率与其收益是不对称的。四是纵向看，近年来，8次下调利率的结果是贷款利率下调幅度明显小于存款利率下调幅度。虽然在第8次降息中，贷款利率下调的幅度较大，但其绝对水平还仍然偏高。例如，经过8次降息，存款利率下调了4.5倍多，贷款利率仅下调了1.3倍。这就是说，8次降息过程中贷款利率实际是相对上升的。这种利率调整结构，则在客观上抑制了贷款需求的扩大。从这个角度看，近期内做一次贷款利率的下调回补，可能也是必要的。总之，进一步下调贷款利率，既是市场经济条件下不同部门利润率平均化的客观要求，也是进一步提高全社会资金运用效率的客观要求，更是启动民间投资和消费的迫切需要。

第二，还应考虑进一步下调准备金利率和超额储备金利率，以挤出商业银行持有的过多货币准备。经过6次下调银行法定准备金利率，现行法定准备金利率虽然已经很低（仅为1.89%），低于一年期城乡居民储蓄存款利率（1.98%），但仍接近于目前我国规模以上（销售额达500万元以上）工业企业年均利润率水平（1.96%），高于城乡居民储蓄存款的税后利率水平（1.6%）。因此，现行法定准备金的名义利率并不算低。这可能也是商业银行愿意持有更多银行准备金和超额储备金的一个重要经济原因。在这种情况下，为挤出银行资金，使其更多地投向实体经济活动领域，进一步调低法定准备金利率，也就成了一个完全合乎逻辑的政策选择。比照国际上很多国家实行的法定准备金零利率的实践，为使货币政策发挥更加积极的作用，应考虑在我国也实行零准备金利率政策，以鼓励商业银行增加对非金融机构的投资与信贷业务。

第三，应着手考虑适当放松对汇率的管制，进一步完善结售汇制度，扩大企业自主运用外汇权，充分发挥市场调节汇率的作用，降低企业对外交易的融资成本。这也是充分发挥货币政策调节作用的一个重要方面。目前外汇管理权过于集中，管制过严，企业对外交易的融资成本过高。因此，有必要积极利用当前我国外汇储备比较充裕这样一个历史机遇，尽快实现从强制结售汇向意愿结售汇的过渡。同时，也应考虑对现行"盯住汇率"制度进行调整，进一步扩大市场对汇率的调节作用。要进一步扩大企业自主支配与使用外汇的权利，以此来进一步降低企业对外交易的融资成本，活跃对外经贸活动，拉动外部市场需求。

第四，既要采取有效措施鼓励现有商业银行扩大对中小企业的贷款业务，也要考虑尽快出台允许和鼓励专为民营企业、中小企业服务的非国有社区性股份制中小银行发展的政策，通过发展这类银行，满足民营企业、中小企业和农村的投资与贷款需求。最近，央行向各商业银行发出了进一步加强对中小企业金融服务的通知，要求各商业银行尽快改变贷款向大城市、大企业和上市公司集中的状况，进一步完善对中小企业的信贷服务体系，建立和完善适合中小企业特点的评级和授信制度，适当下放对中小企业流动资金贷款的审批权限，进一步调整银行信贷结构，扩大信用贷款规模，满足产品有市场、有效益、守信用的中小企业贷款需求，等等（金蓉，2002）。这是完全必要的和非常及时的。但是，应当看到，商业银行的信贷行为总是与其投资的成本与收益紧密联系在一起的。受大型国有银行及至大型股份制银行规模及其经营成本的约束和影响，目前它们还不可能为中小企业提供更多和更直接的金融服务。最近，中国人民银行银行监管课题组撰文，提出进一步发挥现有股份制银行、城市商业银行和农村商业银行等中小商业银行为中小企业和民营企业提供更多金融服务的

刘国光
经济论著全集

第
15
卷

政策建议，以弥补大型银行难于提供此类服务的不足。[①]这种政策主张是值得肯定的，进一步发挥这类商业银行的作用也是必需的。但是，仅仅强调发挥这类商业银行的作用（包括允许民间资本参股国有商业银行，等等），仍然难于满足民间投资、民营企业和中小企业对金融服务的迫切需要。例如，创建民生银行的初衷是为推动民营经济发展提供更多的金融服务，但民生银行建立起来以后，其业务主体还是本能地逐渐转向大中型企业，已经生动地说明了这一点。因此，我们认为，仍有必要尽快制定和出台鼓励非国有社区性股份制中小商业银行发展的政策和措施，通过发展这类非国家控股的区域性民营中小商业银行，由它们直接为广大农村、民营企业和中小企业提供更多、更好的金融服务，来达到推动国民经济更加健康运行与发展的目的。[②]除此以外，财政当局对商业银行增发此类中小企业贷款给予一定的财政贴息和减免商业银行中小企业贷款所得税等优惠政策的支持，可能也是一个必要的政策改进内容。

最后需要指出，在当前形势下，还必须从政策操作目标（包括最终目标和中介目标）的角度，对现行宏观政策的操作进行再探索，以抑制重新抬头的通货紧缩趋势。本来，在技术进步、进出口条件改善和正常竞争环境下，物价出现一定程度的下降是一件好事。但是，如果由于总需求不足导致供给过剩，进而引起物

结构性松动货币 抑制通货紧缩趋势

---

① 该课题组认为，截至2001年年末，10家全国性股份制商业银行和烟台住房储蓄银行所提供的贷款总额实际上仅占全国商业银行贷款总额的19.35%。

② 最近央行有关部门负责人谈到，欢迎和支持民间资本和外资入股中资商业银行。对没有设立城市银行的地（市），根据当地经济发展的要求和国有商业银行改革进程，由当地各类企业和居民个人投资入股，资本金达到亿元人民币、符合《商业银行法》规定的设立条件的，原则上应同意组建新的商业银行。我们认为这是一个新的突破，希望尽快兑现，以使中小企业活起来。但是否注册资本金达到亿元人民币就可以了，还可进一步研究。

价的持续下降，其负面效应必然很大。它不仅会引发经济进一步下滑的预期，导致债务负担增加，而且还会引发更加谨慎的消费、推迟应当实现的投资。对于这些负面效应，需要给予高度重视并加以防范。当然，对于目前这种通货紧缩趋势卷土重来的形势，既不能夸大，也不应回避。一般来说，当通胀率在-2%到3%都不必大惊小怪，都是可以允许的。当通货膨胀率向3%移动时，就要控制货币供给；当通货膨胀率向-2%移动时，就要扩大货币供给（刘国光，2002）。由于目前物价下降的负面效应又重新显现，因此有必要通过宏观政策的审慎操作加以纠正。作为短期性对策选择，当前应突出强调在继续坚持稳健货币政策框架下，进一步放松货币，通过货币的结构性松动，改变普遍存在的萧条预期，抑制通货紧缩趋势。这样，既可以为扩张性财政政策淡出创造条件，又可以为国民经济的持续健康较快增长提供有力的货币支持。

刘国光

经济论著全集

第
15
卷

将现实经济增长率向潜在增长率提升的几个问题*

——在中国经济形势分析与预测2002年秋季座谈会上的讲话

（2002年10月）

一、现实的经济增长率与潜在的经济增长率

中国自改革开放以来，获得延续约20年的高速增长。1978—2000年平均经济增长率达到9.52%。这一增长速度，与日本和亚洲"四小龙"高速增长时期的年均增长率大致相近，而日本和亚洲"四小龙"经济高速增长期大体也持续了二十年。这些国家和地区在经历了经济高速增长期以后，都出现了减速的过程。西方发达的市场经济国家也都经历了类似的发展过程。中国经济发展在经历一定时期的高速增长之后，也不可避免地出现减速的情况。在20世纪末21世纪初，已经呈现出这种趋势。一个不争的事实是，中国经济的现实增长率已由20世纪八九十年代平均10%左右，过渡到1998—2001年的7%~8%。这一趋势将左右21世纪最初10年的中国经济增长率。

中国现实经济增长率之所以下降的主要背景是：经济发展由

---

* 原载《2003年中国：经济形势分析与预测》，社科文献出版社2002年版。

资源、供给约束型转向市场、需求约束型，由粗放的数量扩张型转向同时追求效率与质量的集约增长型；中国经济面临着产业结构调整升级的需求以及提高国际竞争力的压力。同时依靠制度变革带来的生产要素重新配置（主要是农村劳力和资源向非农产业的转移）的势头减弱以及由于存在体制和政策障碍，使那些原本有希望高增长的行业领域增长潜力未得到充分的发挥，也是增长下降的一个原因。但是，由于目前中国在人均收入、工业化、城市化、现代化和国际化水平等方面与世界平均水平相比，特别是与发达国家相比，存在着明显的差距，而国内城市与农村之间、东部与西部之间的发展水平也存在巨大差距，所以中国经济蕴含着巨大的经济增长潜力。无论从需求的角度还是从供给的角度看，支持经济增长的力量依然很雄厚。因此，中国经济的减速是有一定限度的，它仍能保持相对快速的增长势头。中国经济在21世纪初可以实现7%~8%的平均增长率，考虑到国内外发展条件的变化，个别年份升至上限9%，降至下限6%，也是有可能的。在此范围内起伏，均可视为正常的发展。

如前所述，1998—2001年，中国经济一直在7%~8%的增长速度区间运行。但这几年中国经济的现实增长率，低于潜在的经济增长率，这也是一个不争的事实。有人估计，我国现时潜在增长率在9%上下，有的估计，在8%~10%。由于就业状况不佳，社保措施不健全，收入差距拉大，尤其是农民收入增长缓慢，使居民消费需求受到遏制；由于最终消费需求不振，以及在准入、融资等方面的限制，社会民间投资的增长也受到遏制。这几年实行的积极财政政策和稳健货币政策，通过支持政府投资对拉动国内需求起了一定的作用，但内需不足的问题一直缠绕着我们。外需增长也受到国际局势和市场形势不确定因素的影响。需求不足的市场约束，使我国潜在的增长能力难以发挥出来。

现实经济增长率明显低于潜在经济增长率的证据，是我国社会资源没有得到充分的利用，无论是人力资源、财力资源、物力资源都有较大的余力没有发挥。人力方面，大量劳动力资源未充分利用，以致就业压力增大。物力方面，产品严重过剩，生产能力闲置，社会库存增加。资金方面更是供大于求，目前我国城乡居民储蓄超过8万亿元，金融机构的存贷差由1998年的9174亿元，上升到2001年的31302亿元，平均增长率高达50.5%，大大高于同期存款增长的速度，导致存贷差占存款总额的比重升到2001年的21.8%，今年6月底存贷差达到34007亿元，9月底达到4万亿元，即目前有1/5的银行信贷资金没有得到有效的利用，大量的储蓄无法转化为投资。由于供大于求的局面持续难解，通货紧缩的阴影挥之不去，物价呈现出长期性回落的趋势。

2002年我国经济形势好于预期，现实的经济增长速度比上一年加快，逐季平稳回升：一季度GDP增长7.6%，二季度增长8%，三季度增长8.1%，一至三季度比上年同期增长7.9%，同比加快了0.3个百分点。全年预计增长8%，宏观经济指标除消费、物价、就业外，"全线飘红"。我们希望经济增速加快的势头能够持续下去。当然我们不能指望现实的增长速度回复到20世纪八九十年代两位数的高峰。然而经过努力，现阶段的潜在增长速度是可以达到的。只要我们大力促进增加内需，把未充分利用的财力物力人力资源动员起来，这个目标是能够实现的。

二、就业优先的增长模式和效率与就业并重

目前，我国未能充分利用的社会资源潜力中，最为醒目的是劳动力资源。与资金资源、物质生产力资源相比，后两者受短期和周期性因素影响较大。而我国劳动力资源丰富，则是我国一重大资源优势，它不仅是对短期增长起作用，而且是对长期发展的一个不可忽视的重要因素。

中国劳动力资源的充分利用是今后一二十年世界上无与伦比的一件大事。目前我国劳动力人数约7.5亿，相当于西方发达国家劳动人口4.35亿的1.73倍，世界上没有一个国家像中国那样要安排这么多就业。中国就业问题的出现是经济转型过程中，为提高经济效益而付出的代价，是计划经济向市场经济转型的成本。中国大量人口的就业压力，源于极大的劳力供给与有限的资源（自然资源、资本资源）之间的矛盾。这一基本国情决定了中国在经济发展战略上应采取就业优先的增长模式，而不能采取其他资源优先的增长模式。

中国人口基数大，且劳动力人口占总人口比重较大，劳动参与率较高，当前10年、20年又处于劳动力资源增加高峰期，每年新供劳力逾千万。加上失业下岗人员，农村待转业的剩余劳动力，今后每年需要增加千万个以上工作岗位。而目前每年能提供的就业岗位只约800万个。当然，在市场经济条件下，完全消灭失业，实现完全的充分就业是不可能的。由于中国劳动力供给超常丰富，并且改革攻坚和结构性调整的历史性任务必然带来一定阶段的失业，要求做到完全的"充分就业"也不现实，生搬西方经济学的"充分就业"概念来判断潜在经济增长率，也是不适宜的，但是把我国的失业率控制在社会可以承受的合理范围，同时加快社会保障制度建设，就可以把潜在的经济增长速度尽可能地发挥出来。

党的十六大报告指出，国家实行促进就业的长期战略的政策。《中国劳动和社会保障白皮书》中说，中国政府始终将促进就业作为国民经济和社会发展的战略性任务，通过经济增长带动就业增长，实行积极的就业政策。这项积极的劳动就业政策在实际执行中遇到许多复杂的情况。一方面，改革开放以来，"效率优先、兼顾公平"的观念成为思想理论界多数人的共识，也写入了党的文件，政府推出的一系列经济政策，其主要着眼点在于促进提高效率。其结果在提高中国经济效率的同时，不可避免地带来居民收入差距的扩大和基尼系数的急剧上升。同时效率优先要求资本有机构成提高，产业结构升级，加速资本替代劳动的过程。另一方面，虽然政府将控制失业列入宏观调控的主要目标，但众所周知，宏观政策有四大目标（促进经济增长、增加就业、物价稳定、保持国际收支平衡，这四大重要目标上了党的十六大报告），理论上应同时兼顾，实际上不同时期往往各有偏重。如在"软着陆"时期，宏观政策的取向事实上是以稳定物价为优先。1997年、1998年以来，政府虽然努力以经济增长带动就业增长，事实上并不是以就业作为中国经济运行与发展的优先目标，而是以就业增长作为经济增长政策的配套措施和副产品。但是应当注意，经济增长不一定带来相应的就业增长，有些部门（农业、矿业、某些制造业等）的经济增长还伴随着就业的下降。问题在于，就业增长并不单纯取决于经济增长一个因素，而是取决于经济增长和就业弹性的变化两个因素。因此，为解决就业增长，就必须一要经济增长，二要提高经济增长的就业弹性。有人估算，如果能保持"十五"规划每年7%的经济增长速度，将就业弹性由目前的0.1提高到0.15，那么"十五"期间就能解决4000万以上的就业岗位。我国当前就业弹性呈现下降趋势，有必要采取一系列综合措施减缓、阻滞这一趋势，乃至进一步促进提升就业弹性。这需要在技术进步与结构调整的政策上做出大量复杂的研究，正确解决效率与就业的关系。

效率与就业这一尖锐的矛盾，决定着中国未来的政策选择和经济发展。用牺牲效率与效益来扩大就业机会，将使中国丧失国家竞争力，永远沦于落后境地。而片面追求经济增长的效率效益，将使更多的人进入失业行列。那么，解决效益与就业的唯一出路，就是采取效率与就业兼顾并重的政策。中国发展经济的空间和容量是这么大，完全能够一方面有选择地发展高新技术产业，提高关键产业、骨干企业的资本和技术的密集度，以增强它们的国际竞争能力；另一方面同时发展以制造业为骨干的传统产业，大力发展劳动密集型中小企业，大力发展资本技术型产业中的劳动密集型的加工环节，大力发展服务行业，大力发展民营中小企业，以吸纳更多的人就业。另外，鼓励灵活就业和劳务输出，也可以增加就业机会。所有这些，都需要制定和实施一整套协调配套的政策措施。我以为只要政策措施对头，以上两个方面的发展是应该可以并行不悖的，这样做既可以达到效率提高的目标，又可以达到增加就业的目标，是解决中国就业问题的妥善办法，也是提升现实经济增长率，发挥潜在增长率的有效途径。

把促进就业作为经济发展的基本优先目标，不仅是基于我国劳动力资源丰富不得不做出的决定，也是国际上达成的共识。前不久国际劳工组织发布的《全球就业议程》强调，创造就业机会不再是经济政策的副产品，而是宏观经济战略和国家政策的总目标。就业不仅是生存手段，还是融入社会、给后代带来希望的手段。就业问题的重要性怎么强调也不过分，何况我们是一个社会主义国家，在发展生产力的基础上保障充分就业与社会公平，是政府不可推卸的责任。

三、积极财政政策与稳健货币政策还要继续实施并要正名

1998年以来，我国连续几年实施积极的财政政策，利用国债资金进行重点建设，有力地拉动了经济增长，抑制了通货紧缩趋势，而且加快了经济结构的调整，增强了经济发展的后劲。同时又实施了稳健的货币政策，在货币供应量方面多数时候进行扩张性操作，有力地支持了积极财政政策的实施，促进了经济的发展。

1998年从过去"适度从紧"的政策开始实现宏观政策的转变时，所谓"积极的财政政策"和"稳健的货币政策"，都是中国条件下"扩张性"政策或"松动性"政策的一种变换的提法。"积极财政政策"的扩张性实质是无疑问的。货币政策只是因为考虑防范金融风险和稳定币值，才赋予"稳健的货币政策"以复杂的内涵。它既包含反对通货紧缩的内容，又包含反对通货膨胀的内容。这样可以操作自如，但是人们的印象是缺乏方向感。

这两项政策已经实行了四年。其成效有目共睹，其问题众说纷纭。宏观调控政策一般是短期政策，这两项政策是要继续坚持下去，还是改弦更张？

拿积极财政政策来说，国债投资对促进国内需求，拉动经济增长的效应，是无疑的。1998—2002年中国政府共发行了6600亿元的长期建设国债，预计可形成3.2万亿元的国债项目总投资规模。但长期使用这一手段，会增强政府对经济的直接干预作用，与市场化改革目标相悖；政府投资一般效率也比较差，国债投资逐步倾向于低收益或无收益项目，出现国债投资效用递减现象；政府工程质量难以保证，而且容易发生腐败。随着时间推移，积极财政政策的消极方面日益显露。但积极财政政策的退出，据我看有三个条件。一是国际形势明显好转，外需增长强劲；二是民间投资出现机制性复苏繁荣，国内投资和消费需求形成自主成长机制；三是财政赤字和国债余额占GDP的比重达到或超过警戒线。目前看来，国际经济形势缓慢回复，但不确定因素仍在。国内投资自主成长机制缓慢形成，消费需求稳定增长，但还不能替代政府投资的拉动。国债余额占GDP比重（16.3%）尚未达警戒线，财政赤字占GDP比重（2.7%）虽逼近警戒线，但赤字警戒线还有伸缩余地。综合上述情况，积极财政政策仍不能完全淡出，其内容应加以调整。国债规模应当控制，但仍应发挥效力，以保证经济运行的基本稳定。

再拿货币政策来说，现在货币供应量并不低。M_2占GDP的比重，在世界上也是名列前茅，有力地支持了国债投资和大行业、大企业的发展。然而近几年由于中央银行货币供给中用于海外增值的外汇储备持续增长，而国内信用中用于支付政府部分又迅速增大，同时银行贷款总量中一部分已被不良资产所抵消以及银行惜贷，商业银行将很大一部分资金用于国债或中央银行储备金等原因，投入实体经济的资金有限，企业部门特别是中小企业感到资金偏紧，也是不争的事实。2001年前几个月，各种口径的货币供应量增长幅度比2001年年末和2002年年初计划均有提高，如M_2余额11月末比上年同期增长16.6%，增幅比上年同期提高3.4个百分点，M_1余额比去年同期增长18.5%，增幅比上年同期提高7.1个百分点，增长幅度是2000年10月以来最高的。M_1和M_2的增幅均大大超过年初预计目标的13%。货币供应量迅速上升，金融进行趋于活跃，加大了对中小企业的支持力度。目前，稳健货币政策朝松动方向的这种调整，仍需继续，以支持实体经济发展好转的势头。货币政策不能仅仅被动适应经济增长的需要，而要积极促进现实的经济增长，使之向潜在的经济增长率靠拢。

如前所述，我国目前现实的经济增长率低于潜在增长率，社会资源未得到充分利用，总需求不足的局面尚未过去，依然是总供给大于总需求的格局。为对应此种问题，除在结构、体制方面采取措施，消除长期性障碍以外，还得运用宏观调控政策，进行治理。宏观调控政策的取向，一般来说，可分三种情况：（1）当总需求大于总供给，现实的经济增长率高于潜在的增长率，出现通货膨胀趋势时，需要采取紧缩性的政策；（2）当总供给大于总需求，现实的经济增长率低于潜在的增长率，出现通货紧缩趋势时，需要采取扩张性的政策；（3）当总供给与总需求大体相当，现实经济增长率与潜在增长率差距不大，无明显通胀与通缩趋势的迹象时，就应采取中性的政策。这是经济学的

ABC，宏观经济政策要建立在这个基础上。

目前，我国的经济形势明显处于第（2）种情况。现期我国现实的经济增长速度回升，但与潜在增长率仍有距离；通货紧缩趋势是低度的，且有减缓迹象。在此情况下，宏观调控政策取向，以继续实施适度从松的政策为宜。我以为，现在实行的积极财政政策（就其扩张性实质而言）和稳健的货币政策（就其松动的一面或防止通货紧缩趋势的一面而言），实际上是一种"适度从松"的政策，因此，这两个政策今后一段短时间还是要继续实施，但其内容需要适应形势变动加以调整。最近中央经济工作会议作出坚持扩大内需的方针，继续实施积极的财政政策和稳健的货币政策的决定。

关于财政政策与货币政策的调整，现在业界和理论界提出，积极的财政政策要稳健一些，稳健的货币政策要积极一些，这个提法有一定的道理。财政政策要稳健一些，我体会，是为预防财政风险，积极财政政策的力度要减轻一些，同时把财政资金的使用方向向技术改造、向农村、向支付结构调整及改革的成本倾斜。货币政策要积极一些，就是要为接替积极财政政策逐步淡出留出的空间，更多向支持实体经济特别是民间中小企业倾斜。

在调整内容之际，我看正名也是有必要的。类似前几年实行"适度从紧"的财政与货币政策，我们也可以称现在的宏观调控政策为"适度从松"或"适度扩张性"的政策。这样称呼可以明确政策的取向，还其政策的本来面目，与世界各国财政货币政策通行用法一致起来，避免究竟是从紧还是从松的猜测与争论。再谈现行提法不便之处。拿积极财政政策来说，"积极"二字，从紧从松时都可使用，不能说从紧时我们的财政政策就不积极或没有积极的一面。拿货币政策来说，现在把"稳健"二字界定为既防止通胀又防止通缩，这是货币政策的主要任务（稳定币值），什么时候都可以用，不能拿它作为政策的取向。即使作为政策取

将现实经济增长率向潜在增长率提升的几个问题

向，也只能缩小到总供求大体平衡，无明显通胀或通缩倾向迹象的时机，作为中性的货币政策来使用。但现在通胀压力不大，显然还不到实行中性货币政策的时机。所以，我以为，现在继续实行的财政政策与货币政策，还是正名为"适度从松"或"适度扩张性"的政策为好。

当前我国经济发展态势*

——《前线》杂志社记者专访

（2002年12月）

记者（杜梅萍）：进入2002年以来，在世界经济仍然不景气的大环境下，我国国民经济继续保持了良好的势头。我想先请您对经济运行的总体情况做一评价。①

刘国光：概括地讲，2002年，不仅宏观经济增长速度快于上年，而且经济效益有所提高。在宏观调控政策的作用下，国内需求进一步扩大，对外贸易大幅度增长，利用外资显著增加，经济结构调整力度加大，各项改革稳步推进，金融运行平稳，国家外汇储备继续增多，人民生活继续有所改善。我国综合经济实力和抗风险能力进一步增强。宏观经济运行状况明显好于人们的普遍预期。

记者：这种良好的态势对我国经济在2003年的发展将产生怎样的影响？或者说，2003年我国经济的前景如何呢？

刘国光：2002年，我国经济全年的GDP增长率超过上年，这将使我们摆脱2001年因国际经济环境波动而引起的宏观经济增长有所减速的局面，从而为我国经济各部门、各行业的进一步发展打下基础。2003年，农业、第二产业、第三产业将继续保持增长势头；城镇居民收入将出现较为明显的增加，农村居民收入增长速度虽然仍将低于城镇居民的收入增长速度，但是，与2001年相

---

* 原载《前线》2003年第1期。

比将有所提高；2003年，消费将继续保持较稳定的增长，成为拉动宏观经济增长的主要因素之一；由于继续实行扩张性的财政政策，2003年，财政支出增长速度仍将快于财政收入的增长速度，中央强调加强增收节支工作，2003年，财政收入和财政支出的差距将受到更为严格的控制，以防止财政状况的恶化。

记者： 我国宏观经济能够在2002年并将在2003年继续保持适度快速增长的主要原因和条件是什么？

刘国光： 第一，贸易顺差的实现。这将使得对外贸易对GDP增长的贡献率变为正值。据测算，2002年上半年净出口增长对GDP增长的贡献率已经由2001年的-1.7%转变为12.8%。预计2002年全年净出口增长对GDP增长的贡献率将在10%左右。当然，由于世界经济波动的不确定性，2003年，净出口增长对GDP增长的贡献将较难达到2002年的同样水平，我们仍然应该立足于有效扩大内需来拉动宏观经济增长。

第二，全国固定资产投资的高速增长是2002年宏观经济实现较高增长的最重要的拉动因素。据测算，2002年上半年投资增长对GDP增长的贡献率已经达到了65%。值得注意的是，在总投资中，除了国有投资仍然保持高增长外，非国有投资在2002年上半年中也明显改变了较长时期中增长较为缓慢的状况，表现出较快的增长。从非政府投资增长速度的逐步提高来看，积极的财政政策对社会投资的拉动作用正在逐渐显现出来，这将成为我国宏观经济在未来保持持续稳定快速增长的关键因素。此外，自2002年年初我国正式加入WTO以后，跨国资本很快以空前的速度大量进入我国，2002年，全年外商实际投资额将突破500亿美元，增速超过10%，2003年外商对货投资的势头在某种程度上仍将持续下去，对我国的经济增长带来直接的有利影响。

第三，近几年来，我国的消费需求一直保持着较稳定的持续增长。据测算，2002年，上半年消费增长对GDP增长的贡献率约为22%。虽然与投资相比，消费增长对宏观经济增长的贡献尚不能令人满意，但是，消费的这种较为稳定的增长在2003年中仍会继续下去，成为宏观经济增长的一个重要组成部分。

第四，近年来，我们不懈地对经济结构进行的调整对宏观经济供给方面的改善起了重要作用。这主要表现在两个方面：一是住房、汽车、电信等与人民生活关系密切的产业部门表现出较为明显的快速增长，甚至某些制造业部门近来也表现出不俗的增长水平。这些高增长产业部门正在成为一段时期内宏观经济持续高增长的主导力量。二是高新技术产业部门得到了明显的快速增长，特别是在一些大城市和地区，高新技术产业发展的速度是相当快的，对于这些地区及全国的经济结构的调整都起到了重要的作用。这些主导产业和高新技术产业的较快增长，不仅有力地调整着我国的经济结构，而且进而加强和改善着宏观经济的供给结构，成为保持国民经济持续稳定快速增长的坚实基础。

第五，在制度方面，改革开放的不断深入，社会主义市场经济体制的建立与完善是保持宏观经济持续稳定快速增长的根本保证。近年来，我们的经济体制改革不断取得新的进展，特别是成功加入WTO为我们继续深化改革、实现与国际接轨创造了非常有利的环境。与此同时，党中央一直积极倡导的创新意识正在普遍为企业界和全社会所接受，技术进步的作用正在日趋明显。这些制度方面的改进和完善将进一步促进我国社会经济向着现代化的方向前进。

记者：1998—2002年，中国经济一直在7%~8%的增长速度区间运行。但有人估计，我国潜在增长率在9%上下，即8%~10%，因此，中国经济的现实增长率低于潜在的经济增长率。您怎样看待这一问题？如何将现实经济增长率向潜在经济增长率提升？

刘国光：中国自改革开放以来，获得延续约20年的高速增长。1978—2000年平均经济增长率达到9.52%。这一增长速度，与日本和亚洲"四小龙"高速增长时期的年均增长率大致相近，而日本和亚洲"四小龙"经济高速增长期也持续了20年左右。这些国家和地区在经历了经济高速增长期以后，都出现了减速的过程。西方发达的市场经济国家也都经历了类似的发展过程。中国经济发展在经历一定时期的高速增长之后，不可避免地出现减速的情况。在20世纪末21世纪初，已经呈现出这种趋势。一个不争的事实是，中国经济的现实增长率已由20世纪八九十年代平均10%左右，过渡到1998—2001年的7%~8%。这一趋势将左右21世纪最初10年的中国经济增长率。

中国现实经济增长率之所以下降的主要背景是：经济发展由资源、供给约束型转向市场、需求约束型，由粗放的数量扩张型转向同时追求效率与质量的集约增长型；中国经济面临着产业结构调整升级的要求以及提高国际竞争力的压力。同时依靠制度变革带来的生产要素重新配置（主要是农村劳动力和资源向非农产业的转移）的势头减弱也是增长下降的一个原因。但是，由于目前中国在人均收入、工业化、城市化、现代化和国际化水平等方面与世界平均水平相比，特别是与发达国家相比，存在着明显的差距，而国内城市与农村之间、东部与西部之间的发展水平也存在巨大差距，所以，中国经济蕴含着巨大的经济增长潜力，无论从需求的角度还是从供给的角度看，支持经济增长的力量依然很雄厚。因此，中国经济的减速是有一定限度的，它仍能保持相对快速的增长势头。中国经济在21世纪初可以实现7%—8%的平均增长率，考虑到国内外发展条件的变化，个别年份升至上限9%，降至下限6%，也是有可能的。在此范围内起伏，均可视为正常的发展。

但是，我们还不能过于乐观。由于就业状况不佳，社保措施不健全，收入差距拉大，尤其是农民收入增长缓慢，使居民消费需求受到遏制；由于最终消费需求不振，以及在准入、融资等方面的限制，社会民间投资增长也受到遏制。这几年实行的积极财政政策和稳健货币政策，通过支持政府投资对拉动国内需求起到了一定的作用，但内需不足的问题一直困扰着我们。外需增长也受到国际局势和市场形势不确定因素的影响。需求不足的市场约束，使我国潜在的增长能力难以发挥出来。现实经济增长率明显低于潜在经济增长率的证据，是我国社会资源没有得到充分的利用，无论是人力资源、财力资源、物力资源都有较大的潜力没有发挥。人力方面，大量劳动力资源未充分利用，使就业压力增大。物力方面，产品严重过剩，生产能力闲置，社会库存增加。资金方面更是供大于求，目前我国城乡居民储蓄超过8万亿元，金融机构的存贷差由1998年的9174亿元，上升到2001年的31302亿元，2002年6月底存贷差达到34007亿元，9月底达到4万亿元，即目前有1/5的银行信贷资金没有得到有效的利用，大量的储蓄无法转化为投资。由于供大于求的局面持续难解，通货紧缩的阴影挥之不去，物价呈现出长期性回落的趋势。虽然2002年我国经济形势好于预期，现实的经济增长速度比上年加快，我们也希望这种经济增速加快的势头能够持续下去，但是，我们不能指望现实的增长速度回复到20世纪90年代两位数的高峰。然而经过努力，现阶段的潜在增长速度是可以达到的。只要我们大力促进增加内需，把未充分利用的财力、物力、人力资源动员起来，这个目标是能够实现的。

当前我国经济发展态势

记者：要将现实经济增长率向潜在经济增长率提升，关键是要充分利用社会资源的潜力，其中，与财力资源、物力资源相比，最为醒目的是人力资源。那么，如何充分发挥我国劳动力资源优势，把潜在的经济增长速度尽可能地发挥出来呢？

刘国光：财力资源、物力资源受短期和周期性因素影响较大，而大力资源丰富，则是我国一重大资源优势，它不仅对经济的短期增长起作用，而且对经济的长期发展起着重要的作用。

中国劳动力资源的充分利用是今后一二十年世界上无与伦比的一件大事。目前我国劳动力人数约7.5亿，相当于西方发达国家劳动力人口4.35亿的1.73倍，世界上没有哪一个国家像中国那样要安排这么多就业岗位。中国就业问题的出现是经济转型过程中，为提高经济效益而付出的代价，是计划经济向市场经济转型的成本。中国的就业压力，源于极大的劳动力供给与有限的资源（自然资源、资本资源）之间的矛盾。这一基本国情决定了中国在经济发展战略上应采取就业优先的增长模式，而不能采取其他资源优先的增长模式。中国人口基数大，且劳动力人口占总人口比重较大，劳动参与率较高，今后10~20年又处于劳动力资源增加高峰期，每年新供劳动力逾千万。加上失业下岗人员，农村待转业的剩余劳动力，今后每年需要增加千万个以上工作岗位。而目前能提供的就业岗位仅约800万个。

当然，在市场经济条件下，完全消灭失业率，实现完全的充分就业是不可能的。由于中国劳动力供给超常丰富，并且改革攻坚和结构性调整的历史性任务必然带来一定阶段的失业，要求做到完全的"充分就业"也不现实，生搬西方经济学的"充分就业"概念来判断潜在经济增长率，也是不适宜的，但是，把我国的失业率控制在社会可以承受的合理范围，同时加快社会保障制度建设，就可以把潜在的经济增长速度尽可能地发挥出来。

效率与就业这一尖锐的矛盾，决定着中国未来的政策选择和经济的发展。用牺牲效率与效益来扩大就业机会，将使中国丧失国家竞争力，永远沦于落后境地。而片面追求经济增长的效率效益，将使更多的人进入失业行列。那么，解决效益与就业的唯一出路，是采取效率与就业兼顾并重的政策。中国发展经济的空间和容量这么大，完全能够一方面有选择地发展高新技术产业，提高关键产业、骨干企业的资本和技术的密集度，以增强它们的国际竞争能力；另一方面同时发展以制造业为骨干的传统产业，大力发展劳动密集型中小企业，大力发展资本技术型产业中的劳动密集型的加工环节，大力发展服务行业，大力发挥民营中小企业吸纳更多就业人口的作用。另外，鼓励灵活就业和劳务输出，也可以增加就业机会。所有这些，都需要制定和实施一整套协调配套的政策措施，我以为，只要政策措施对头，以上两个方面的发展是应该可以并行不悖的，这样做既可以达到效率提高的目标，又可以达到增加就业的目标，是解决中国就业问题的妥善办法，也是提升现实经济增长率、发挥潜在增长率的有效途径。

记者：中央经济工作会议指出："1998年以来，面对亚洲金融危机冲击和世界经济波动的不利影响，我们采取扩大内需的方针，实施积极的财政政策和稳健的货币政策，保持了经济快速增长。"并进一步指明2003年着重做好经济工作的第一个方面的任务就是："坚持扩大内需的方针，继续实施积极的财政政策和稳健的货币政策。"这无疑已经把积极的财政政策这项当初作为短期措施制定和实施的政策明显地中长期化了，我们为什么还要继续实施积极的财政政策与稳健的货币政策？

刘国光：积极的财政政策与稳健的货币政策还要继续实施并需要正名。

自1997年亚洲金融危机爆发后，我们开始实施积极的财政政策，旨在通过扩大内需来抵消亚洲金融危机对我国宏观经济产生的不利影响。不可否认的是，这一政策的制定和实施不但有效地抵御了亚洲金融危机对我国经济的冲击，而且确实对我国宏观经济的中长期运行产生了极其重要的影响。

首先，1998年开始实施积极的财政政策以来，这种以扩大国内需求为主的政策导向正在引导我国宏观经济走上主要依靠内需增长拉动的轨道，这是一个大国经济在长期经济发展过程中必须遵循的规律。按照最终消费需求、资本形成和外需的不变价格计算，我国1997—2001年内需增长对GDP增长的年度贡献率分别为：58%、74%、94%、89%和103%。据初步计算，2002年上半年我国内需增长对GDP增长的贡献率也达到了88%左右。只有走主要靠内需增长的道路，才能有效地防范外部风险，避免外部经济波动时产生的剧烈冲击，同时保持自身经济的可持续的稳定发展。

其次，在积极的财政政策的作用下，经过数年大规模国债投资的带动，社会投资正在逐渐启动并开始活跃起来，社会投资的逐步活跃并最终成为全社会固定资产投资的主体，不仅是扩张性的财政政策逐步"淡出"的必要条件，而且是实现宏观经济长期快速稳定持续增长的主要内容。此外，在过去数年中，我国固定资产投资的较高速度的增长所形成的第二轮、第三轮拉动宏观经济增长的效应也将会越来越明显地表现出来。

1998年从过去"适度从紧"的政策到开始实施宏观政策的转变时，所谓"积极的财政政策"和"稳健的货币政策"，都是中国条件下"扩张性"政策或"松动性"政策的一种变换的提法。"积极的财政政策"的扩张性实质是无疑问的。货币政策只是因为考虑防范金融风险和稳定币值，才赋予"稳健的货币政策"以复杂的内涵。它既包含反对通货紧缩的内容，又包含反对通货膨胀的内容。这两项政策已经实行了4年，为什么还要继续坚持下去？

拿积极的财政政策来说，国债投资对促进国内需求、拉动经济增长的效应，是无疑的。虽然长期使用这一手段，会增强政府对经济的直接干预作用，与市场化改革目标相悖，出现国债投资效用递减现象。随着时间推移，积极的财政政策的消极方面日益显露，但积极的财政政策的退出，据我看有三个条件：一是国际形势明显好转，外需增长强劲；二是民间投资出现机制性复苏繁荣，国内投资和国内需求形成自主成长机制；三是财政赤字和国债余额占GDP的比重达到或超过警戒线。目前看来，国际经济形势缓慢回复，但不确定因素仍在。国内投资自主成长机制缓慢形成，消费需求稳定增长，但还不能替代政府投资的拉动。国债余额占GDP比重为16.3%，尚未达到警戒线，财政赤字占GDP比重为2.7%，虽逼近警戒线，但赤字警戒线还有伸缩余地。综合上述情况，积极的财政政策仍不能完全淡出，国债规模应当控制，但仍应发挥效力，以保证经济运行的基本稳定。

再拿货币政策来说，现在货币供应量并不低。M_2占GDP的比重，在世界上也是名列前茅，有力地支持了国债投资和大行业、大企业的发展。然而，近几年，由于中央银行货币供给中用于海外增值的外汇储备持续增长，而国内信用中用于支付政府部分又迅速增大，同时银行贷款总量中一部分已被不良资产所抵消，以及银行惜贷、商业银行将很大一部分资金用于国债或中央银行储备金上等原因，投入实体经济的资金受限，企业部门特别是中小企业感到资金偏紧，也是不争的事实。2002年，货币供应量迅速上升，金融运行趋于活跃，加大了对中小企业的支持力度。目前，稳健的货币政策朝松动方向的这种调整，仍需继续，以支持实体经济发展好转的势头。货币政策不能仅仅被动适应经济增长的需要，而要积极促进现实的经济增长，使之向潜在的经济增长率靠拢。

如前所述，我国目前现实的经济增长率低于潜在增长率，社会资源未得到充分利用。总需求不足的局面尚未过去，依然是总供给大于总需求的格局。应对此种问题，除在结构、体制方面采取措施，消除长期性障碍以外，还得运用宏观调控政策，进行治理。宏观调控政策的取向，一般来说，可分三种情况：（1）当总需求大于总供给，现实的经济增长率高于潜在的增长率，出现通货膨胀趋势时，需要采取紧缩性的政策；（2）当总供给大于总需求，现实的经济增长率低于潜在的增长率，出现通货紧缩趋势时，需要采取扩张性的政策；（3）当总供给与总需求大体相当，现实经济增长率与潜在增长率差距不大，无明显通胀与通缩趋势的迹象时，就应采取中性的政策。这是经济学的ABC，宏观经济政策要建立在这个基础上。目前，我国的经济形势明显处于第二种情况。现时期我国现实的经济增长速度回升，但与潜在增长率仍有距离；通货紧缩趋势是低度的，且有减缓迹象。在此情况下，宏观调控政策取向以继续实施适度从松的政策为宜。我以为，现在实行的积极的财政政策（就其扩张性实质而言）和稳健的货币政策（就其松动的一面或防止通货紧缩趋势的一面而言），实际上是一种"适度从松"的政策，因此，这两个政策今后一段短时间还是要继续实施，并正名为"适度从松"或"适度扩张性"的政策为好。但其内容需要适应形势变动加以调整。

关于财政政策与货币政策的调整，现在实业界和理论界提出，积极的财政政策要稳健一些，稳健的货币政策要积极一些，这个提法有一定的道理。财政政策要稳健一些，我体会，是为预防财政风险。积极的财政政策的力度要减轻一些，同时把财政资金的使用方向向技术改造、向农村、向支付结构调整及改革一定的成本倾斜。货币政策要积极一些，就是要为接替积极的财政政策逐步淡出遗留的空间，更多向支持实体经济特别是民间中小企业倾斜。

在调整内容之际，我看正名也是有必要的。类似前几年实行"适度从紧"的财政与货币政策，我们也可以称现在的宏观调控政策为"适度从松"或"适度扩张性"的政策。这样称呼可以明确政策的取向，还其政策的本来面目，与世界各国财政货币政策通行用法一致起来，避免究竟是从紧还是从松的猜测与争论。拿积极的财政政策来说，"积极"二字，从紧从松时都可使用，不能说从紧时我们的财政政策就不积极或没有积极的一面。拿货币政策来说，现在把"稳健"二字界定为既防止通胀又防止通缩，

刘国光

经济论著全集

第15卷

这是货币政策的主要任务（稳定币值），什么时候都可以用，不能拿它作为政策的取向。即使作为政策取向，也只能缩小到总供求大体平衡，无明显通胀或通缩倾向迹象的时机，作为中性的货币政策来使用。但现在通胀压力不大，显然还不到实行中性货币政策的时机。所以，我以为，现在继续实行的财政政策与货币政策，还是正名为"适度从松"或"适度扩张性"的政策为好。

新中国53年来宏观经济
发展的若干特点*

——在青岛2003年中国现代经济史年会上的讲话
（2003年4月21日）

在春光明媚的季节，中国社会科学院经济研究所、中国现代经济史研究中心、中国海洋大学管理学院和青岛远洋运输公司在青岛共同举办了中国现代经济史年会暨中华人民共和国成立53年来经济管理经验研讨会。这次会议研讨的内容非常丰富，也十分重要，对53年来的经验教训做了一个总结，这直接关系到当前和今后我国改革和发展的实践。在这个地方我首先抛砖引玉，从总体上就半个世纪以来中国宏观经济发展的特点谈一点个人看法，讨论的重点放在改革以前。

一、新中国初期到中共十一届三中全会前的几个发展阶段

先讲一讲新中国初期到中共十一届三中全会以前的几个阶段是怎么划分的。

第一个时期是第一个五年计划时期。第一个五年计划时期的主要工作是"一化三改"。"一化"应该说是取得了成功，进

　＊　原载《当代中国史研究》2003年第10卷第4期。

行了社会主义工业化，为工业化奠定了基础。"三改"即农业、手工业和资本主义工商业的社会主义改造，应该说也是成功的。

"三改"本来是一个15年的计划，即在15年内完成，但后来3年就完成了，所以，改得比较粗糙一点，有很多的后遗症。"一化"就是工业化，进行得比较正常，在第一个五年计划的1956年出现了冒进的苗头，但同后来的"大跃进"相比，1956年还不是很"冒"。

第二个时期是第二个五年计划时期。第二个五年计划刚要实行，就搞了"三面红旗"，即总路线、"大跃进"和人民公社，结果把第二个五年计划冲了，把它放在了一边。"三面红旗"的问题比较多，总路线强调的多快好省只反映了人民的主观愿望，主要就是要多、要快、要革命，违反了经济发展的一般规律，所以说不是实事求是的。在发展生产力方面，1957年，毛泽东在莫斯科讲话就提出要赶超英国。15年超英，后来又讲15年超美。在生产关系上，一个劲地往上提，从农村的初级合作社，到高级合作社，再到人民公社，一下子跳到共产主义。应该说这个跳跃是有害的，这是全党都认识了的。"三面红旗"的路线是失败的，而且带来了惨重的代价。最明显的一个例子就是，我们中国的人口一直是高速增长的，但在"三面红旗"的时候出现了断层，人口数量下降，死亡很多。1957—1959年大概是6.7亿人，到1961年成了6.58亿人，有1000多万人死亡。这还不算人口的正常增长，将正常增长算进去后就会更多。这是很惊人的数字，是"三面红旗"的惨痛代价。

第三个时期是调整时期。第二个五年计划因为搞"三面红旗"没有认真执行，到1960年提前结束。1961—1965年，是国民经济的调整时期。调整是迫不得已的退却，但是，经济恢复得很好。当时制定的恢复政策是不错的，产业结构得到了调整，重工业退回来了，农业渐渐得到恢复。"大跃进"时期重工业是冒进的，但农业是大退步啊！调整时期虽然"三面红旗"仍在坚持，但是，在生产关系上也是倒退的，人民公社由大队核算退到生产队核算。不过从党的八届十中全会起，在以阶级斗争为纲的路线下，"左"的东西还在继续增长，渐渐形成无产阶级专政下继续革命的路线，这对经济的发展就不能不造成一些消极的影响。总的来说，调整是必需的，总的方向是好的，生产恢复得比较好，但是，在生产关系上面还是受"左"的影响，特别是政治上"左"的错误还在继续发展。

第四个时期是"文化大革命"时期。"文化大革命"时期大概是十年，在这十年中，中国的经济发展是杂乱无章的。1966年开始"文化大革命"到1967年、1968年，打乱了国家的经济增长，增长率一下子掉下来了。1969年"抓革命促生产"，但是搞了"三突破"；到了1971年盲目扩大基础建设，盲目扩大工业。"三突破"使施工人数突破了5000万人，工资总额突破了300亿元，粮食销售总额突破了800亿斤。后来"批林批孔"使全国趋于稳定的经济形势再次陷入混乱。1975年邓小平搞整顿，生产也搞上去了，后来一搞"批邓"，国民生产又掉下来了。直到"文化大革命"结束、党的十一届三中全会以前，又搞了一次冒进。所以"文化大革命"时期是几上几下的这样一个杂乱的情况。在生产关系方面就更不用说，极"左"的影响越来越厉害，割资本主义的尾巴，批资产阶级的法权，这套东西变本加厉，造成的后果是人所共知的，使国民经济陷于崩溃的边缘。

这里还得提一下，在20世纪60年代"文化大革命"以前，我们经济建设发生一个重大的转变，在调整时期，主要是解决人民生活问题，国民经济计划以吃穿用为主；1963年以后转入了以战备为主，就是以战备为中心，提出了三线建设的任务。三线建设的问题要从两个方面来看，一方面，我们对打仗的形势估计得太过分了，好像世界大战就要来了。所以，我们大搞"山、散、洞"，造成了很大的浪费。另一方面，我们到西部、到山区去搞重工业，对改变经济布局是有一定积极意义的，所以，要从两个方面来看。

上面是我对党的十一届三中全会以前的几个经济发展阶段划分的总的看法，究竟怎么样划分是需要讨论的。刚才是从纵的方面来看的，主要是从时间的序列来看，每一段都有很多争论。下面我想从横的方面来分析宏观经济的一些特点。主要是两个问题，一个是经济发展战略的问题，另一个是经济体制的问题。

二、改革开放前的中国经济发展战略

改革开放以前的中国经济发展战略，除了一个比较短的时期，比如，"一五"时期，还有三年调整时期以外，总的来说是以优先发展重工业为主导，全速赶超英美。

这个发展战略的要点有：第一，它是依靠我们内部的积累，优先发展重工业，以推动整个经济的快速发展，达到快速的工业化；第二，主要用农产品、矿产品、初级产品的出口来换取建设重工业所需要的资金、设备；第三，就是用重工业生产的产品来装备农业和轻工业，力图使它们转到机器生产的轨道上来，以重新装备生产出来的生产资料来代替进口，这是进口替代的一个策略；第四，是在重工业、农业、轻工业以及其他部门的发展的基础上，逐渐形成国民经济的完整的体系，逐步改善人民的生活。我们过去的战略，就是这样的一个强速的发展战略，一是要加快速度，二是要发展重工业，特别是突出"多快"。"好省"也讲，但只是讲讲而已，主要还是"多快"。

这样一个经济发展战略的形成有它的客观背景：第一是近百年来我们处在落后挨打的局面中，所以，想快是很自然的；第二是当时还有帝国主义的封锁、包围，我们不快不行；第三是苏联的榜样，因为苏联是老大哥嘛。这三条注定我们只能而且必须要采取这样的战略方针。苏联也是这样发展过来的，他们通过集中力量发展重工业，发展国防工业，来带动其他部门。在我们20世纪80年代去考察苏联的时候，他们的重工业是很尖端的，但是，民用工业很差，酒店的门都关不好，吃的东西也不行。搞了几十年，半个多世纪，就是搞工业和国防工业，民用工业不行。

而我们实行的强速的经济发展战略，客观地说是有成效的。经济发展速度相对地说比较快，但是，也要作具体分析。一方面，就发展速度来看，如果自己跟自己比，确实不错，比过去国民党的时候好多了。但是，在同样的这段时期，20世纪50—70年代，一些原来比我们落后的国家和地区，一个一个上去了，很明显的例子就是东亚的"四小龙"。东亚"四小龙"的中国香港开始也比内地的一些地方落后，当时就不如上海。新加坡、马来西亚这些国家原来都很落后，一个个上去了，一个个现代化了。我们搞阶级斗争，搞一个一个的政治运动，以阶级斗争为纲，这不能不影响到我们经济的发展。从公布的统计数字来看，我们还是不错的，发展速度也还是不错的，但是，实际情况如何就不好说了。不过有一点是要肯定的，我们确实建立了独立的、相对完整的工业体系和国民经济体系。以前我们不能生产的，现在能生产了，连原子弹和导弹也都有了。所以，尽管我们其他方面还是很落后，但是，我们还是有了一个体系和许多新的产品。这是这个战略比较成功的地方。

与此同时，这个强速的发展战略也带来一些具体的问题，也可以说是这个战略必然产生的一些特点。

一是产业结构。在产业结构上我们口头上讲的是以"农轻重"为序，计划经济的次序是先安排农业，其次安排轻工业，最后再安排重工业。我们反对"重轻农"，在口头上是这么反对的，而且提倡以农业为基础、以工业为主导，对农业的强调是很厉害的，把这一认识视为对马列主义的发展，而且在《论十大关系》里面也提出要处理好"农轻重"的关系。想要发展重工业吗？农业发展不起来，重工业就发展不起来。这确实讲得很清楚，道理很透彻，宣传很漂亮。然而事实上不是那么回事。计划的安排一直是"重轻农"，除了调整时期以外，农业一直不是基础，农业是被挤掉的，轻工业也是被挤掉的。1958年的时候很厉害，农业大丰收，把大家都赶去大炼钢铁，庄稼烂在地里没人去收。那一年重工业占国民生产总值的52.1%，农业只有21.8%，轻工业26.1%。到了1960年更不得了，重工业占了66.6%，重得出奇，农业和轻工业完全被挤掉了，更不用说第三产业了。那时候我们还没有第三产业的概念，虽然西方经济学已经有了。结果那个时候整个国家吃饭都成问题了。所以，第一产业、第三产业都不行。第二产业只是突出一个重工业，轻工业也不行。为了发展重工业就挤掉了农业，用"剪刀差"的办法压低农产品价格来积累资金。说句不好听的话，就是剥削农民，用农民的血汗钱建设我们的城市，建设重工业；说得好听一点就是农民为我们的工业化建设做了贡献，做了很大的贡献，但是，农民自己到了饿肚子的程度。

二是积累和消费的关系，二者关系的特点是高积累、低消费。发展重工业的资金从哪里来呢？它必须依靠国内的高积累，但是，搞"大跃进"，追求扩大再生产，反而把简单再生产给挤掉了。那时候有很多讨论，关于扩大再生产和简单再生产的关系。我们应该搞好简单再生产，再搞扩大再生产，要是把简单再生产挤掉了，设备维修更新都挤掉了，扩大再生产就没有了基础。高积累进一步挤掉了消费。人民的消费大概有20年没有提高，没有改善。1957年前工资有一点增长，1957年以后一直到"文化大革命"结束将近20年工资几乎没动，这在世界上是少见的。国内积累在国际上是相对比较高的。"一五"时期和调整时期比较正常，当时在党的八大研究积累和消费的关系的时候，薄一波同志提出积累占25.0%，但实际多数年份是在30%以上，即积累占国民收入的30%以上。各时期波动很大，消费在世界上是相当低的，到现在也没有完全赶上来，消费占国民收入的60%不到，而国外一般都在80%。几十年的传统一时也改变不过来，虽然前几年我们都涨了工资，但这个问题还没有解决好，总的还是低消费，董建华的工资就是朱镕基当总理时的100倍嘛。当然也有不可比的因素，但总说明一个低消费的事实吧！现在我们国家的投资率大概是40%，消费率是60%。

三是增长方式。增长方式是粗放的、外延的。长期以来是高速度、低效益，高投入、低产出，高消耗、低质量。这些方面都是有很多数据的。我们搞建设就是铺摊子，只注重数量的扩张，上项目，而不太注重发展的内涵、质量的提高和技术的改造。所以，我们的技术总体上是不行的，技术进步对经济增长的贡献率比发达国家小得多。这是一个很重要的问题。

四是总需求大于总供给，就是卖方市场。新中国成立三四十年都是一种卖方市场，而且有周期性的通货膨胀。我们积累率高，一方面挤掉了消费，另一方面投资带动了消费，投资的40%变成消费。所以，每一次"跃进"都是从投资开始的。投资中的40%是工资等，这部分由投资带动了消费，市场就紧张了，只好发票子，就发生了通货膨胀。这是周期性的。然后承受不了，掉下来，造成波动。这是新中国成立后经济发展的一大特点。党的十一届三中全会以前我们大概有四次大的经济波动：第一次是1958—1962年，中间有三年是负增长，很厉害的，波动幅度是49%；第二次是1965—1968年，也是负增长，波动幅度是22%，也是不小的；第三次是1970—1976年，1970年的"三突破"就是膨胀，1974年、1976年又掉下来，都是负增长，波动幅度也很大；第四次是跨党的十一届三中全会前后的"洋跃进"和第二次调整，这次波动相对地说小一点，发现得较快。在20世纪80年代后期党的十三大以后也有经济波动，但幅度小。

总之，我们过去经济发展的一大特点，一方面是卖方市场，总需求大于总供给；另一方面又带动了经济的周期波动，经济运行不平衡。"大跃进"时期就有争论，究竟是积极平衡还是消极平衡？要群众路线还是要综合平衡？实际上也就是讲的这个问题。

我们的经济发展大概就是这么四个问题，总的是要快，具体的是产业结构的问题、消费与积累的关系问题、增长方式的问题以及平衡与不平衡也就是卖方市场与买方市场的问题。

发展方面的特点就是这些。有些挫折以前说是不可避免，现在看来，是否不可避免还可以研究。深入研究的话，历史上的曲折不是那么简单，政策的因素是非常重要的，可能还与个人的因素有关。

三、改革开放前的中国经济体制

经济体制是服从经济发展战略的，既然有加速发展重工业的发展战略，经济体制的构建就相应要与此适应。比如说，要依靠国内高积累发展重工业，怎么集中力量？这就要体制上的配合。比如说物价，既然是低消费，商品物价就要低，这样才能把劳动力的成本价格压得很低。相应地，也就要把生产资料的成本价格搞得很低，把农产品的价格压得很低，用"剪刀差"征用农民的剩余产品甚至必要产品。只有这样，才有积累。要积累，就要集中力量，就要权力的高度集中。这样，集中的计划经济体制就出来了，集权的政治体制也就出来了。再比如说分配方面，要统收统支，统负盈亏，搞平均主义，收入水平都低。所以，平均主义也是体制的要求，减少利益矛盾，让大家一心一意搞经济发展。

我们的体制是不是完全从苏联来的，是不是简单地照抄照搬苏联体制呢？过去，在这方面有些不同看法。应当承认，我们在体制上受苏联的影响是比较大的，特别是在第一个五年计划时期。苏联是什么样的体制呢？就是传统的高度集中的计划经济体制。苏联什么都管，但个人的就业和生活消费不管。职工、干部买什么东西，它不管。除了战争时期是例外，在平常建设时期，这些它都不管。而我们是什么都管，全包。我们"一五"时期搞"一化三改"，"一化"是照抄苏联的办法，但"三改"没有完全照它的办，有我们自己的东西。比如，我们对资产阶级的改造，利用市场的许多方法，没有全搬苏联的。大概农业、商业、财政、物价，我们解放区就有自己的一套，当然后来苏联的一套东西也进来了。最重要的是工业的体制、基本建设投资的体制、建筑业的体制以及物资供应的体制，这些都是苏联的一套，我们完全搬过来了。对这些，我们现在应该作分析。大概到第一个五年计划快结束的时候，我们的集中计划经济体制就基本形成了。

我们国家的经济体制大概有五个来源：一是苏联的影响；二是解放区供给制的做法；三是三大改造时期的统购包销；四是自给自足的自然经济和家长制、等级制的封建残余；五是我们对于社会主义的认识，认为社会主义就是计划经济。

当时的这种体制有哪些特点呢？第一是造成过度集中的决策体系。什么都是国家来决策，企业没有权力。国家的权力很大，不仅管企业，也管个人的生活，当时的配额就有几十种，这是其他国家没有的。第二是直接控制的经济调节体系，也就是指令性计划。第三是分配上的统收统支、统负盈亏、"吃大锅饭"的分配体系。企业吃国家的"大锅饭"，职工吃企业的"大锅饭"。"两个大锅饭"，搞平均主义。第四是政企不分、条块分割的组织体系，以垂直的行政联系为主，缺乏横向的市场联系，都是纵向的联系。总之，这是一种高度集中带有军事共产主义性质的计

刘国光

经济论著全集

第
15
卷

划经济体制。

这种经济体制在我们经济生活比较简单、生产力水平比较低而人民群众的要求又不高的情况下，对于集中力量搞建设，奠定独立、完整的工业体系，还是起了作用的。但从物质利益和经济发展规律的要求方面看，它不能调动广大群众的积极性（我们当时是靠政治动员来调动积极性的），也不能按照市场的需求来安排生产，同时也不能提高经济效率。所以，从效率上说它是失败的，至少是不成功的。当中的一些问题在"一五"计划快结束的时候中央已经发觉了。毛主席的《论十大关系》谈到这个问题，说苏联经验不能照抄。毛主席说，我们太集中，是不是给地方、给企业一点权呀。刘少奇提出给企业自治权。陈云也提出了"三个主体、三个补充"。这些都是对苏联型高度集中体制的一种批判。然而，党中央虽然有这些认识，但并没有落实，1958年以后走的实际又是另外一条路子。前面讲了，无论是在发展上，还是在体制上，都有这个问题。在发展上，本来说农轻重，实际还是重轻农；在体制上，还搞一大二公。1958年虽然也讲改革，但那实际是中央政府与地方政府关系的调整，集中与分散，分散与集中，好几次反复。1954年前以六大行政区为主进行管理，1954年收回集权。1958年分权，分权就是把权力下放给地方政府，而不是把权力给企业。调整时期又集中，到了"文化大革命"时期又下放。这些都是在中央和地方之间的关系变化，国家与企业的关系始终没有解决，企业没有任何权力，经济方面非公有制因素逐渐被消灭。农村人民公社是政社合一，城市集体所有制实际变成地方国有（有的地方就明确地讲集体所有制是地方国有）。国有企业内政企不分的现象越来越厉害。政府对企业的职能不断强化，国家经济运行的行政管理不断强化。长期以来，就是这样一种所有制与经济决策体系。

在经济调节体系方面，实物分配的范围越来越大，统一集中分配的范围越来越大，定额定量供应的范围越来越大。这些都是非市场化的。当时票证不知道有多少。再就是劳动力冻结，城乡劳动力限制流动，主要是限制农村向城市流动。还有条块分割的体系也是很厉害的。所以我认为，中国经济体制的特点，比苏联、东欧还要集中，排斥所有制多种形式，排斥商品货币关系，排斥物质利益原则。这种单一化的特点、集中化的特点、实物化的特点、封闭化的特点、平均主义的特点，都比他们要厉害。物极必反。所以，中共十一届三中全会以后我们改革比他们快，比他们成功，虽然波兰、南斯拉夫、匈牙利这些国家起步比我们早。我们新的市场经济模式，与前面讲的计划经济特点，每一点都是相反的。过去经济上的特点、经济体制上的特点，在中共十一届三中全会以后经过拨乱反正，已经完全翻过来了。

当然，总的方向拨过来了，但计划经济对我们今天的影响还是有的。比如，前面讲的积累和消费的问题，从经济关系方面看，我们国家的消费水平仍然很低。其他方面的影响还有，我们的要素市场发育不健全就与过去的统配统分和政企不分有很大关系。国企改革怎么改，到现在还是最大的问题，关键还是过去遗留下来的高度集中的、政企不分的集中体制。因此，国企在体制改革方面还在继续探索一条出路。

四、改革开放以来的中国经济

中共十一届三中全会以来，中国经济进入了一个全新的大转变的阶段。20世纪80年代中期，我们经济理论界，包括我本人在内，曾将这个转变过程概括为双重模式的转换：一是经济体制模式的转变，当时称作从传统高度集中的计划经济体制模式转换到市场取向的经济体制模式；二是经济发展模式的转变。事实上经济发展变化中模式的转换包括生产目的的转换、产业结构的转换、消费积累关系的转换、增长方式的转换、管理制度的转换。经过二十多年的改革开放和经济发展，我国经济体制和发展模式都发生了巨大的变化。例如，生产目的过去是为生产而生产、为革命而生产，很少考虑提高人民生活的目的。现在转变过来了，人民生活有了很大的提高。又如产业结构，过去口头上是农轻重，实际上是重轻农，在三大产业结构上，过去重二产，忽视三产，现在也逐渐改变过来了，三产重要性增强。在增长方式上，过去是外延式发展，主要依靠资本、劳动、物资的投入，追求数量、规模、速度、产值，忽视质量、效益和效率。现在这方面也有了变化，逐渐增强了内涵方面的因素。卖方市场逐渐变成了买方市场。经济体制的转换，由过去传统的计划经济，经过计划经济为主、市场调节为辅，经过有计划的商品经济，前进到建立社会主义市场经济体制，现在社会主义市场体系已经初步形成。所有制结构、经济决策体系、经济调节体系、分配制度和组织体系都发生了重大的变化。总之，中国经济体制与中国经济发展模式的转变，在许多方面取得了明显的进展，推动了改革开放以来各方面经济的快速发展和人民生活水平的提高。现在进入了新世纪，进入一个新的发展阶段。新阶段的特点是什么？怎样继续前进？党的十六大从政治上讲了，我们这里要从经济理论上作认真探索。

新中国 53 年来宏观经济发展的若干特点

研究宏观经济形势要关注
收入分配问题*

——在中国社会科学院经济形势分析与预测
2003年春季讨论会上的发言
（2003年4月）

　　研究宏观经济形势，不能不关注收入分配问题，因为，收入分配问题与国内需求状况有密切的关系。需求不足是当前我国经济运行中的一个主要矛盾。收入差距扩大和低收入群体收入增长缓慢是造成内需不足的一个重要原因。收入高者的消费需求不能随收入而增高。收入低者虽有消费欲望而无支付能力。最终消费需求增长缓慢使投资需求也受到制约，形成总需求不足的局面。我想利用这次形势分析与预测讨论会的机会，对我国收入分配问题做点议论。我的意见分两个部分，第一部分谈农民收入问题，归结为改变城市偏向的旧战略，实行城乡并重的新战略的建议。第二部分谈一般收入分配问题，归结到从"效率优先、兼顾公平"向"效率与公平并重"分配原则过渡的建议。抛砖引玉，供讨论参考。[1]

---

* 原载《经济蓝皮书·中国经济前景分析2003年春季报告》，社会科学文献出版社2003年版。

一、摒弃城市偏向、工业优先的旧战略，实行城乡并重、工农并举的新战略

为什么研究收入分配问题，先要讨论农民的收入问题？因为，农村居民，从总体来说，是我国最大的低收入群体。农民收入增长缓慢不仅直接影响国内需求，而且演变成为制约整个国民经济实现良性循环的障碍，日益引起人们的关注。

农民收入增长自1997年以来到2000年逐年下降。1996年，农民人均纯收入增长9%，1997年增长4.6%，1998年增长4.3%，1999年增长3.8%，2000年增长2.1%。2001年、2002年和2003年略有上升（分别为4.2%、4.5%、4.8%），是恢复性的。由于城市居民人均可支配收入增幅大大超出农村，城乡居民收入差距扩大，2001年达到2.9：1，2002年达到3.1：1，大大超过了改革前1978年的收入差距（2.57：1）。这还不能反映城乡居民生活的实际差距。一方面农民纯收入中包括生产资料费用，扣除后生活费用只有65%；另一方面城市居民享有各种福利，农民享受不到，所以，有人估计城乡居民生活水平实际差距为5~6比1。

城乡居民收入水平差距的扩大，必然带来农村居民消费品占消费品市场份额缩小，由1996年的40%，降到2000年的38%。占人口近70%的农民购买力不能提升，巨大的国内市场就不能由潜在变为现实。因此，扩大国内需求的措施，必须有利于加快农民增收，提升农民的支付能力，扩大农民的市场需求。

农民收入增长减缓的重要原因之一，是20世纪90年代中期以来，我国农产品供求关系产生了重大变化，许多农产品出现供大于求，价格连年下降。这与城市居民支出的恩格尔系数下降、食品需求减弱不无关系。在农业发展进入新阶段，影响农民收入增长的主要因素发生了变化的情况下，通过增加农产品产量和提高

研究宏观经济形势要关注收入分配问题

农产品价格的传统增收办法，过去行之有效，现已不能再用。从农业内部来说，只有大力推进农业结构的战略性调整，提高农业素质和效益，才是新阶段农民增收的重要途径。对农业结构进行战略性调整，要适应市场需求，把农产品的品质放到第一位，提高农业商品化、专业化、集约化水平，发展产业化经营。

这些年乡镇企业就业减少，滞留农业的人员增加，也是影响农民收入的重要因素。据估算，2001年，乡镇企业从业人员比1996年减少500万人，从事种植、畜牧、水产、林业的人员增加200万人，农业人均纯收入2001年比1997年减少102元。即使在农业纯收入降低、乡镇企业吸收农村劳动力有所减少的情况下，农民纯收入仍能保持低速增长，关键在于农民外出务工收入的增长。所以，加速城镇化、强化农村农业人口向城镇非农产业转移，是加快农民增收的极重要的途径。限制农民转移进入城镇的壁垒形成多年。二十多年来，随着社会主义市场经济的发展，对农民流动就业的不少束缚在逐步解除，但对城乡分割制度的改革尚未迈出实质性步伐。2002年，中央提出对进城农民要实行公平对待、合理引导、完善管理、搞好服务等政策，收到一定成效，2002年，外出农民劳务收入增长对农民收入增长贡献约达70%。但目前仍存在对外出农民工的歧视，一些大中城市为了保证城市居民就业，限制农民进入城市的行业与工种。一些地方简单粗暴地清退农民工，一些地方变相收取过多过滥的费用。要切实清除对农村劳动力进入城市的不合理限制，加快户籍管理制度的改革步伐，解决城乡居民的两种身份和就业待遇的不平等问题。

农民税费负担沉重是农民增收困难的又一重要因素。近年来，税费改革工作试点取得成功，农民负担总体上有所减轻。但税改后乡镇村可用财力减少，难以维持低水平运转，有些地方出现反弹。这与基层政府财政体制不顺，事权和财权分配比例不当有关。如现行体制下县乡在义务教育上的责任很大，相比之下财力却难以负担。全国有1.9亿接受义务教育的学生，70%在农村地区，这些学生要县乡级财政负担极为困难。发达国家以至一些发展中国家，初等义务教育全部或主要由中央和地方政府共同负担，上级政府承担更大责任。而我国中央和省级政府在发展义务教育方面承担责任不甚明显。据湖北襄阳县调查，省级以上财政只负担0.11%的农村义务教育经费。基本上是乡镇政府和农民群众担负发展义务教育的主要责任。事实上，乡财政用于农村义务教育的拨款几乎全部来自农民缴纳的税费，因此，农村义务教育的投入几乎完全是农民负担。

减轻农民义务教育负担的关键是调整农村义务教育的管理体制和投入机制。有人建议农村中小学教师工资改由中央与地方各级政府共同负担，由县统管，各负多少视各省财力状况而定；农村中小学必要的运转公用经费，由县乡两级安排，降低从学生交纳学杂费用中开支的比例，对家庭经济困难的学生实行完全免费教育；实行税费改革后确定一定比例税收用于教育。我认为这些建议可行。

又如基层政府财政供养人员过多。县乡两级财政供养人员占全国财政人员的64.7%（不含军、警），但其财政收入只占全国财政收入的20.7%。这里面有机构膨胀、人浮于事的问题。县乡财政支出中，人员及公用经费一般占可用财力的80%左右，不少县乡财政保工资保不了运行，只能是吃饭财政，甚至讨饭财政，债务累累，无力举办农村生产与生活急缺的中小型基础设施建设。中小型基础设施投资，实际上主要依靠农民自己集资投劳举办。基层干部为了政绩，不顾农村实情与农民能力，大量集资集劳，修路、造桥、建校、改水等，加重农民负担。1998—2001年实行积极财政政策，国债投资连同中央预算拨款，名义上农业投资达1900亿元以上，但主要是投向大江大湖，主要受益者为城市和工业，与农民增产关系有限。必须从体制入手，解决农民负担过重问题，关键是健全财政体制，调整中央和各级地方政府的事权财权分配格局。要有区别地合理降低上划税收比例，重新核定支出基数，考虑地方教育、科技、文化、基础设施与公益性事业需要，逐步改进现行税收返还、定额补助、专项拨款等形式的转移支付制度，保证农业地区特别是不发达地区农村居民都能享有基本义务教育、基本医疗卫生等基本公共服务，逐步实行农村与城市基本相同的国民待遇。目前继续实行的积极财政政策，国债投资的投向也要向县以下农村倾斜。

为了减轻县乡财政加重农民负担的压力，减少财政供养人员势在必行。基层政权维持几套班子，是否必要？重叠设置的机构，如何撤并？经营性与竞争性部门，如何与行政脱钩？这些问题，亟待研究解决。

金融方面也明显存在偏重城市、忽视农村的问题。县和县以下国有企业比重小，所以，从国家金融系统获得金融支持极小，2001年，乡镇企业及农业贷款合计只占贷款总额的10%。直接从事农村信贷的农村信用社，农户从农村信用社获得的贷款不到农信社贷款总额的20%。据中国社会科学院人口与劳动经济研究所课题组调查资料，通过农村信用社流到城市及工业的资金总额，由1987年的121亿元增长到2000年的4639亿元。邮政储蓄更是只存不贷，近年来，每年收储6000多亿元上交中央银行，流入城市，其中，2/3即4000多亿元来自农村。国有银行1998年起开始在农村撤并金融网点，这虽然是国有金融改革之所必需，但是，也加重了农村资金供应的偏枯。县城非农产业和农村经济金融资源受限，难以健康发展，新的经济增长点难以出现，县乡费用支出，只能盯着农民不放。目前，农村金融主体——农村信用社，由于历史包袱沉重，难以独立支撑农村经济发展的重任。央行提出的推行农村信用社小额信用贷款以及国有商业银行支持中小企业的一系列措施，只能解决一部分问题。农村金融亟待改革。要加速把现有的农村信用社改造为真正的农村信用合作组织，股份制商业银行要在加强监管的前提下，加速开放民间金融，关注非正规金融，使之纳入多层次金融机构网络，实现农村金融系统的多元化。

还有一个严重损害农民利益的渠道，就是城镇发展中，低价征用农村土地。征地按土地原来用途计以低价，而不考虑土地未来用途、地价升值和级差地租因素。有人估算，计划经济时期，国家通过工农业产品交换价格"剪刀差"，将6000亿~8000亿元农村资金转到城市与工业。改革开放后二十多年，通过廉价占用土地资源等途径，剥夺农民资金进入城市，每年达几千亿元。2001年，各级城镇政府从土地一级市场获得收入1318亿元，企业从土地二级市场获得收入高达7178亿元，从征用土地剥夺的农民的资金远远超过过去的价格"剪刀差"，造成大量农民失去土地，给就业和社会稳定带来问题。政府征用农地应以市价为依据，公平偿还。非公益性用地不得应用国家征地权力，应在土地使用总规划、农地转用年度计划控制下，改为征购，同时开放集体土地产权市场。另外，农村内部土地使用权转让，用于集体非农建设用地，亦盛行"反租倒包"，乡村干部往往以规模经营、企业化经营名义，低价反租，高价发包，在转出农民土地中与民争利。随着经济发展，集体非农建设用地有其合理性，但在非农化后，应保障农民对土地利用改善后的收益分享，以体现对农民的土地财产权益保护。

总之，农民收入水平低和增长缓慢，是城乡经济发展失衡、农村和农业经济发展严重滞后于城市工业和经济发展的表现。在工业化的初始阶段，农业支持工业，为城市工业提供积累，在工业化国家发展史上有其必然性和普遍性。但历史也证明，经过一定时期，工业与农业、城市与农村是能够实现共同繁荣的。问题在于，国家经济发展战略应随着经济的发展，做出相应调整。在工业已经取得相当程度的发展后，应回过头来反哺农业，扶持农村，实现工业与农业、城市与农村的协调发展。我国现在已处在工业化中后期阶段，工业基础已经建立，完全有能力反哺农业，支持农村。目前，在农村经济严重滞后于国民经济整体发展的情况下，农村不但从城市反哺不足，反而仍处于资金净流出的状况，每年各种途径净流出资金几千亿元，继续向城市输血，无怪乎农民收入增长迟缓、城乡差距扩大的问题难以解决。应该说，历届中央领导都非常重视农业。20世纪五六十年代理论上提出农业的基础地位，政策上提出农、轻、重为序，但实际上没有得到落实。改革开放以来，中央多次发布有关农业问题的文件，对农业的重要性反复强调到了无以复加的地位。但是，部分干部的认识和行动都跟不上去。原因是抓农业不易出政绩，上产值和上税收都很吃力，所以，不愿往农业上花费力气和资源。新中国成立以来，我国事实上长期执行的是工业优先和城市偏向的政策，改革重心自农村转移到城市后，工作重点更明确摆到了城市与工业。长期重城轻乡、重工轻农的后果，是导致工业生产能力严重过剩，农村经济发展严重滞后，城乡差距不断扩大，消费增长乏力，内需启而不动。要改变这种状况，就必须摒弃长期以来事实上执行的工业优先，城市偏向，轻视农村、农业发展的方针，真正实行城乡并重、工农并重的战略，使城市和农村实现协调发展。这里，重要的一个标志是城乡收入差距，现在首先不能再让这个差距（现在名义上的差距是3∶1、事实上的差距是6∶1）继续扩大下去，而逐步缩小这个差距，应是我们努力的目标。这不仅是当前扩大内需所必需的，而且也是将来实现全面小康社会的一个前提。

二、向实行"效率与公平并重"的分配原则过渡

我国自改革开放以来，改变大锅饭式的平均主义，实行按劳

分配和按生产要素分配相结合，让一部分居民、一部分地区先富起来，带动和帮助后富的政策。收入分配发生了巨大的变化，一方面居民收入普遍提高，生活有了很大改善；另一方面收入差距逐渐扩大，贫富鸿沟逐渐拉开。

据国家统计局测算，1990年，全国收入分配的基尼系数为0.343，1995年为0.389，2000年为0.417。其中，2000年已超出国际公认的警戒线0.4的标准，应该引起注意。基尼系数0.4作为监控贫富差距的警戒线，是对许多国家实践经验的概括，有一定的普遍意义。但各国情况千差万别，社会价值观念和居民的承受能力不尽相同。拿我国来说，基尼系数涵盖城乡居民，而城乡之间的收入差距扩大幅度明显大于城镇内部和农村内部差距扩大幅度。1978—2000年城镇内部居民收入差距的基尼系数，由0.16上升到0.32；农村内部由0.21上升到0.35；基尼系数都小于国际警戒线，比较适中合理。但城乡之间居民收入差距幅度甚大，基尼系数由1988年的0.341上升到2000年的0.417，高于国际警戒线。我国城乡居民收入差距悬殊，现时为3.1：1，若考虑城乡福利补贴等差异，差距进一步扩大到5~6比1（国际经验，相当于现时我国人均收入800~1000美元时，城乡居民收入平均差距为1.7：1）。由此看来，我国城乡居民是两个根本不同的收入群体和消费阶层。虽然目前我国城乡居民收入差距非常不合理，消灭城乡差距是我们努力的目标，但历史形成的我国城乡居民收入巨大差距的客观现实，使农村居民一时难以攀比城市生活，其承受能力有一定的弹性。所以，我国的收入分配警戒线，不妨比国际警戒线更高一些。究竟可以高多少，是一个值得研究的问题。

撇开国际警戒线问题的讨论，关于我国居民收入分配目前的差距程度，究竟是基本适当，处于合理范围；还是差距太大，已经发生了两极分化。持前一种观点者所考察的依据，主要是官方统计提供的居民正常收入的数据。而持后一种观点者则考虑了非

研究宏观经济形势要关注收入分配问题

正常收入因素和社会上出现的贫富分化现象。

随着经济市场化程度的不断加深，通过按劳分配或按生产要素分配所获收入，特别是初次分配收入差距的扩大，一般地说是正常的，总的来说也有利于经济效益的提高。但是问题在于，现实生活中收入差距拉大，并非全是合理制度安排的结果，其中不乏许多不合理的、非规范的、非法的因素，这就造成了非正常的收入。尤其是在初次分配领域中，存在许多不平等竞争，最为突出的是各种形式的垄断，市场秩序混乱中的制假售假、走私贩私、偷税漏税，以及权力结构体系中的寻租设租、钱权交易、贪污受贿等各种形式的腐败，这些现象带来大量非法收入，造就了一批暴富者。

随着市场经济理念和运行规则的深入人心，经由合法途径取得的高收入和扩大的收入差距，逐渐被人们理解、认同和接受。引发不满的是体制外的灰色收入和法制外的黑色收入。由于这些非正常收入都是通过非规范的、违背法律的途径所获取，具有很大的隐蔽性，因此，常规的收入分配统计资料中，一般都不能涵盖这些非正常收入。这部分非正常收入在我国居民收入中占了一定的比重，是我们当前收入差距扩大的不容忽视的重要因素。一项测算表明，如果把1999年全国居民基尼系数0.397作为正常收入差异程度，再把垄断租金、非法经营收入、政府公务人员租金收入、社会成员偷漏逃骗税收入、公共投资及公共支出转移形成的非规范和非法收入等估算在内，居民基尼系数将达0.45左右。另一项测算认为，1988—1999年，我国正常收入的基尼系数基本处于0.3~0.4，属于比较合理的收入差距范围；但如考虑非正常收入因素，基尼系数则进入0.4~0.5的差距较大的区间。由此可见，这些非正常收入因素对我国收入差距扩大的影响，是不可小视的。有人提议，国家对收入分配调节的重点应放在解决非正常收入方面，这个意见我看是对的。

鉴于居民收入差距不断扩大、贫富差距拉开的现象已经形成，作为改革开放以来收入分配原则的效率优先、兼顾公平，是否需要重新考虑呢？这似乎已经摆上经济学者的议事日程。

改革开放以来，先是思想界，后是政府，都推出效率优先、兼顾公平这一指导思想，它是针对平均主义带来效率低下这一传统体制的弊端，旨在建立市场经济体制，用按劳分配和按生产要素分配的办法，促进效率提高和经济发展。所以，从传统计划经济体制到完全建立社会主义市场经济体制的历史时期，这一指导思想都是适用的。现在市场经济体制虽已初步建立，但尚不完善，这一分配原则似乎无立即调整的必要。但有人认为，即使在建立了社会主义市场经济体制之后，效率优先、兼顾公平，也是"顺应社会发展实际，符合社会公正要求的，所以，必须一以贯之"地贯彻这一原则，似乎这个一定时期收入分配的指导思想是整个市场经济时期不易的分配法则。但这是与历史事实不符的。一些成熟的市场经济国家，并无这种提法。他们为了缓解社会矛盾，致力于实行社会公正的措施，使其收入差距比较缓和，基尼系数保持在0.3~0.4的合理区间（如英、法、德、加等国）。尤其北欧诸国，是公认的市场经济高度发达的国家，他们建立庞大的公共财政部门，推行宏伟的贫富拉平计划。2002年，其基尼系数挪威为0.258，瑞典为0.250，芬兰为0.256，均属世界上收入差距最小的区间。尽管人们认为，巨额公共开支会对经济增长和经济竞争力造成一定负担，但北欧各国的竞争力在工业化国家中并不落后。调查显示，这些国家的经济表现、商业效率、政府效率，在72个工业国家中均居前列，并继续提升。在高税收环境下，还产生了大批如诺基亚、爱立信、沃尔沃、ABB等这样的跨国大企业。这些国家把公平放在显著地位而非兼顾地位，并仍然可以保持高效。我国当然不能与发达的市场经济国家相比，更不能不自量力地采取福利国家的政策。但上述事实启发我们，不能迷信

"效率优先、兼顾公平"的口号，不能视其为市场经济分配的唯一准则。我国这一提法的准确性、时效性，仍可以有讨论的余地。

"效率优先、兼顾公平"这一原则在分配上提供激励机制，旨在把蛋糕做大，让一部分人在诚实劳动和合法经营的基础上先富起来，以支持和带动整个社会走向共同富裕。现在这一原则已实行一段时期，一部分人确实先富起来了，其中，既有靠诚实劳动或合法经营起家的，也不乏非正常途径发财致富的，但在支持和带动社会中低收入阶层共同富裕的效应上不甚显著，甚至有因失业、下岗等原因而致绝对收入水平下降者。由于把公平放在兼顾从属地位，社会收入底层的生活即使受到关注，也只能处于被照顾的境地。农民义务教育经费长期得不到解决，失学辍学现象不断发生，即是明证。由于提倡效率优先，不少地方追求微观经济效益，在生产建设中片面追求机械化、自动化，不适当地处置资本与劳动的替代关系，对发展中小企业、民间企业、第三产业不力，加深失业的压力。"有些地方长官由于有了把公平置于兼顾地位的盾牌，就更不重视公平，他们认为守住民众不闹事的底线就可以了。"在这样的背景下，基尼系数逐年迅猛上升，就不奇怪了。

基尼系数迅猛上升和收入差距迅猛扩大的后果日益明显。其一是国内需求受到严重影响，富者有钱但消费增量小于收入增量，贫者无钱消费，有效需求不足的问题成为长期制约我国经济增长的"瓶颈"；其二是因非规范非正常收入占相当比重，人们对由此而来的收入差距拉大愤懑不平，影响工作和生产效率，失业问题使相当一部分资源得不到利用，影响宏观资源配置效率；其三是已形成一部分社会不安定因素。

因此，此时重温一下邓小平若干年前的告诫，是非常必要的。随着效率问题逐步获得相对的解决，公平问题会逐步成为需

刘国光 经济论著全集 第 15 卷

要考虑和解决的问题，面对中国的总体情况，邓小平在1992年就做出了前瞻性的论断，他说，对于贫富差距，"什么时候提出和解决这个问题，在什么基础上提出和解决这个问题，要研究。可以设想，在本（20）世纪末达到小康水平的时候，就要突出地提出解决这个问题"。

20世纪末我国居民生活已经从总体上达到小康水平。与此同时，居民收入差距问题也很突出地表现出来，正如小平同志所指示的，现在已经到了突出提出解决这个问题的时候了，并且解决这个问题的条件也基本成熟。一方面，我国经济实力和财力经过二十多年的改革，得到大大加强；另一方面，收入差距过大已经成为影响当前社会阶层关系和社会稳定的重大问题。

当然，解决贫富差距问题，并不是要忽视效率，抹杀差距。在现阶段中国生产力发展水平仍然较低的情况下，提高效率仍要依靠把市场取向的改革进行到底，坚持按劳分配，按生产要素分配的政策。目前我国居民基尼系数大约在0.45，根据其他国家发展的经验，人均GDP达到1500美元左右，基尼系数才开始下降。我国现阶段人均GDP只达到1000美元左右，基尼系数还处于倒U形曲线的上升阶段，随着市场经济体制的深化，客观上还有继续上升的趋势。所以，我们不能一下子强行提出降低基尼系数，实行公平分配的主张，而只能逐步加重公平的分量，先减轻基尼系数扩大的幅度，再适度降低基尼系数本身，逐步实现从"效率优先、兼顾公平"向"效率与公平并重"或"公平与效率的优化结合"过渡。根据预测，我国2020年实现全面小康社会时，人均GDP可达3000美元以上。在此之前大约2010年，人均GDP可达1500美元左右。此时，基尼系数将倒转为下降趋势，我国社会主义市场经济体制也将趋于完善。那时我们可以将耳熟能详的口号淡出。如果一定要提什么口号的话，即提"公平与效率并重"，应该不会引起大多数正直人们的反对。

关于如何缓解收入差距的扩大，以及进一步缩小收入差距的对策、思路，理论界已有很多讨论并提出了很好的意见，这里不一一重复细说，重点谈三个问题。

1. 关于初次分配调节与再分配调节的分工问题。普遍认为，初次分配管效率，由市场来调节；再分配管公平，由政府来调节。但初次分配中有许多不合理的扩大差距，起因于市场本身不完善或市场缺陷，需要政府插手来管。如垄断行业或部门凭其垄断地位，占有并支配优势资源，获得超额利润，转化为本部门职工的高收入，这种垄断收入就应由政府来监管、限制。某些行业应尽快消除市场准入的障碍，最大限度引入市场竞争机制，使利润率平均化。要建立符合市场经济规则的自然垄断行业中的有效竞争机制。在一定时期必须保留垄断经营权的行业、企业，其产品价格、收入分配方案、薪酬标准等均应纳入国家监管部门的控制。又如目前城镇下岗失业已成为拉开收入差距的一项重要原因，农村收入高低的重要背景之一也在于农村居民从工业和其他企业获得就业机会。发展劳动密集型产业是当务之急，也是中国长期解决就业问题的有效途径。尤其是发展中小企业，发展民间企业，发展第三产业，这些都需要政府产业政策的支持。例如，对于高就业低利润或一时亏损的劳动密集型行业，对于各种灵活就业劳动组织，实行多种形式的优惠政策。没有政府政策的扶持与指导，这些产业发展不起来，会引致更大规模的失业与贫困。这些都不是再分配领域的事，在初次分配领域，在生产领域，就要解决这个问题。

2. 再分配问题核心是要发挥财税制度的作用。税收制度、税务法制的不健全，是目前收入差距不能缓解的重要原因，所得税的纳税主体仍然是工薪阶层，而高收入者偷税逃税较为普遍。要彻底改革税制，完善个人所得税，积极创造条件开征不动产税、遗产税等财产税，逐步扩大对高收入群体的税收调节力度，缩小不合理的收入差距。有人担心对高收入者加强税收征管，是"劫富济贫"，会影响非公经济。我同意国税局发言人的说法：依法惩处违法经营、偷逃税款的不法高收入者，正是为了保护合法经营，有利于非公经济的发展，也有利于普遍提高公民的纳税意识。要加大财政转移支付的力度，解决城乡之间、地区之间收入差距过大的问题。政府要与社会共同负责保障低收入者、无收入者、丧失劳动能力者的生存条件与基本生活需要。要以稳定的财政拨款支持社会保障基金的运转。经常性财政支出要向人民生活与公共福利倾斜，建设性财政支出限于非营利性公共建设项目，营利性项目转由民间投资。今后如有必要继续实施积极财政政策，发行赤字国债，其使用也应更多地向改善农村生活条件、增加城镇就业机会、改进社会福利等方面倾斜，以缓解收入差距的扩大。

3. 重视收入分配公平问题，当然不是追求收入平等，重要的是各阶层居民能享受平等机会。强调机会平等就是要保证起跑点平等，不过分追求结果的平等。在中国社会，收入的不平等多源于机会的不平等，结果的不平等多源于起点的不平等。不同的人存在不可否认的智愚才能的差别。其中，不能忽视的是因教育培训程度不同形成不相等的知识水平和专业技能，由此使个人就业机会不均等，收入高低不平等。农村低收入户多么期望下一代能够读书受教育，不再重蹈自己贫困的命运。四川农村低保调查，很多低保家庭的小孩没有上完九年义务教育，村民们说，孩子们的时间还长啊，难道他们还当下一辈子的低保户吗？进城打工仔也为子女上学担忧，他们由于文化水平较低，在城市往往干着最脏、最累、收入最低的活，但沉重的小孩借读费是压在他们心头的一块巨石，许多人只好让子女失学，以致儿女一开始就输在起跑点上。是彻底改革义务教育制度，解决义务教育经费的时候了！国家财政只要减少一些锦上添花的开支，多一些雪里送炭，就有能力完成让所有儿童接受九年义务教育的使命。

党的十六大提出扩大中等收入者阶层，提高低收入者的收入水平。这两件事其实是一致的。要将金字塔形的收入分配状况改变为两头小中间大的橄榄形的收入分配状况，关键还在于教育培训。目前社会上有两股低收入人群，一股是每年以千万人次计的农村剩余劳动力向城市涌动的打工者；一股是每年以百万人次计的城市下岗人员向就业市场涌动，这两支低收入大军以青壮年居多，文化水平较低，知识技能匮乏，就业能力和收入能力较差。要使他们找到职业并上移至中等收入人群，关键也在于提高其基础教育水平并实行职业培训，加强对低收入人群的人力资本投资。这种事情靠低收入人群自身的力量是办不到的。只有政府并组织社会力量切实地、认真地、逐步地把城乡所有居民子女9~12年义务教育办起来，并组织普遍的专业培训，才能在起跑点上解决机会平等的问题。

谈谈政府职能与财政功能的转变*

——在中国社会科学院经济形势分析与预测 2003年秋季座谈会上的讲话 （2003年10月）

目前中国经济已开始进入新一轮快速增长周期。2003年预期经济增长将高于2002年的增速。但在此过程中，经济增长趋强的动力尚不太稳定。在投资、出口、工业生产高速增长的同时，消费和就业却比较疲弱，内需尚未全面启动。消费品和生产资料价格指数由负转正，但上升乏力，物价指数仍在合理区间摆动。现在中国现实经济增长率在向潜在经济增长率提升，但还低于潜在增长率。即使一时达到，也有可能回摆。经济生活中虽然出现局部过热现象，但离真正全面过热还有相当距离。

在这样的宏观经济形势下，应继续保持宏观经济政策的延续性、稳定性，以支持需要发展的行业和企业，增加就业岗位；对于经济中的热点要适当地引导，对于局部过热的经济活动采用降温的措施。总之宏观政策要逐步向中性的调控方向过渡，上下微调，适度松紧。这样既可以继续提升现实经济增长率向潜在增长率靠拢，也可以预防未来可能出现的通胀扩大的局面。

当前宏观经济形势总的来说是走势良好，只要对现行政策作某些调整，即可保持近期健康发展的势头。我们的注意力要更

---

* 原载《2004年中国：经济形势分析与预测》，社会科学文献出版社2003年版。

多关注经济发展的中长期问题，特别是一些非均衡发展的问题，包括经济增长与就业增长的非均衡，投资增长与消费增长的非均衡，城乡、地区经济发展的非均衡，经济发展与社会发展的非均衡，收入分配差距急速扩大，经济改革与政治改革不配套，等等。这些方面发展的不协调，越来越成为中国经济发展的"瓶颈"，迫切需要研究解决的途径。我在这里谈谈社会发展与经济发展的关系问题，即政府职能和财政功能由经济建设型转为公共服务型的问题。

一、政府职能和财政功能需要转型

2003年上半年，抗击"非典"的斗争，引发了许多令人深思的问题，使人们领悟到政府和社会怎样行为才能更合乎理性。讨论过程中形成的一个认识是，政府职能和财政功能需要转型。政府要从经济建设型转向公共服务型，财政要由投资型财政转向公共型财政。这个意见的表述是否完全确切有待推敲，但其倾向性似已为理论界认可。事实上，也得到党政领导某种积极的反应。比如，领导讲话中强调，通过"非典"斗争，我们比过去更深刻地认识到，中国经济发展和社会发展还不够协调，从长远看，要进一步研究切实抓好促进经济与社会的协调发展。纠正经济发展与社会发展的不协调，可以包括上述政府职能和财政功能的转型。从长期来看，经济发展与社会发展是互动的，相互促进的。但从近期来看，因为公共资源的有限性，就有一个优先分配到哪一方面的问题。中国从1982年和第六个五年计划以来，就在国民经济计划的标题上加上了社会发展的字样，迄今公共资源的分配以经济建设为重，今后要不要调整，是一个需要考虑的问题。

二、政府职能和财政功能转型的方向

对于政府职能与财政功能的转型，由经济建设为中心转为以公共服务为中心，论者并不是完全没有疑问。从大道理讲，党的十一届三中全会以来，全党工作的重点，已经转移到经济建设上来，而且，抓经济建设又是社会主义初级阶段党的基本路线的"一个中心"，整个基本路线是一百年都不能动摇的。这是我们大家共同认可的事情，怎么能把工作重心从经济建设转到其他方面。需要注意的是，把全党工作重点转移到经济建设上来，是针对过去以阶级斗争为纲来说的。社会主义社会的主要矛盾是什么，过去说是资产阶级与无产阶级的阶级矛盾，党的十一届三中全会恢复了党的八大提出的是落后的社会生产力与人民日益增长的物质文化需要的矛盾。故而工作重点要从以阶级斗争为纲转移到经济建设上来。这里，经济建设的对立面是阶级斗争而不是社会建设，这是从党的基本路线的高度提出的，不是政府职能、财政功能层次的问题。在后一层次上，可以探讨经济建设与社会建设孰先孰后的问题。再说"经济建设"作为全党工作的重点是党的十四大的概括，邓小平同志在更多场合用的是"社会主义现代化建设"作为全党工作的重心，其含义更为广泛，自然既包括经济建设，也包含社会建设。他把社会主义现代化建设落脚到"发展生产力"，也是有深刻内涵的。因为人是最主要的生产力，人力资本是最重要的发展资源。投资于人本身的发展，应当是发展题中应有之意，而投资于人的发展也属于社会发展的范畴。"发展是硬道理，中国解决所有问题的关键在于依靠自己的发展"，发展应该包括人的发展即社会发展的含义在内，这是毫无疑问的。

三、正确认识经济增长与社会发展的关系

关于经济增长与社会发展的关系问题，不是一个新问题，但又是一个新问题。20世纪80年代初我们研究经济发展战略问题时，就指出增长不等于发展。当时一些中外经济学者认为，过去发展中国家一般热衷于追求以GDP为中心的经济增长，引发许多社会问题，他们主张"新"的发展战略，应当是满足人们的"基本需要"为主要目标的发展，包括减少失业率、提高识字率、降低婴儿死亡率、延长预期寿命、实现分配公平等。1983年，在研究中国经济发展战略目标的转变时，我们提出了要把追求GDP的经济增长目标转变为在经济增长基础上满足人民日益增长的物质文化需要，使人民获得实惠为目标。当时这是针对过去长期单纯地为生产而生产，为革命而生产，把经济增长作为最高战略目标，置人民生活于次要地位的片面做法提出来的最一般最基础的要求。应该说，拨乱反正以后，二十多年来，这一要求已经得到基本实现。随着经济增长，人们的物质文化生活大大改善了。但是，不能否认，在我们的工作中，片面追求经济增长的习惯倾向依然存在，GDP增长事实上依然作为政绩考评的主要指标。各级政府特别是地方政府把主要精力放在围绕人均GDP增长的经济建设上，政府职能在经济建设上强，而在公共服务上偏弱，致使大量社会问题和社会矛盾难以得到及时的缓解，遇到像"非典"那样的社会危机，也一度陷于被动。另外，在此时期，经济增长与社会发展的关系，在学者和公众的认识上也有了进一步的提升。实施以人为中心的人类发展战略，或称人本主义的发展战略，已成为人类的共识和选择。越来越多的人认识到经济增长本身不是目的，它只是实现社会发展的手段。发展的政策目标应当是提高人的生活质量和增强人的能力，提高人类的发展水平，而不仅仅

是人均GDP水平。这些新的提法，与20世纪80年代初满足人们"基本需要"的"新战略目标"一脉相承，是在此基础上的发展和充实，它要求政府把消灭贫困、充分就业、良好教育、身心健康、机会均等、社会公正、环境保护等全社会关心的事情放到重要地位，解决不同社会群体的需要，特别是低收入群体能够获得公共服务。政府职能从经济目标优先向社会目标优先的转变，日益成为时代的课题。

四、政府职能和财政功能转换已颇具基础

中国市场化经济改革进程，也为政府职能、财政功能的转换奠定了坚实的基础。且不说财政资源实力增长远比过去雄厚，过去计划经济时期，国家统揽一切经济活动，政府充当企业投资和营运主体，从航天石油到餐饮服务，都由国营公营。随着市场化改革的前进，多种所有制共同发展格局形成，市场经济主体不应再由政府承担，转变为应由企业——主要是民营企业来承担。国有经济集中到关系国家安全、经济命脉、自然垄断等关键领域，以及民营经济暂时无力或无利进入的重要部门（如高科技的前沿开发），发挥其控制力。政府对上述关键、重要部门应做必要的投入，但是其经济职责，应主要放到为发展经济创建良好的市场环境，提供稳健的宏观调控上来，不宜再过多地参与竞争性、营利性行业的投入。政府应更多地把注意力和公共资源投向提供公共产品和公共服务，转向为社会发展政策提供财政保障方面来。现在人们争论的问题，不在一些公共基础设施部门是否可以吸收民间资本投入，这个问题似已解决，当然在实施过程中仍有障碍有待克服。争论的问题是，国有经济要不要从一般竞争性、营利性行业退出。我们也不赞成国有经济马上全部从竞争性行业退出，事实上如汽车、石化、钢铁等行业，国有经济凭其规模实力

优势和行政特权（垄断、寡断）优势，起到了较好的支撑作用。在民营企业逐步成长足以取代国有经济以前，国有经济不必急于退出竞争性、营利性行业。但从经营竞争优势上说，竞争性、营利性行业还是以逐渐民营化为好，政府不必与民争利。现在国有工业企业以2/3的工业资本，70%以上的银行工业贷款，只创造了1/2的工业产值，说明它的资源配置效率较低，如果没有规模实力优势和行政特权优势，经营优势是不易保证的。同时国有企业在资产管理上多层次委托代理，所有者到位与内部人控制问题十分复杂，再加上许多说不清道不明的渠道，导致国有资产每年成百亿的流失，成为难堵的黑洞。所以，政府过多参与竞争性行业的利弊，需要认真考虑。政府逐步从竞争性行业抽出身来，把注入这一经济领域的公共资源转移到提供公共产品和社会服务上来，才能做到既不越位，也不缺位。

五、扩大公共产品和公共服务的提供

公共产品和公共服务的提供者，除政府外，还包括社会组织、民间协会、志愿团体一类非营利组织，他们在发达国家起了相当大的作用，但在中国目前还没有得到广泛的发展，在这种情况下，除了努力发展这类非营利组织，公共产品与服务的供应目前更要依赖于政府。无论从道义上还是从经济上讲，政府应当是公共产品和社会服务的提供主体。政府提供公共产品和服务，是补偿这方面市场机制的失灵。同时政府可以通过强制性的税收及发行公债等，使公共产品与服务的供给成本得到补偿。因此，政府提供公共产品和服务是责无旁贷的。反之，营利性、竞争性行业的发展，市场可以承担，政府可以不必插手。但是目前各级政府，尤其是多数地方政府仍然把自己当作经济建设的主体，看轻自己作为公共产品和公共服务天然提供者的角色，仍然把发展经济当作政府的第一职责，把公共服务当作第二职责。不少地方政府直接筹划和投资到竞争性项目，特别热衷于大搞政绩工程，而用于公共服务的资金（如义务教育、公共卫生经费等），却长期捉襟见肘，越是基层财政，这种情况越是突出。从全国来说，若干年来，经济建设支出在全国财政总支出中的比重，占第一位，最高年份达到56%。1999年社会福利卫生体育事业支出仅占当年全国财政支出的1.23%，而党政机关和社会团体支出占当年财政支出的6.18%。巨额的行政管理费用支撑着过多的政府人员，虽然说政府机构也提供"公共产品"、"社会服务"，但机构设置不合理，在职人员过多，实际上是"公共产品"的越位供应或虚耗。经济建设费用过多和公共支出的虚耗，挤占了稀缺的公共资源，侵蚀了政府的财力，使得社会急需的公共产品和服务，如公共设施、社会保障、基础教育、公共卫生等方面供给不足或无力供应。由于若干年来我们没有把财政的行为目标锁定在满足社会公共需要上，在社会公益事业方面投入太少，欠账太多，因此社会问题越积越多。为了缓解社会矛盾，保持社会的稳定和安全，进而实现以人为本的发展目标，普遍提高全体人民特别是低收入群体的福利，我们还得在社会公共需要的领域加大国家资源的投入，而且要加快从那些不属于社会公共需要的领域抽身，降低财政支出中用于经济建设的比重，压缩越位的公共产品和非公共产品的支出，把更多的公共资源用到社会公共需要的领域来。

六、我国公共产品和社会服务供给不足的典型

中国公共产品与社会服务的供给不足，是多部门现象，许多领域都存在这个问题，需要大力加强这方面的政府职能和财政支持。这里仅以卫生与教育为例，谈点看法。

1. 卫生领域。前述20世纪80年代初研讨发展战略问题时，海

外学者对中国发展战略在满足"基本需要"方面达到的成就，曾有所肯定，认为是发展中国家的典范。当然在贫穷是社会主义的大背景下，中国只能解决最低水平的社会保障。如20世纪六七十年代，中国农村医疗体系有过辉煌。这个根植于最基层农村的公共卫生体系，采取合作医疗的形式，筹集资金，赤脚医生处理最常见的疾病，这一体系尽管不很完善，但为不少农民提供了最初级的卫生医疗保障。然而，随着医疗卫生体制进行市场化的改革，使农村合作医疗制度逐步解体，合作医疗覆盖的人口减到10%以内。广大农村地区农民小病不看，大病看不起，看大病意味着倾家荡产。农村卫生医疗处于风雨飘摇之中。这不能不说是改革在医疗卫生方面的一大失着。有专家指出，在经济体制改革过程中，医疗领域出现了"市场化过度"和"市场化不足"并存的情况。一些本应该由政府承担的服务和产品，转由市场提供，使农村较贫困的缺医少药的人口无法获得基本的医疗卫生服务。而一些本应主要由市场提供和分配的医疗服务资源，政府却在负担，如政府医疗卫生资源集中投放于城市，占总资源的80%，其中，2/3又集中投在大医院。世界卫生组织公布2000年医疗卫生服务报告中披露，191个国家和地区医疗卫生资源分配公正指数中，中国排188位，是最不公平的国家之一。我们应当由此深刻反省，在医疗卫生工作方面，政府行为与财源分配严重失误。要尽快纠正这种失误。要尽快加强农村公共卫生建设，特别是加强农村医疗救助体制建设和重建农村合作医疗制度，使农民看得起病。最近，财政部有关人士表示，中央和地方财政将联合加大投资力度，加快农村公共卫生建设，为全国9亿多农民织张"健康网"，国家将投资数百亿元加强县级卫生机构和乡镇卫生院基础设施建设，强化乡村卫生人员培训，并加快开展农村新型的合作医疗事业。这是农村公共卫生事业改革的一个良好转折与新的开端，我们祝愿它能广泛开展，使广大农民得到应有的医疗卫生服务。

2. 基础教育问题。教育是最重要的人力投资。强制性的义务教育，所有公民都应接受，原则上应由中央和地方政府完全负责提供，使所有公民都有起码的识字和谋生能力。众所周知，个人受教育的程度越高，在其他条件相同时，其就业与谋取收入的能力也越强。相反，受教育的程度越低，其就业和谋取收入能力越弱。据国家统计局的一项测算，中国人均收入在不同教育程度之间的比率，大专以上：高中：初中等于4：2.7：1。党的十六大提出要提高中等收入者的比重，这是缩小收入差距的重要措施。要提高中等收入者的比重，除了其他的办法外，最重要的办法是提高劳动者的平均教育水平。现在中国高中大专以上毕业生占就业人员比重很小。义务教育供应不足，很多老百姓没有基本的能力进入劳动力市场。尤其相当多农村儿童、青年、成年不能获得改善其生活水平所必需的教育，而被排斥在现代化进程之外。

2002年，中国文盲人口占总人口9.2%，小学初中文化程度人口占68%，大专以上文化程度人口共占4.4%。在全国就业人口中，中等以上文化程度在职人员只占9%。以这样的人口教育文化结构，要提高中等收入者的比重，岂非缘木而求鱼（西方发达国家中等收入者群体一般都占到在业人口的半数以上，中国社会科学院"当代中国社会结构变迁"课题组研究显示，2001年，中国中等收入者占总人口的比重约在15%~20%）。要解决这个问题，关键的途径是扩大基础教育的年限，使全体公民都具有高中教育和中等职业培训的水平。我建议把现在的义务教育的年限由九年制逐步延长到十二年制，并大力创办中专等中等职业学校，施以义务培训，以提高公民的知识技能和就业能力。当然在这之前，第一步要做到九年制义务教育的充分供应和真正普及，应该说这一点我们在农村还没做到。九年制义务教育从1986年六届全国人大四次会议立法推行，到现在已经十余年，2000年宣告基本完成。现在中国的经济实力、国家财力有了显著的提高，2002年国家财政收入19000亿元，为1986年的近90倍。加上财政支出结构的调整，更有条件扩大基础教育产品的公共供应。降低财政支出中经济建设经费的比重，减少公共支出的过度虚耗供应，大量的财源可以用来扩充义务教育。人力资本投资带来的未来回报（包括经济的和社会的效益），比起物力资本的投资（经济建设）的效益，更为重要，更为根本。先进国家的经验，可资借鉴。这是决策者应当三思、慎选并要有远见和决心的事情。

七、政府职能和财政功能转换中要克服的障碍

政府职能和财政功能，由经济建设型转为公共服务型，有没有障碍？有的。我认为，首先要克服观念上的障碍。现在虽然强调经济和社会协调发展的方针，但一部分干部总认为，社会建设虽然重要，但第一位还是经济建设，只有在经济建设的基础上才能搞社会发展。因而在公共资源分配上，总是倾向于优先投资经济建设项目，而对社会发展项目就不那么大方。他们没有认识到市场化的改革已经将经济建设主体由政府移向企业，只看到经济建设投入有回报，可以增加财政收入，而社会事业的投入只增加财政支出。这是一种极端短视的观念，也不符合"三个代表"的精神，需要思想上的启蒙。另一种障碍，如高培勇博士所说，是体制惯性障碍。比如，现在财政支出投入有些不属于公共产品的范畴，像对竞争性、营利性行业的投入，本应纳入市场运作，不应占用公共资源。但由于多年计划经济的惯性，并且涉及部分人员的切身利益，将它交给市场有一个过程，国家还得保证一定的投入。不少财政支出并没有投向公共财政应当投向的范围，而是满足某些特定受益范围人的需要，投向本该由市场或社会负担的部门。在迅速增长的各类事业费的供给范围中，如有些培训中

刘国光
经济论著全集
第
15
卷

心、报社、出版社、协会、学会等，既不属于公共产品也不属于准公共产品之列，根本不应当由财政供给资金。即便是表面上属于公共事业的支出，是其中每一笔钱都用到公共需要上，还是用到挥霍浪费的形象政绩工程，甚至干部的吃喝玩乐上，也还是个疑问。如果这些体制惯性障碍不能去除，上述政府职能和财政功能的转变也是很难的。只有加快深化经济体制和政治体制改革，扫除这些体制惯性障碍，才能使我们的政府和财政的运转，走上更好的以人为中心的人本主义的社会经济发展的轨道，满足日益增长的人民物质文化的需要。

谈谈政府职能与财政功能的转变

在成都市委中心组学习会上的报告

（2003年10月21日）

很高兴有机会和成都市的同志探讨问题，这个机会非常难得。今天主要想谈谈对改革中经济问题的看法。准备讲三个问题：第一是关于最近公布的十六届三中全会的决议；第二是改革中的收入分配问题；第三是讲政府职能、财政功能的转变问题。

一、关于党的十六届三中全会决议

最近召开的中国共产党十六届三中全会，通过了《中共中央关于完善社会主义市场经济体制若干问题的决定》，这是一个非常重要的文件。从党的十二届三中全会起，几乎每隔十年就要作一次关于经济体制改革的决定，而且都是在三中全会。第一次是1984年的十二届三中全会，通过了《中共中央关于经济体制改革的决定》，明确了"社会主义计划经济是在公有制基础上的有计划的商品经济"，第一次破天荒地承认了我们本该承认的商品经济，但是当时还不能摆脱计划经济的框框，那时讲的是公有制下的有计划的商品经济。第二次是1993年的十四届三中全会，通过了《中共中央关于建立社会主义市场经济体制若干问题的决定》。这是在邓小平南方谈话、十四大已经明确提出建立社会主义市场经济体制的改革目标后制定的纲领性文件。这次十六届三中全会通过了《中共中央关于完善社会主义市场经济体制若干问题的决定》（以下简称《决定》），文章是做在"完善"两个字上。

中国市场经济体制的确立经过了整整十年，我国经济体制改革取得了重大进展，在理论上有一系列新的建树，指出以公有制为主体、多种经济成分共同发展成为我国社会主义经济发展的一项基本经济制度；必须毫不动摇地巩固和发展公有制经济，必须毫不动摇地鼓励、支持和引导非公有制经济的发展；指出公有制经济的实现形式可以而且应该多样化；要从战略上调整国有制经济的布局；要建立产权清晰、权责明确、政体分开、管理科学的现代企业制度；还有就是要坚持按劳分配为主、多种分配方式并存，把按劳分配与按生产要素分配结合起来，确立劳动、资本、技术和管理等生产要素，按照贡献大小分配；提出要发展资本市场、劳动市场、生产要素市场等理论。这些理论的突破大大推动了改革的实践。改革已经取得重要成果，国有企业改革取得重要进展，非公有制经济蓬勃发展，市场资源配置能力增强，宏观调控体系进一步完善。总的来看，社会主义市场经济体制已初步建立，改革的深化极大地推动了经济的发展，人民生活有了很大的改善，这是有目共睹的。但是不能不看到，目前我国仍存在一些问题，这次决定当中也指出了这些问题，包括现在经济结构不合理、农民收入增长缓慢，就业矛盾突出、资源环境压力很大以及我国经济的国际竞争力不强等。这些问题的存在从现在来看是市场经济体制的不完善造成的，体制不完善又集中体现在以下几个方面。

一是原来设想、规划的改革目标有的进展缓慢，有的还没有实质性的突破，有的深层次改革尚未破题。比如，尽管在1993年已经确定国有企业应该建立现代企业制度，这项工作也一直在做，但目前国有企业离规范的现代企业制度、规范的法人治理结构还相差很远，产权制度也很不完善。又比如，在十年以前就明确要建立"统一、开放、竞争、有序"的市场体系，但经过十年努力，在"统一""有序"方面和我们当时定下来的目标还有相当距离，市场秩序还相当混乱；金融改革、国有专业银行的商业化改革还未破题，政府职能的转变也还没有到位。

二是由于经济和社会的发展，以前没有暴露或者暴露得不够的问题，现在日益突出。比如，城乡协调发展问题，现在城乡差距是越来越大。人与自然协调发展问题、社会发展落后于经济发展的问题现在也很严重。这些方面也存在许多体制性障碍需要我们一步步去解决。这些体制性问题的存在，不适应建设全面小康社会的形势，也不适应经济全球化和科技进步加快发展的国际环境。所以必须按照党的十六大提出的建立完善的社会主义市场经济体制和更具活力、更加有效的经济体制的战略部署，加快推进改革，进一步解放和发展生产力，这就是十六届三中全会做出这个《决定》的缘由和背景。

《决定》的重点是就当前和今后一个时期需要解决的重要体制问题提出了改革的目标和任务。《决定》提出完善社会主义市场经济体制要贯彻"五个统筹"。即"统筹城乡发展""统筹区域发展""统筹经济社会发展""统筹人与自然和谐发展"和"统筹国内发展和对外开放的要求"，更大程度发挥市场在资源配置中的基础性作用。《决定》提出的改革目标和任务与10年前的《中共中央关于建立社会主义市场经济体制若干问题的决定》提出的市场经济框架是紧密衔接的。

《决定》提出了完善社会主义市场经济体制的主要任务：（1）完善公有制为主体、多种所有制经济共同发展的基本经济制度，这个提法与过去是一致的；（2）建立有利于逐步改变城乡二元经济结构的体制；（3）形成促进区域经济协调发展的机制，就是东、中、西部的协调发展，促进西部大开发、东北的振兴；（4）建立统一、开放、竞争、有序的现代市场体系；

（5）完善宏观调控体系、行政管理体制和经济法律制度；（6）健全就业、收入分配和社会保障制度，突出就业问题；（7）建立促进经济、社会可持续发展的机制等。这些主要任务，大大丰富和发展了《中共中央关于建立社会主义市场经济体制若干问题的决定》对社会主义市场经济体制基本内涵和框架的表述，也反映了十年来改革理论和实践提出的新问题。

二、关于收入分配问题

关于收入分配，我们要从"效率优先，兼顾公平"向"效率与公平并重"过渡。

我国自改革开放以来，打破平均主义，实行按劳分配和按生产要素分配的相结合，让一部分居民、一部分地区先富裕起来，带动和帮助后富居民和地区的政策，收入分配发生了巨大的变化。一方面，居民收入普遍提高，生活有了很大改善；另一方面，收入差距逐渐扩大，贫富差距逐渐拉开。根据我国国家统计部门测算，1990年全国收入分配基尼系数为0.343，1995年为0.389，2000年为0.417，2002年大概是0.458。2000年以来已经超出国际公认的警戒线0.4的标准，应该引起注意。当然，基尼系数以0.4作为监控贫富差距的警戒线，是对许多国家实践经验的概括，有一定的普遍意义，但是各国的情况千差万别，社会价值观念和居民承受能力各不相同。拿我国来说，基尼系数涵盖了城乡居民，而城乡之间收入差距扩大幅度明显大于城镇内部和农村内部差距扩大幅度，城乡之间居民收入差距幅度2000年已高于国际警戒线。我国城乡居民收入差距悬殊，2002年是3.1：1，城市居民收入是农村居民收入的3.1倍。这还不包括城乡福利的差别、计算口径的差别。如果把这个差别考虑在内的话，城乡差别会扩大到5：1或者6：1。根据国际标准，人均收入为一年800~1000美元时，城乡居民收入平均差距为1.7：1。由此看来，我国城乡居民是两个根本不同的收入群体、根本不同的消费阶层。虽然我国城乡居民收入差距非常不合理，消除城乡差距是我们努力的目标，但由历史原因形成的我国城乡居民收入差距大的客观现实使农村居民一时很难攀比城市生活，其承受能力也有一定的弹性，所以我国收入分配警戒线不妨比国际警戒线高一点，但是究竟可以高多少，是一个值得研究的问题。

随着市场经济理念和运行规则的深入人心，合法从各种途径取得的高收入所扩大的收入差距逐渐为人们所理解、认同和接受。引发不满的是体制外的灰色收入和法制外的黑色收入。由于这些收入是靠非规范的、违反法律法规的途径所取得，具有很大的隐蔽性，因此常规收入分配统计资料中，一般都不能反映这些非正常收入。这部分非正常收入在我国居民收入中占了一定比重，是我国当前收入差距扩大不容忽视的重要因素。由此有人提议，国家对收入分配调节的重点首先应该放在解决非正常收入方面，这个意见我看是对的。

鉴于居民收入差距不断扩大，贫富拉开的现象已经形成，改革开放以来"效率优先，兼顾公平"的原则是否需要重新考虑的问题已经摆在经济学者和政府官员的议事日程上来了。改革开放以来，先是思想界、理论界，之后是政府，都推出了"效率优先，兼顾公平"这一指导思想，是针对过去的"大锅饭"平均主义这种传统体制的弊端，在建立市场经济体制初期，以按劳分配和按生产要素分配的办法来促进效益的提高，促进经济的发展。有人认为，在社会主义市场经济体制完善了以后，"效率优先，兼顾公平"的原则仍旧是顺应社会发展要求的，所以必须一直贯彻下去。那么，是不是一个时期的分配原则就是整个市场经济必须贯穿的不变法则呢？不是的，一些成熟的市场经济国家并没有这种提法。他们为了缓解社会矛盾，致力于施行社会公正的措施，让收入差距比较缓和，基尼系数一般保持在0.3~0.4，英国、德国、法国、加拿大都是这样。尤其是北欧诸国，是公认的市场经济高度发达的国家，他们建立庞大的公共财政部门，推行宏伟的贫富拉平计划。其基尼系数2002年挪威是0.258，瑞典是0.250，芬兰是0.256，均属世界上收入差距比较小的国家。尽管人们认为巨额的公共开支会对经济增长和经济竞争力造成一定的负担，但是北欧诸国的竞争力在工业化国家中并不落后。我国当然不能和经济发达国家相比，更不能不切实际地采取北欧国家的福利政策，我们现在没有这个力量。但是，这些事实告诉我们，不能够迷信"效率优先，兼顾公平"这个口号，不能把它作为市场经济分配制度的唯一原则。我国这一提法的准确性、时效性还是有讨论的余地。党的十六届三中全会还是提的这个原则，我下面还会讲到。这个原则坚持激励机制，它的目的是要把蛋糕做大，使人们在诚实劳动和合法经营的基础上先富起来，支持和带动整个社会走向共同富裕。这个原则已经施行了一段时期，一部分人确实先富起来了，其中既有靠诚实劳动、合法经营致富的，也有不少是通过非法的途径发财暴富的，但在支持和带动社会中低收入阶层共同富裕的效应上不显著。由于把"公平"放在从属地位，社会收入底层即使受到关注也只能处于被照顾的境地。农民的义务教育经费长期得不到解决，失学现象不断地发生，就是一个明证。由于提倡"效率优先"，不少地方追求微观经济效益，在生产建设中片面追求机械化、自动化，用资本来代替劳动，这样对发展中小企业、民间企业、第三产业不利，加大失业的压力。有些地方长官好大喜功，劳民伤财，认为有了把"公平"置于"兼顾"或者次要地位的盾牌，守住民众不闹事的底线就可以了。这样的背景下基尼系数逐年迅猛上升就不奇怪了。

基尼系数迅猛上升，收入差距快速扩大的后果非常明显。第一是国内需求受到严重影响。宏观调控现在最大的问题就是国内需求不足，收入分配不公平是造成内需不足的最大原因。收入高的人收入再高也只能消量一小部分。这将成为长期制约我国经济发展的问题，而且是一个很大的问题。第二是非规范、非正常收入占相当的比重。人们对于由此而来的收入差距扩大愤懑不平，影响了工作效率和社会安定，也使得相当一部分资源得不到有效利用，宏观资源配置受到影响。第三是成为形成社会不安定的因素。

在这种情况下，我们有必要重温一下邓小平同志的告诫：随着效率问题的解决，公平问题会逐步成为需要解决的问题。面对这种情况，邓小平同志在1992年南方谈话中就做过前瞻性的推断："对于贫富差距，什么时候提出和解决这个问题，在什么基础上提出和解决这个问题要研究。可以设想，在本（20）世纪末达到小康水平的时候，就要突出地提出和解决这个问题。"当前居民生活从总体上已经达到小康水平，居民收入差距问题也很突出地表现出来。正如邓小平同志所指出的，现在已经到了突出解决这个问题的时候了。并且解决这个问题的基本条件也成熟了。因为我国经济实力和财政力量经过二十多年的改革得到大大的加强，另一方面收入差距过大已经成为影响社会阶层关系和社会稳定的重大问题。解决贫富差距问题并不是要忽视效率，在我国现阶段生产力发展水平还比较低的情况下，提高效率，要把市场取向的改革进行到底，要坚持按劳分配和按生产要素分配结合的分配原则。现在我国居民收入基尼系数大概是0.45，根据其他国家发展经验，人均GDP达到1500美元时基尼系数才会下降，这里有一个客观的分配规律。分配在开始一定要拉大。到了一定阶段它就会缩小，这在发达国家都已经得到印证。目前我国大概人均GDP为1000美元，基尼系数还处于导入型的上升阶段，客观上我们的基尼系数还会扩大，还会保持上升的趋势。所以我们不能马上强行提出降低基尼系数、实行公平分配制度的口号。现在先要减缓基尼系数扩大的幅度，然后再适度降低基尼系数本身，逐步实现从"效率优先，兼顾公平"过渡到"效率、公平并重"，或者是"公平、效率"的优化组合。我国在2020年进入小康社会的时候，人均GDP将达到3000美元以上。在之前的2010年人均GDP可以达到1500美元左右，这个时候客观上基尼系数已经倒转为下降的趋势，当然，要经过政府支持和努力。那个时候我国社会主义市场经济体制已经趋于完善，我们可以把耳熟能详的口号"效率优先，兼顾公平"慢慢淡化，换成"效率、公平并重"。所以这次十六届三中全会还保留了"效率优先，兼顾公平"的原则。

三、政府职能和财政功能转变问题

今年（2003年）上半年抗击"非典"的战斗引发了许多令人深思的问题。使人们领悟了政府和社会怎样起作用才能更合乎理性。讨论过程当中形成一个认识，就是政府职责和功能需要加强。政府要从经济建设型转向公共服务型，财政要由投资建设型转向公共财政型。这个意见是不是完全正确还有待推敲，但它的倾向性已经为理论界所认可，也得到党政领导积极的反应。通过"非典"斗争，我们比过去更深刻地认识到我国的经济发展和社会发展不够平衡。从长远看，要进一步研究切实抓好促进经济社会协调发展的措施，我们提出的"五个统筹"中也有社会与经济的统筹发展。社会发展和经济发展是互动的，互相促进的。但因为我们的财政资源、公共资源有限，就有一个优先分配到哪一方面的问题。我国从1982年"六五"计划开始，在"国民经济发展"后加上了"社会发展"，成为"国民经济与社会发展五年计划"。但是我国到现在为止，公共资源、财政资源、信贷资源等各种资源的分配还是以经济建设为重。今后要不要做一些调整？这是需要考虑的问题。不可否认，在我们的工作中片面追求经济增长的习惯倾向长期存在。GDP的增长成为政绩考核的重要目标。各级政府特别是地方政府把主要精力放在人均GDP增长上，政府职能在经济建设上强，在公共服务上弱，使得矛盾和社会问题难以得到及时的解决。遇到像"非典"这样的突发危机立刻陷于被动。现在全世界提倡实施"人本主义"的发展战略，已经成为人类的共识和共同选择。越来越多的人认识到，经济增长本身不是目的而是使社会发展的手段，发展的正确目标应该是提高人的生活质量和增强人的能力，就是说要提高人类发展水平。人是中心，而不是人均GDP。GDP很重要，但不是我们的最终目的。这些新的提法要求政府把消灭贫困、充分就业、良好教育、大家的身心健康、机会均等、社会公正、环境保护等全社会关心的事情放到重要位置。要解决不同社会群体的需要，特别是低收入群体能够获得公共服务。政府职能从经济目标优先转变为社会目标优先日益成为时代要求。我国市场化经济改革的进程也为政府职能、财政功能的转化提供了坚实基础。在过去计划经济时期，国家垄断一切经济活动，政府充当企业投资和企业运营的主体。从航天、石油到餐饮、服务，都是由国有经济承担。随着市场化改革推进，多种所有制共同发展的格局已形成。经济主体不应当再由政府来承担，转而该由企业来承担，尤其是民营企业来承担。公有制经济应该集中到关系国家安全、经济命脉和自然垄断的关键领域以及民营经济暂时还没有力量或者暂时还没有利益的部门，对这些重要部门应该做必要的投入。政府的经济职责应该主要放到为发展经济创建良好的市场环境、提供稳健的宏观调控经济环境和政治环境上来。不应再过多参与竞争性、营利性行业的投入。政府应该更多地把注意力和公共资源投向提供公共产品和公共服务、改善社会发展政策、提高财政保障能力上来。

现在的问题是，国有企业要不要从一般性、竞争性、营利性行业退出？我不赞成马上、立即从竞争性、营利性行业退出。事实上比如汽车行业、化工行业、钢铁行业等需要国有经济的规模实力和行政职权的优势，国有企业还是支撑得很好。在民营企业逐步成长取代公有经济以前，国有企业可以暂缓退出。但是从经营竞争的优势上来说，这些营利性行业还是民营化为好，政府不必与民争利。我们的国有工业企业占有全国2/3的工业资本，70%以上的银行贷款，却只创造了1/2工业产值，说明它的资源配置效率是低的。如果没有规模实力的优势，我们的经营优势不大容易保证。国有企业在市场管理上是多层次的委托代理制度，造成资产流失问题严重，每年成百亿元地流失。所以，政府应把力量转为提供公共产品和公共服务上来，做到既不"越位"也不"缺位"，尽量利用企业和社会团体的力量。可以通过强制税收和公债等形式补偿市场机制的部分缺失和损失，因为提供公共服务是政府的义务。